高等院校"十三五"贸易经济类课程规划教材

自由贸易区商务服务

Free Trade Zone Business Services

主 编　彭白桦

经济管理出版社
ECONOMY & MANAGEMENT PUBLISHING HOUSE

图书在版编目（CIP）数据

自由贸易区商务服务/彭白桦主编 . —北京：经济管理出版社，2016. 12
ISBN 978 - 7 - 5096 - 4811 - 7

Ⅰ.①自⋯　Ⅱ.①彭⋯　Ⅲ.①自由贸易区—商业服务　Ⅳ.①F741. 2

中国版本图书馆 CIP 数据核字（2016）第 311573 号

组稿编辑：王光艳
责任编辑：许　兵
责任印制：黄章平
责任校对：董杉珊

出版发行：经济管理出版社
　　　　　（北京市海淀区北蜂窝 8 号中雅大厦 A 座 11 层　100038）
网　　　址：www. E - mp. com. cn
电　　　话：（010）51915602
印　　　刷：玉田县昊达印刷有限公司
经　　　销：新华书店
开　　　本：710mm×1000mm/16
印　　　张：16. 25
字　　　数：283 千字
版　　　次：2017 年 8 月第 1 版　　2017 年 8 月第 1 次印刷
书　　　号：ISBN 978 - 7 - 5096 - 4811 - 7
定　　　价：58. 00 元

前　言

随着国际分工与合作的日益深入，经济全球化成为当前世界经济发展的必然趋势，一个国家或地区的经济必然融入世界经济体系之中，而自由贸易区的建立正成为经济全球化中本国与世界经济协同发展的桥梁和纽带。

自由贸易区通过园区经济的聚焦效应、扩散效应和催化效应来带动整个区域经济社会的良性发展。区域经济的持续发展依赖区域竞争力的提升，而区域竞争力又在较大程度上取决于区域内产业集聚的速度和强度、数量和质量，而园区常常能成为产业集聚的"蓄水池"，并由于它自身强大的制度优势形成渗透力较强的溢出效应，来建立完整意义上的产业集群，实现区域竞争优势的产生和持续提高。随着我国经济的进一步对外开放，我国必然要参与到全球竞争中，自由贸易区在全球经济事务中的重要地位也日益凸显。

2013 年 7 月 3 日，国务院正式批准设立中国（上海）自由贸易试验区，该试验区范围涵盖上海市外高桥保税区、外高桥保税物流园区、洋山保税港区和上海浦东机场综合保税区 4 个海关特殊监管区域。上海自由贸易试验区是国内第一个真正意义上的自由贸易区，更是后 WTO 时代应对美国主导下的全球自由贸易新格局的重大举措，也是调整国内经济贸易结构，促进经济金融体制改革的先行试验区。上海自由贸易区以贸易自由化、投资自由化、金融国际化和行政精简化为重大使命，积极推进服务业扩大开放和外商投资管理体制改革，大力发展总部经济和新型贸易业态，加快探索资本项目可兑换和金融服务业全面开放，探索建立货物状态分类监管模式，努力形成促进投资和创新的政策支持体系，着力培育国际化和法治化的营商环境，力争建设成为具有国际水准的投资贸易便利、货币兑换自由、监管高效便捷、法制环境规范的自由贸易试验区，为我国扩大开放和深化改革探索新思路和新途径，更好地为全国服务。

自由贸易区的发展，必然要以区内发展程度较高的服务业为依托，形成货物—服务一体化的贸易发展格局，商务服务业在其中发挥着举足轻重的作用。商务服务业的兴起实际上是社会生产专业化分工的深化导致企业非核心业务外包愈演愈烈的过程。商务服务具有高成长性、高人力资本含量、高技术含量、高附加值性、价值增值效应以及强集聚性和辐射力等特征。20 世纪 70 年代以来，随着经济全球化不断深入，产品贸易与服务贸易的协同发展逐渐成为世界分工格局的重要特征，产品生产将与之相关的商务服务带入全球化的浪潮中。伴随着我国全方位融入全球，商务服务越来越与自由贸易区的发展息息相关。在自由贸易区内，我们总能直接接触到许多与商务服务活动相关的话题，如广告服务、租赁业服务和职业中介服务等；企业进行产品的生产和出口需要了解相关产品和目的国的知识产权问题；企业开展跨境贸易、投融资活动，通常需要企业管理和咨询与行业分析等服务。从地区结构来看，北美、欧洲和亚洲成为世界商务服务的主要集散地，其中美国在全球的商务服务中居于领导地位，欧洲以英国、法国和德国的商务服务发展见长，亚洲则是日本的商务服务长期处于优势地位。进入 21 世纪，欧洲、美洲、亚洲三地的商务服务都出现了较快的增长，欧洲主要发达国家和美国、日本的商务服务均长期处于净顺差的贸易模式。与之相比，我国的自由贸易区商务服务起步较晚，发展尚有不足。因此，需要对我国自贸区的商务服务进行系统梳理，把握自由贸易区商务服务的发展趋势，这样才能够实现我国自由贸易区战略的有效实施。为适应经济全球化的新形势与我国自由贸易区战略的发展需要，本书吸收了国内外自由贸易区研究的成果与商务服务的最新变化，并结合近年来对商务服务领域的深入研究，遵循前瞻性、科学性、系统性、实用性等原则，以自由贸易区发展和商务服务行业发展为研究主体来编写。

总体而言，本书的特色主要表现在以下几个方面：

第一，内容全面翔实。本书系统梳理了自由贸易区的发展历史和实践，并全面分析了自由贸易区背景下商务服务业的发展，在内容编排上深入而具体。从世界范围内来看，自由贸易区的发展经历了四个阶段。第一阶段是资本主义工业革命之前的萌芽和初创时期；第二阶段是 18 世纪工业革命到第二次世界大战结束前的传统自由贸易区阶段；第三阶段是第二次世界大战后到 20 世纪 80 年代之前的快速发展期；第四阶段是 20 世纪 80 年代以后至今的深化发展阶段。本书对世界主要自由贸易区和我国上海自由贸易区的发展脉络及功能定位进行了较为系统的梳理和较为全面的比较分析。在此基础上，本书对自由贸易区内的商务服务业进行了详细论述，主要包括租赁业服务、企业管理服务、广告服务、职业中介服务、咨询与行业分析服务和知识产权服务等，针对各项服务的内涵、特点和主要内容都进行了深入的剖析。最后，本书针对自由贸易区商务服务的发展趋势进行了展望。

第二，紧扣时事热点。本书以自由贸易区发展新动向及我国自由贸易区内商务服务发展的新趋势为研究角度，重点研究了上海自由贸易区的发展和商务服务业在自由贸易区建设背景下的新发展趋势和机遇等主题，讨论我国自由贸易区中商务服务的发展历史、现状和未来趋势，具有较强的针对性和实用性。同时，本书也引入了关税、服务贸易、商务服务行业数据等最新数据资料，能够更为直观地刻画自由贸易区商务服务的发展情况。

第三，研究深入具体。本书本着"传播知识、扩展思路，开发潜能、提高修养"的写作宗旨，立足本国现状，理论与实践结合，吸纳国内外自由贸易区商务服务的最新成果，彰显现代企业面临的现实背景与时代要求。基于中国企业不确定性的环境挑战，研究企业持续竞争优势的源泉，探讨自贸区中企业商务服务的动因和本质。

具体而言，本书基本框架和分工安排如下：第一章，自由贸易区商务服务概述，围绕自由贸易区的产生和发展、商务服务的内涵和特性等内容进行了分析，由邓晓诗撰写；第二章，租赁服务业，围绕租赁服务业的概况、租赁服务业的分类以及其行业特点与优势等进行分析，由郭纬迪撰写；第三章，企业管理服务，围绕管理服务的含义、管理服务的职能与内容以及管理服务的发展战略等内容进行了分析，由杨薪燕撰写；第四章，广告服务，围绕广告的概念、广告的分类以及广告服务的内容等进行了分析，由王蔚撰写；第五章，职业中介服务业，围绕职业中介服务业的概念、职业中介服务业的特点以及职业中介服务业的内容等进行了分析，由高丁莉撰写；第六章，咨询与行业分析服务，围绕国内外咨询业的现状、咨询业的服务方式、咨询业发展潜力以及成长机会、咨询业的行业分析等内容进行了分析，由蒋迎辉撰写；第七章，知识产权服务，围绕知识产权概述、知识产权的国际保护以及知识产权的主要特点与发展趋势等内容进行了分析，由董静撰写。

本书在编写过程中，学习、借鉴和参考了国内外大量相关文献资料及研究成果。为了表示对这些作者的尊重与敬意，我们对所引用的资料，通过注释及参考文献的方式尽可能详尽地加以标注。在此，谨向这些作者表示诚挚的感谢！

目　录

第一章
自由贸易区商务服务概述

第一节　自由贸易区概述

一、世界范围内自由贸易区的发展概述

一般而言，自由贸易区（简称自贸区）分为两种类型。一类是指两个或两个以上国家或地区通过签署协定，即在 WTO 最惠国待遇基础上，相互进一步开放市场，分阶段取消绝大部分货物的关税和非关税壁垒，在服务业领域改善市场准入条件，实现贸易和投资的自由化，从而形成涵盖所有成员的全部关税领土上地理范畴宽泛的区域，如北美自由贸易区、美洲自由贸易区、中欧自由贸易区、中国—东盟自由贸易区等。另一类是指一个国家或单独关税区内设立的用栅栏隔离、置于海关管辖之外的特殊经济区域，区内允许外国船舶自由进出，外国货物免税进口，取消对进口货物的配额管制，如巴拿马科隆自由贸易区、德国汉堡自由贸易区、美国纽约港自由贸易区等。

全球自由贸易区的发展，到目前依然保持着继续增长的势头。据不完全统计，全球有超过 1200 多个自由贸易区，其中，在亚洲、非洲、拉丁美洲、北美洲和欧洲都有数量众多的自由贸易区，只有大洋洲至今相对滞后。

表 1 – 1　全球自由贸易区数额总体概况

全球自由贸易区规模概况		
	发达国家（总计 15 个）	发展中国家（总计 67 个）
自由贸易区覆盖数量（个）	425	775
自由贸易区占比规模（%）	35.4%	64.6%

资料来源：上海财经大学自由贸易区研究院，上海发展研究院. 中国（上海）自由贸易试验区与国际合作 ［M］. 上海：上海财经大学出版社，2013：228.

从全球范围来看，自由贸易区的历史发展经历了萌芽、发展、加速和深化四个阶段。

第一，萌芽阶段。人类历史上最早的自由贸易区出现在公元前 1100 年左右，善于航海和经商的腓尼基人将腓尼基南部的泰尔海港及其北非殖民地迦太基划为特殊管理区。在这一特殊管理区内，政府不干涉外国人员和商品自由出入并向其提供保护。这是历史上可以追溯到的最早自由贸易区萌芽。随着国际贸易在欧洲的发展，13 世纪以德国和意大利为代表的商业发达国家陆续实行了自由贸易政策。15 ~ 16 世纪，在资本主义手工工场的发展和航海技术提高的推动下，国际贸易迅速发展。相应地，自由贸易区也有了很大发展。1547 年意大利正式宣布热那亚的雷格亨为自由港，标志着第一个真正现代意义上的自由贸易区的诞生。

第二，发展阶段。18 世纪工业革命到第二次世界大战结束前是自由贸易区的传统发展时期。在工业革命的推动下，世界经济版图快速扩张，资本主义国家和殖民地国家都涌现出了新的自由贸易区。一方面，发达资本主义国家为了输出资本和商品的便利，主动创设本土的自由贸易区，例如美国、德国和法国等。1934 年美国国会通过了《对外贸易区》，以法律的形式制定了自由贸易区制度。另一方面，在资本主义国家的推动下，一些被殖民国家在交通便利的港口和城市设立自由贸易区以便于其进行资源获取，例如新加坡、中国香港和中国澳门等。在此阶段大约有 26 个国家和地区设立了 75 个自由贸易区。它们对于打破市场分割、疏通贸易渠道和扩大国际贸易起到了很大的促进作用。但是，这一阶段设立的自由贸易区主要针对国际贸易的开展，仍属于传统的自由贸易区。

第三，加速阶段。第三个阶段是第二次世界大战后到20世纪80年代之前的加速期。"二战"结束以后，世界各国努力发展本国经济。自由贸易区在各国经济发展和经济全球化的推动下进入了快速发展期。这一时期的快速发展表现在量和质两方面的突破。就量的方面而言，无论是发达国家还是发展中国家，它们的自贸区数量都有突飞猛进的增加。就发达国家来说，美国通过1950年和1980年两次修订《对外贸易区法》，促进了自由贸易区的发展。截至20世纪70年代中期，美国的自由贸易区达到274个，是世界上自由贸易区最多的国家。另外，发展中国家为了适应经济全球化的要求设立了新的自由贸易区，如巴拿马的科隆自由贸易区、智利的阿里卡自由贸易区、巴哈马的巴哈马自由贸易区等。许多发展中国家将传统的自由贸易区进行升级和改造，成了本国吸引外资和引进先进技术的桥头堡。就质的方面而言，欧洲大陆的国家，如德国、荷兰和意大利等分别对汉堡、鹿特丹和热那亚等自由贸易区进行了恢复和重建，提高了现代化水平，扩大了范围和规模。

第四，深化阶段。从20世纪80年代以后至今是深化发展时期。在信息科技化和经济全球化的推动下，世界自由贸易区的深化路径不再是仅仅局限于传统的贸易发展，而是不断地向其他领域拓展和继续完善。一方面，世界自由贸易区呈现出向多功能综合化发展的趋势。例如，中国香港采取更开放的金融政策，完成了由制造基地向金融中心的转型，成为亚洲的金融中心。另一方面，自由贸易区的产业结构不断升级，出现了专业化的自由贸易区，如新加坡的肯特岗新科学工业园区和韩国仁川机场的临空自由贸易区等。

二、自由贸易区的功能与定位分类

世界上自由贸易区的类型是多种多样的，这是由各个国家及地区的特殊政治、经济和地理环境的多样性决定的。一般来说，人多地少、资源匮乏的国家，往往以出口加工型为主；在沿海港口及交通要冲的国家则以转口集散型居多；对于大国来说，既可以发展多功能自由贸易区，又可以根据各地自然条件、经济结构、发展水平的差异采取不同的自由贸易区类型，其主要类型如表1-2所示。

表 1-2　自由贸易区的功能与定位

类型	主要功能	定位	典型代表
自由港型	装卸、储存、包装、买卖和加工制造等	对在规定的自由港范围内进口的外国商品无论是供当地消费还是转口输出，原则上不征收关税	中国香港、新加坡和地中海沿岸的直布罗陀及红海出口处的吉布提港
转口集散型	港口装卸、货物转口及分拨、货物储存、商业性加工等	利用自然地理条件进行集散转运	汉堡、不莱梅、科隆自由贸易区，瑞士布克斯货物集散地，巴萨罗那自由区
出口加工型	从事加工为主，以转口贸易、国际贸易、仓储运输服务为辅	加工为主，贸易为辅	亚非一些加工制造业国家和地区的自由贸易区，如菲律宾的15个、马来西亚的10个、韩国的2个、印度的2个和印度尼西亚的2个出口加工区
保税仓储型	保税仓储，允许进行再包装、分级、挑选、抽样、混合和处理	主要起保税作用，允许外国货物不办理进口手续就可以连续长时间地处于保税状态	荷兰阿姆斯特丹港自由贸易区，意大利的巴里免税仓库，罗马免税仓库，西班牙的阿里坎特免税仓库
贸工结合型	从事进出口贸易为主，兼搞一些简单的加工和装配制造	集加工贸易和转口贸易于一体	美国的自由贸易区、阿联酋迪拜自由港区、菲律宾马里韦莱斯自由贸易区和土耳其伊斯坦布尔自由贸易区
商业批发零售型	从事商品展示和零售业务	专门辟有商业区，从事商品零售业务	智利伊基克自由贸易区

资料来源：上海财经大学自由贸易区研究院，上海发展研究院．中国（上海）自由贸易试验区与国际经济合作 [M]．上海：上海财经大学出版社，2013．

三、国家及区域类的自由贸易区

　　根据自由贸易区两种定义中的第一个范畴，自由贸易区是指两个或两个以上国家或地区通过签署协定，取消绝大部分关税和壁垒限制来实现贸易的自由化。下面以案例形式针对中国与部分国家和地区的相关贸易合作进行概述分析。

1. 中国—东盟自由贸易区

1997 年亚洲金融危机爆发后，中国承诺人民币不贬值，并向部分东盟国家提供援助，以实际行动赢得了东盟国家的信任。同年 12 月，江泽民同志出席首次中国—东盟领导人会议。会后双方共同发表《联合声明》，确定了面向 21 世纪的睦邻互信伙伴关系。此后在 1998 ～ 2000 年，中国与东盟十国分别签署并发表了面向 21 世纪的双边框架文件与合作计划。随着世界经济全球化的汹涌浪潮和区域经济一体化的强劲发展势头，中国与东盟国家间的经贸往来也日益频繁并不断加深，为双方建立自由贸易区奠定了良好基础。2001 年 11 月，在文莱举行的第五次"10 + 1"领导人会议上，中国和东盟一致同意建立自由贸易区。

据 WTO 的相关统计，截至 2001 年年底向 WTO 通报的区域贸易协定有 159 项，区域贸易协定成员国之间的贸易约占世界商品总贸易的 43%，其中以两国间 FTA 为基础的双边自由贸易占多数。在各方的共同努力下，经过近十年的建设，中国—东盟自由贸易区在各个方面取得了巨大成果，成为中国与东盟国家公认的最富实效的自由贸易区之一，在国际上的影响力也不断增强。具体来说表现在以下几个方面。

第一，关税水平不断降低，货物贸易全面增长。从 2010 年 1 月 1 日起，中国实施了第四批正常商品降税，双方 91.5% 的商品实施了零关税。降税后，中国对东盟各国实施协定税率的商品税目数在 6800 个左右，总体平均税率降至 0.1%，平均优惠幅度为 99%。与此同时，东盟各国也在积极履行《货物贸易协定》，对中国实施全面降税。到 2010 年 1 月 1 日，东盟 6 个老成员国（文莱、印度尼西亚、马来西亚、菲律宾、新加坡和泰国）对 90% 以上的中国产品实行零关税，对中国平均关税从 12.8% 降为 0.6%，东盟 4 个新成员国（越南、老挝、柬埔寨和缅甸）在 2015 年实现了对中国 90% 的产品零关税的目标。

截至 2016 年 12 月，东盟为我国第三大贸易伙伴（第一和第二分别为欧盟和美国），其中东盟国家内与中国进出口贸易总额排名前四的国家分别为越南、马来西亚、泰国和新加坡。如图 1 - 1 所示，近十年来中国与东南亚国家联盟的贸易进出口总额基本保持了稳步增长的趋势。

第二，服务贸易稳步扩大，国际竞争力不断提升。自 2002 年以来，中国与东盟的服务贸易保持了较快增长，在世界服务贸易总额中的比重稳步上升，国际竞争力有了一定程度的增强。

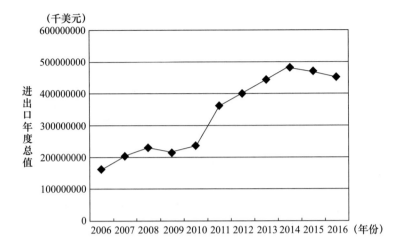

图 1 - 1 2006 ～ 2016 年中国—东盟国家贸易进出口总额统计

资料来源：笔者根据近年来数据统计所得（中华人民共和国海关总署．进出口商品主要国别（地区）总值表［EB/OL］．http：//www. customs. gov. cn/publish/portal0/tab49666/．）

第三，双边投资快速发展。中国与东盟于 2009 年签署的《投资协议》全面生效，为中国与东盟国家的企业提供了一个更加稳定和更加开放的投资环境，进一步促进双方的投资增长。从图 1 - 2 的年度数据可以看到，随着自由贸易区的建立，中国与东盟各国之间的双边投资取得了极大发展，除去 2009 年受金融危机的影响有所下降外，维持了逐年上升的稳步趋势。

另外，随着自由贸易区建设的不断推动，更多中国企业也把东盟各国作为投资地，如图 1 - 3 所示，中国对东盟各国的投资总体上在逐年增加。其中 2015 年的投资额有巨幅的提升，主要是因为对新加坡投资有较大的增加。2015 年是新加坡建国 50 周年，中新建交 25 周年，习近平主席于 11 月访问了新加坡，两国共同发表了"关于建立与时俱进的全方位合作伙伴关系"的联合声明，这一举措进一步巩固和推动业已良好的中新经贸关系。截至 2015 年 10 月底，中国对新加坡的投资已占到了中国"一带一路"沿线国家投资总额的 40%，新加坡无疑已成为我国"一带一路"倡议的重要平台和支点。

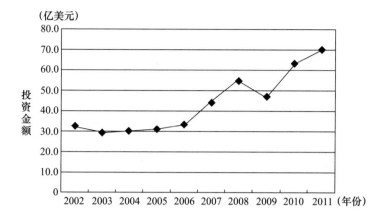

图1-2 东盟对中国的实际投资金额

资料来源：上海财经大学自由贸易区研究院，上海发展研究院．中国（上海）自由贸易试验区与国际经济合作［M］．上海：上海财经大学出版社，2013.

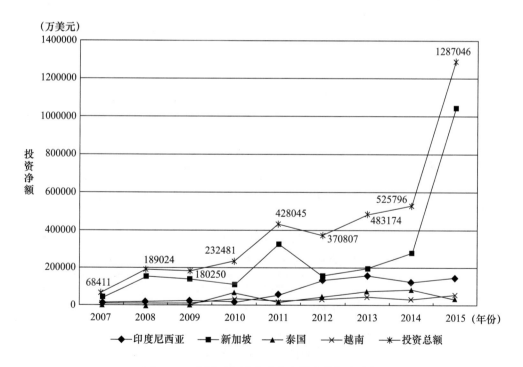

图1-3 中国对主要东盟国家的直接投资净额

资料来源：中华人民共和国国家统计局（National Bureau of Statistics of China），《中国统计年鉴》。

2. 中国—巴基斯坦自由贸易区

中国与巴基斯坦一直以来是山水相连的友好邻邦,政治关系紧密,经济水平互补,双方也有强烈合作的意愿,达成建设自由贸易区的合作有以下几个方面的基础。第一,在政治关系方面。两国一直以来邦交紧密、关系友好,互相理解、信任,在国际和地区事务中均发挥支持合作的典范作用。这一层良好的政治关系也为两国基于基本框架发展双边贸易打下了坚实基础,是逐步建立自由贸易区的根本保障。第二,在经济发展方面。中国和巴基斯坦基于不同的经济发展阶段和产业格局层次,在资源储备上形成了经济互补优势,在贸易活动上也明显体现了该特征。中国向巴基斯坦的出口主要是以工业制成品为主,其中机电产品、纺织品、化工产品等占比较高;巴基斯坦向中国出口则主要以工业原料和初级产品为主。第三,在国家意愿方面。两国邦交紧密,中巴领导人都在不同场合多次表达了进一步加强经济与贸易领域合作的意愿,通过进一步的交流与合作,也巩固和发展了两国的战略伙伴关系,通过政治与经济领域的多重合作为中巴友谊注入了新的内涵和源源不断的活力。

表 1 - 3　中国—巴基斯坦自由贸易合作历程

2003 年 11 月 3 日	签署了《中华人民共和国政府与巴基斯坦伊斯兰共和国政府优惠贸易安排》
2005 年年初	中巴两国正式启动自由贸易区"早期收获"谈判
2005 年 4 月 5 日	签署了《中华人民共和国政府与巴基斯坦伊斯兰共和国政府关于自由贸易协定"早期收获"计划的协定》和《中华人民共和国政府与巴基斯坦伊斯兰共和国政府关于自由贸易协定及其他贸易问题的谅解备忘录》,目的是让双方企业和人民提前享受自由贸易的好处,增强双方推进自由贸易区全面建设的信心
2006 年 11 月 18 日	胡锦涛同志访问巴基斯坦期间,两国政府代表签署《中国—巴基斯坦自由贸易协定》,该协定于 2007 年 7 月 1 日开始全面启动
2009 年 2 月 21 日	中巴双方在武汉签署了《中国—巴基斯坦自由贸易区服务贸易协定》。该协定是当时两国各自对外国开放程度最高、内容最为全面的自贸区服务贸易协定

资料来源:上海财经大学自由贸易区研究院,上海发展研究院. 中国(上海)自由贸易试验区与国际经济合作 [M]. 上海:上海财经大学出版社,2013.

中国和巴基斯坦的贸易往来随着自贸区建设的推进，得到了持续的深化和加强，贸易与投资的自由度不断提高，逐渐形成了良好的双边经济与贸易合作关系。根据图1-4中国对巴基斯坦的进出口年度数据可以看到，自2006年自贸区协议签订后，除了2009年受金融危机影响有所下降外，中国和巴基斯坦的双边贸易呈现了持续的增长状况，得到了巨大的发展。

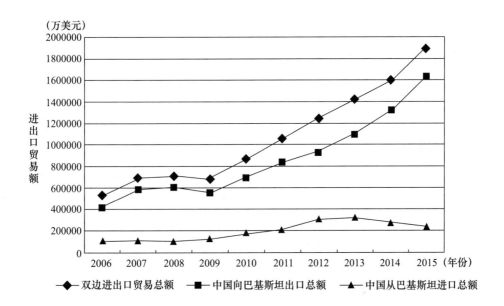

图1-4 中国向巴基斯坦进口和出口概况

资料来源：中华人民共和国国家统计局（National Bureau of Statistics of China），《中国统计年鉴》。

3. 中国—智利自由贸易区

2004年11月18日，时任国家主席胡锦涛与智利时任总统拉戈斯共同宣布启动中智自贸区谈判。经过为时一年的谈判，2005年11月18日，在韩国釜山APEC领导人非正式会议期间，在前国家主席胡锦涛和拉戈斯总统的见证下，双方签署《中智自贸协定》。这是中国与拉美国家签署的第一个自由贸易协定，从而结束了中国与拉美国家没有自由贸易协定的历史，具有里程碑意义。双方整个自由贸易合作的进程如表1-4所示。

表1-4 中国—智利自由贸易合作历程

2004年11月18日	时任国家主席胡锦涛与智利时任总统拉戈斯共同宣布启动中智自贸区谈判
2005年11月18日	在韩国釜山APEC领导人非正式会议期间，双方签署《中智自贸协定》
2006年9月	前国家主席胡锦涛访问巴基斯坦期间，两国政府代表签署《中国—智利自由贸易协定》，该协定于2007年7月1日开始全面启动
2008年4月13日	自2006年9月启动双边谈判以来，双方最终在海南三亚签署《中智自贸协定关于服务贸易的补充协定》（即《中智自贸区服务贸易协定》），并于2010年8月1日起实施
2009年1月14日	中国—智利自由贸易区投资首轮谈判在智利首都圣地亚哥启动。到目前为止，经过六轮谈判后，双方已就绝大多数条款取得了一致

资料来源：上海财经大学自由贸易区研究院，上海发展研究院.中国（上海）自由贸易试验区与国际经济合作［M］.上海：上海财经大学出版社，2013.

从20世纪70年代中国和智利建立外交关系以来，两国在经济与贸易方面的合作也在持续发展。自2006年签署的协议实施以来，双边的贸易也在不断深化，迈向新的台阶，实现互利谋求共赢。如图1-5所示，双边达成协议以后，贸易总额呈现出大幅度增长并趋于持续稳定的上升。由此可以看出，中国与智利

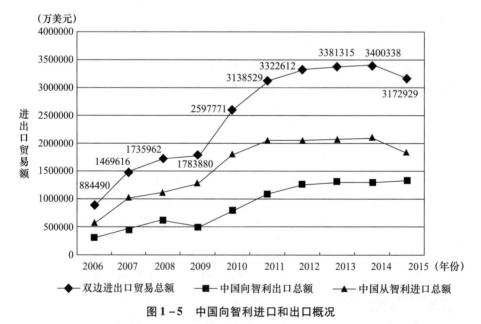

图1-5 中国向智利进口和出口概况

资料来源：中华人民共和国国家统计局（National Bureau of Statistics of China），《中国统计年鉴》。

的贸易关系呈现互补性趋势，智利对中国有贸易顺差，其中智利对中国出口多为资源密集型产品，如铜、铁矿石等和林木、谷物、葡萄酒等农林渔业及副产品；中国对智利出口则以劳动密集型产品为主，如轻纺、工艺等。

4. 中国—新西兰自由贸易区

2008 年 4 月 7 日，《中国—新西兰自由贸易协定》在两国总理的见证下正式签署。这是中新双边关系发展历程中一座新的里程碑，也是中国实施自由贸易区战略过程中迈出的关键一步。它是中国与发达国家签署的第一个自由贸易协定，也是中国与其他国家签署的第一个同时全面涉及货物贸易、服务贸易、投资等诸多领域的自由贸易协定。协定实施以来，促进中新两国经贸关系的作用已经初步显现，示范带动效应也日渐显著，见表 1-5。

表 1-5 中国—新西兰自由贸易合作历程

2003 年 10 月	胡锦涛同志对新西兰进行国事访问，两国领导人就商签中国和新西兰的经济与贸易合作框架达成了共识
2004 年 5 月	签署《中国与新西兰贸易与经济合作框架》，新西兰正式承认中国市场经济地位，双方同意就建立中新自由贸易区的可行性开展研究
2004 年 6 月	中新双方正式启动自由贸易区联合可行性研究，并于 9 月完成了《中国—新西兰双边自由贸易区联合可行性报告》，该报告指出，中新自由贸易区的建立将更好地利用两国在经济上的互补性，促进双边贸易增长，实现共同繁荣的目的
2004 年 11 月	时任国家主席胡锦涛与克拉克总理共同宣布，中新两国将启动自由贸易协议谈判，从而拉开了中新双边自由贸易区建设的序幕
2007 年 12 月	中国和新西兰在北京就自由贸易协定谈判中的所有实质性问题达成一致
2008 年 4 月	历经 3 年 17 轮的艰苦谈判，《中国—新西兰自由贸易协定》正式签署
2008 年 10 月	《中国—新西兰自由贸易协定》正式实施生效

资料来源：上海财经大学自由贸易区研究院，上海发展研究院. 中国（上海）自由贸易试验区与国际经济合作 [M]. 上海：上海财经大学出版社，2013.

2008 年协定实施当年，中国就跃升为新西兰第二大贸易伙伴。2009 年，中国又成为新西兰第二大出口市场。总体来看，两国的服务贸易有了大幅度提升。如图 1-6 所示，2008 年协定签订后，中国与新西兰两国的贸易呈现大幅度的增长趋势，新西兰对中国有贸易顺差。其中，中国对新西兰出口产品以机械类和纺织类产品为主；新西兰对中国出口的则是其具有比较优势的产品，如农产品和能源资源类产品等。从结构上来看，两国服务贸易既有竞争又有互补。旅游、运输和其他商业服务都是两国主要的出口和进口部门，都具有较强的竞争优势；而建筑服务在中国服务贸易中所占的比重较高，通信服务、个人文化与休闲服务在新西兰服务贸易中所占的比重较高。

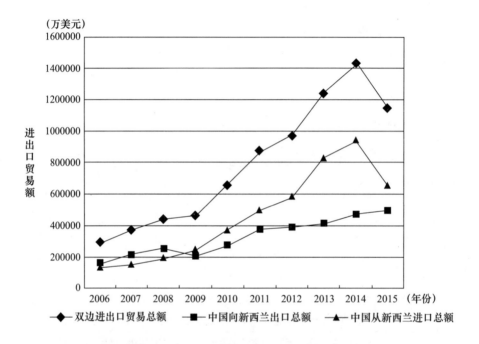

图1-6　中国向新西兰进口和出口概况

资料来源：中华人民共和国国家统计局（National Bureau of Statistics of China），《中国统计年鉴》。

　　在投资方面，如图1-7所示，中国对新西兰的年直接投资净额实现了从2007年的负值到正值并持续增长的趋势，尤其从2012年开始连续几年都大幅度增加。中国在新西兰的投资涉及资源开发、运输、保险、贸易和房地产开发、通信等多个领域。此外，新西兰的农产品尤其是乳制品在国际市场中有明显的竞争优势，自由贸易区的开放也使双方的同类行业产生了直接竞争，新西兰对中国的鲜奶出口有贸易顺差，中国乳制品行业的未来发展也值得持续关注。

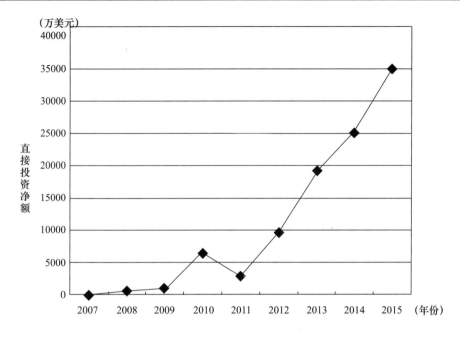

图1-7　中国对新西兰的直接投资净额概况

资料来源：中华人民共和国国家统计局（National Bureau of Statistics of China），《中国统计年鉴》。

5. 中国—新加坡自由贸易区

2008年10月23日，在时任总理的温家宝和新加坡总理李显龙的见证下，时任商务部部长陈德铭与新加坡贸工部部长林勋强代表各自政府在北京人民大会堂签署了《中华人民共和国政府和新加坡共和国政府自由贸易协定》。这是中国政府继与智利、巴基斯坦、新西兰等国家签署双边自由贸易协定之后，又一次成功签订双边自由贸易协定，也是中国与东盟自由贸易协定的进一步深化与发展。中国与新加坡自由贸易合作历程如表1-6所示。

在双边贸易方面，如图1-8所示，除了2009年受金融危机影响贸易大幅度缩水外，中国和新加坡的双边贸易大体呈现了逐年稳步增加的趋势。从长期来看，受益于双方关税的降低和非关税壁垒的削减，中国与新加坡双边贸易将会取得显著增长。除此之外，中新两国还可以从多种服务贸易领域受益，如旅游服务、金融领域、工程承包和劳务合作领域、人才教育服务领域等。

表 1 - 6　中国—新加坡自由贸易合作历程

2006 年 8 月	中国—新加坡自由贸易区谈判启动，经过 8 轮协商于 2008 年 9 月圆满结束
2009 年 1 月 1 日	《中华人民共和国政府和新加坡共和国政府自由贸易协定》正式生效，新加坡将取消全部对中国进口产品关税，中国则对从新加坡进口的 695 种商品关税降到零，总降税商品占 87.5%
2011 年 7 月 27 日	中国与新加坡第八次双边合作联委会期间，在新加坡，时任副总理的王岐山和新加坡副总理张志贤的共同见证下，时任商务部部长陈德铭和新加坡贸工部部长林勋强代表各自政府在新加坡签署了《关于修改〈中华人民共和国政府和新加坡共和国政府自由贸易协定〉的议定书》，双方将各自在中国—东盟自贸区《服务贸易协定》的第二批具体承诺纳入了中国和新加坡的自由贸易协定中，从而进一步提高了两国自由贸易区的自由化水平
2012 年 7 月 6 日	在江苏省苏州市召开的中国与新加坡双边合作委员会第九次会议期间，双方签署了两国在中国—新加坡自由贸易协定项下进一步开放银行业的换文
2012 年 10 月 24～25 日	中国与新加坡自贸区联委会第三次会议在新加坡举行。中国商务部、工业和信息化部、财政部、海关总署和质检总局等部门代表与新加坡贸工部、海关、信息发展部、农粮兽医局等部门的代表共同出席会议。双方讨论了进一步深化货物贸易、服务贸易和投资等领域合作的可能性，并就卫生与植物卫生措施（SPS）、技术性贸易壁垒（TBT）和区域经济一体化等问题交换了意见

资料来源：上海财经大学自由贸易区研究院，上海发展研究院．中国（上海）自由贸易试验区与国际经济合作［M］．上海：上海财经大学出版社，2013．

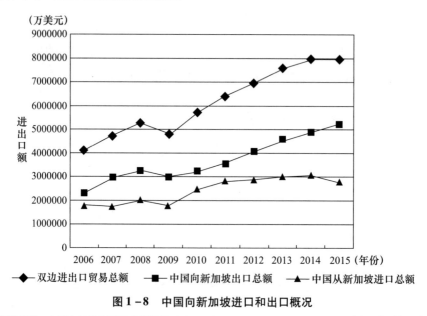

图 1 - 8　中国向新加坡进口和出口概况

资料来源：中华人民共和国国家统计局（National Bureau of Statistics of China），《中国统计年鉴》。

在投资方面，根据图1-9可知，双方对彼此的直接投资虽然因年度情况差异存在波动，但仍大体呈现了逐年上升的趋势。其中，新加坡外商对中国的投资近些年来一直高于中国对新加坡的直接投资，且已经成为中国外商投资利用中很重要的一部分。此外，2015年中国对新加坡的投资额度巨幅提升，超越了新加坡外商在华的投资，其产生背景源于中国"一带一路"倡议。2015年，我国企业对"一带一路"相关的49个国家进行了直接投资，投资额合计148.2亿美元，同比增长18.2%，占对外投资总额的12.6%，投资主要流向新加坡、哈萨克斯坦、老挝、印度尼西亚、俄罗斯和泰国等。

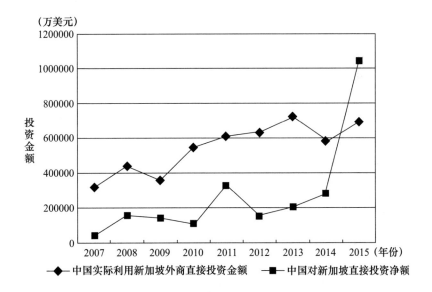

图1-9　中国与新加坡双边直接投资情况

资料来源：中华人民共和国国家统计局（National Bureau of Statistics of China），《中国统计年鉴》。

总体来看，随着中国经济与贸易的发展，多边尤其是双边的贸易合作不断增强。中国已经与多国签署或者正在探索建立双边的自由贸易区，并且已经与部分国家在经济与贸易合作的深度上得到了突破性的进展，相关合作发展概况如表1-7所示。

表1-7 中国与各个国家及地区的自由贸易合作发展现状概况

已签协议的自由贸易区	中国内地与港澳更紧密经贸关系安排	2003年，中国内地与香港、澳门特别行政区政府分别签署了中国内地与中国香港、中国澳门《关于建立更紧密经贸关系的安排》（简称CEPA），2004年、2005年、2006年又分别签署了《补充协议》《补充协议二》和《补充协议三》
	中国—智利	《中国—智利自由贸易协定》于2007年7月1日全面启动
	中国—巴基斯坦	《中国—巴基斯坦自由贸易协定》于2007年7月1日起实施
	中国—新西兰	《中国—新西兰自由贸易协定》于2008年10月1日起实施
	中国—新加坡	《中国—新加坡自由贸易协定》于2009年1月1日开始生效
	中国—东盟	2010年1月1日，自由贸易区正式全面启动
	中国—秘鲁	《中国—秘鲁自由贸易协定》于2010年3月1日起实施
	中国—哥斯达黎加	《中国—哥斯达黎加自由贸易协定》于2011年8月1日起正式生效
	中国—瑞士	《中国—瑞士自由贸易协定》于2014年7月1日正式生效
	中国—冰岛	《中国—冰岛自由贸易协定》于2014年7月1日正式生效
	中国—韩国	《中国—韩国自由贸易协定》于2015年6月1日正式签署
	中国—澳大利亚	《中国—澳大利亚自由贸易协定》于2015年6月17日正式签署
	中国—东盟（"10+1"）升级	2015年11月22日，中国与东盟十国在马来西亚吉隆坡正式签署修订协议书，这是我国在自贸区基础上的第一个升级协议
正在谈判的自由贸易区	中国—挪威	2010年9月14～16日，中挪自由贸易协定第八轮谈判在奥斯陆举行
	中国—巴基斯坦自贸协定第二阶段谈判	《中国—巴基斯坦自贸区服务贸易协定》于2009年10月10日生效实施，2015年10月14～16日，中巴自贸区第二阶段谈判在北京举行
	中国—以色列	2016年3月30日，中国和以色列正式启动"中以自贸区"谈判
	中国—马尔代夫	2016年9月26～30日，中国—马尔代夫自贸协定第四轮谈判在香港举行
	中国—格鲁吉亚	2016年10月5日，两国政府签署了自由贸易协定谈判的谅解备忘录
	中国—海合会	中国—海湾合作委员会（包括沙特阿拉伯、阿联酋、科威特、阿曼、卡塔尔和巴林六个成员国），2016年12月19日至21日，中国—海合会自贸区第九轮谈判在沙特阿拉伯首都利雅得举行
	中日韩	2017年1月11日，中日韩自贸区第十一轮谈判在北京举行
	中国—斯里兰卡	2017年1月16～19日，中国—斯里兰卡自贸区第五轮谈判在科伦坡举行
	《区域全面经济合作伙伴关系协定》（RCEP）	由东盟十国发起，邀请中国、日本、韩国、澳大利亚、新西兰、印度共同参加（"10+6"），是以东盟为主导的区域经济一体化合作，RCEP第17轮谈判于2017年2月27日至3月3日在日本神户举行

续表

正在研究的自由贸易区	中国—印度	2010 年 1 月，中国—印度经贸合作论坛在北京举行
	中国—哥伦比亚	2012 年 5 月，温家宝在北京会见哥伦比亚总统，将加快启动自贸协定谈判
	中国—摩尔多瓦	2015 年 1 月 29 日，商务部发布会启动中国—摩尔多瓦自贸联合可行性研究
	中国—尼泊尔	2016 年 3 月 21 日，中尼启动自贸协定联合可行性研究并签署谅解备忘录
	中国—毛里求斯	2016 年 11 月 4 日，中毛启动自贸协定联合可行性研究并签署谅解备忘录
	中国—斐济	2016 年 11 月，中国—斐济自贸协定联合可研工作组第二次会议在京举行
优惠贸易安排	亚太贸易协定	《亚太贸易协定》（前身为《曼谷协定》）从 2006 年 9 月 1 日开始实施，成员国为中国、孟加拉、印度、老挝、韩国和斯里兰卡（蒙古国准备加入），2017 年 1 月 13 日，《亚太贸易协定》第四届部长级理事会在泰国曼谷举行

资料来源：笔者整理（中国自由贸易区服务网［EB/OL］. http：//fta. mofcom. gov. cn/. ）

四、国内自由贸易区

自由贸易区的第二类范畴指在一个国家或单独关税区内设立的用栅栏隔离、置于海关管辖之外的特殊经济区域，区内允许外国船舶自由进出，外国货物免税进口，取消对进口货物的配额管制。中国上海自由贸易试验区就属于狭义上的自由贸易区范畴。

1. 各国自由贸易区比较

表 1 – 8　狭义范畴下的各国自由贸易区的功能定位和产业发展分析

功能定位	上海自由贸易区	中国大陆境内第一个自由贸易区，力争建设为具有国际水准的投资贸易便利、货币兑换自由、监管高效便捷、法制环境规范的试验区
	中国香港自由贸易区	1841 年英国政府宣布其为自由贸易港，多年来其内涵和功能不断扩张，成为全球最自由、最开放的多功能自由港，也是世界最大的贸易、金融和航运中心之一
	巴拿马科隆自由贸易区	其成立于 1948 年，是西半球最大的自由贸易区，仅次于香港的世界第二大自由贸易区，是拉美贸易的集散地、转口中心
	美国纽约港自由贸易区	其于 1979 年由美国国会批准设立，是全美自贸区中面积最大的自贸区之一，主要功能是货物中转和自由贸易，区外还设有若干分区来发展制造业、加工服务业等
	德国汉堡自由贸易区	其建立于 1888 年，是欧洲典型的经济自由区，主要功能是货物中转、仓储、流通、加工和船舶建造

产业发展	上海自由贸易区	服务业是核心产业，以国际贸易、金融服务、航运服务、专业服务和高端制造五大产业为导向，在临港地区打造金融、集中保税展示交易中心及文化贸易平台
	中国香港自由贸易区	传统支柱产业是金融、旅游、贸易与物流和专业服务。在此基础上，近年来推动文化及创意产业、创新科技、检测和认知、环保产业、医疗服务和教育服务等
	巴拿马科隆自由贸易区	主要产业为金融、贸易与物流、会展。巴拿马国际博览会世界闻名，区内经营以轻纺、服装、工艺、日用品和家电产品为主
	美国纽约港自由贸易区	主要功能是货物中转、自由贸易和外国货物出港。区外还设若干分区，以进出口加工制造为主，涉及石化、汽车、饮料、制药、手表等加工业
	德国汉堡自由贸易区	货物商业性加工、物流（货物集散转运）、船舶建造等是主业，同时在金融、保险、商贸、中介等第三产业和服务贸易发展上成效显著
金融政策	上海自由贸易区	加强金融制度创新和增强金融服务功能，进行人民币国际化的探索，促进跨境融资自由化，允许民营资本和外资金融机构开放，建立国家交易平台，逐步允许境外企业参与商品期货交易，鼓励金融市场的产品创新
	中国香港自由贸易区	采取自由的金融政策，实行自由外汇制度，形成了以外资银行为主体，以进出口贸易为主要服务对象的银行体系
	巴拿马科隆自由贸易区	其本国货币仅为辅币，而合法货币为美元，贸易结算使用美元，在巴拿马的银行存款不纳税，无外汇管制，利润汇出汇入自由
	美国纽约港自由贸易区	在区内放松金融管制，实行金融自由化。放宽或取消对银行支付存款利率的限制；减少或取消对银行贷款规模的直接控制，允许业务交叉；允许更多新金融工具的使用和新金融市场的设立；放宽对外国金融机构经营活动的限制及对本国金融机构进入国际市场的限制，减少外汇管制
	德国汉堡自由贸易区	德国汉堡自由贸易区金融自由，外汇交易均不作限制，如外汇兑换自由、资金进出和经营自由，投资自由，雇工、经营自由，无国民与非国民待遇之分，等等

资料来源：贺伟跃. 中国（上海）自由贸易试验区制度解读与展望［M］. 北京：经济日报出版社，2016.

2. 上海自由贸易区概述

（1）上海自由贸易区的产生背景。上海自由贸易区的产生，第一个背景来源于全球贸易的发展与竞争。由于 WTO 没有给美国带来预期的话语权，为了自己的国家利益，当时美国试图通过美国、欧盟和日本三大经济体用跨太平洋伙伴关系（TPP）、跨大西洋贸易与投资伙伴关系（TTIP）和多边服务业协议（PSA）

形成新一代高规格的全球贸易和服务业规则，来取代 WTO。这三大协议发展的影响，在未来企图重新构建国际贸易和投资规则的新载体，制定新的世界经济规则，并强化既有的世界权力分配体系结构。中国方面的发展路径则主要有三个方向：第一，大力发展中欧贸易协商和自贸区谈判，先与冰岛、瑞士等国合作，然后再推进到中心国家；第二，巩固东南亚与东北亚自贸区谈判和发展；第三，金砖联盟在德班峰会力图打造储备库金砖发展银行和工商理事会。实际上，中国对于包括 TPP 及 RCEP（区域全面经济伙伴关系）在内的有利于促进亚洲地区经济融合和共同繁荣的倡议均应该持开放心态，这样才有可能在谈判中掌握一定的主动权，不被边缘化。但如果整个国家要实行可能有困难，这意味着要跨越可能长达数十年的历史阶段，这对于整体依旧落后而且地区间生产力差距巨大的中国经济来说，有其现实难度。升级确实势在必行，但也需要一定的顺序和时间。因此，国家可先设立局部的自贸区，允许所有国家来自由投资和贸易，并可以适当将其中的某些高商业标准映射到整个中国制造和服务业。如果试验失败了，由于范围限定，影响也有限；而一旦成功，则可以进一步扩大、推广并全面对接整个中国经济。

　　第二个背景来源于中国自身的改革需求。原有的 WTO 存在一定的局限性，它不针对生产过程，而是集中关注关税削减环节，也对汇率行为缺乏足够的约束力。中国过去的核心驱动力本质上是半市场化的要素垄断，定价加速了资本积累并促进了国际贸易竞争优势，低版权模仿加国内市场扩张迅速积聚了制造业产能，而各级政府的 GDP 锦标赛则形成低成本的基础设施、货币投放和国有经济垄断。TPP 的设计则直击中国秘籍的软肋——提升要素价格和削弱国家资本主义行为。如果直接遵守其中的环保、知识产权、劳工保护以及国有企业等条款，会对自身发展带来障碍和困难。所以中国须用积极态度来对待，推进自身的转型发展，最终建立国际通行的规则，以尽量避免更多不合理的利益固化和路径依赖。因此，设立上海自贸区也是力图推动改革，打造中国经济"升级版"的重要举措。

　　第三个背景来源于人民币国际化问题。尽管中国现在已经是全世界最大的生产国、第二大的资源消费国和未来最大的消费国，但中国在目前全球货币竞争格局中仍然处于非常被动的地位。从 2009 年起步的人民币跨境使用正是突围之举。但这些因为贸易需求释放的人民币，在全球货币总量中所占比例依然很小。客观地说，如果不满足这些资本回流获利的动机，人民币的海外总量还是无法做大，而构建回流闭环就需要巨大的、有深度和有广度的金融市场（包括基础和衍生）来容纳和吞吐。目前上海市最大的优势是有全国最全的各种各样的交易所、银行间市场和要素市场，因此上海市一定会成为人民币回流最大的目的地和集散地。建立自贸区之后，就可以试行先建立一个庞大的金融资产缓冲区和蓄水池，完善人民币的全球循环路径，并且最终在风险可控的条件下打通资本账户，进行双向投资、相互渗透，实现金融资源的全球优化配置，提升人民币的国际地位，为人民币国际化打下坚实的基础。

（2）上海自贸区产生的过程。自贸区被国际公认为全球经济最开放、自由化程度最高的区域。2013 年 9 月 29 日，中国上海自由贸易试验区挂牌启动。上海自贸区的管理机构、执行方案和实施细则，在启动后陆续公布。国务院划定的上海自贸区，包括洋山保税港区和上海浦东机场综合保税区、外高桥保税区、外高桥保税物流园区四个海关特殊监管区域，总面积为 28.78 平方公里。担负中国经济"先行先试"任务的上海，将在这块试验区内，针对投资、贸易、金融等领域，推行全方位的自由化，对接和融入国际经济潮流。截至目前，上海自由贸易区产生的历程大体有三个阶段。

第一，雏形阶段。早在 1988 年 6 月，邓小平就提出"我们内地还要再造几个香港"的构想。这里所说的"香港"，实质就是经济意义上的自由港，也是自贸园区在中国内地的最早雏形。在 1990 年上海外高桥保税区创设之初，时任上海市市长的朱镕基在香港就浦东开发开放发表主题演讲，他说："我们要建立一个自由贸易园区，能够保证商品、人员、资金自由进出，并最终成为一个'自由港'。"那时已经明确，要通过十年左右的努力，在浦东基本建成开放度最高的综合性自由贸易园区。此阶段，在学术领域方面，以成思危等为代表的学者都就自由贸易区的建立进行了深入的研究。内地不少地方都提出要由保税区向自由贸易区转型，除上海的外高桥保税区外，深圳、天津、青岛等地的海关特殊监管区域也均提出转型动议，但在很长一段时间内，这些呼吁仅限于学术界和地方政府，并没有上升到中央政府层面。直到 2009 年 2 月 6 日，中国生产力学会将一个《关于在上海浦东试点建立自由贸易区的建议报告》递交给时任国务院总理温家宝，自贸区才进入了最高决策层的视野。2009 年 3 月，在温家宝主持的国务院常务会议上，上海的"四个中心"建设（国际经济中心、国际贸易中心、国际航运中心和国际金融中心）上升到了国家战略发展的高度。

第二，探索阶段。通常的自由贸易区概念是指两个主权国家或地区间，通过签订自由贸易协议，相互开放市场准入，达成商品、服务和资本、技术、人员等要素的自由流动。而自由贸易园区则是主权国内的贸易自由化，指在某一国家或地区境内设立的实行优惠税收和特殊监管政策的小块特定区域，也就是通常所说的"境内关外"。此后，由国家发改委、商务部、海关、税务总局等中央部委组成的小组赴上海调研。2011年，《外高桥现象放大效应研究》被列为上海市委当年11项重大专题调研之一。

第三，发展阶段。2011年10月，第11届上海贸易园区大会在上海市召开，这次大会以"自由贸易园区功能创新"为主题，上海综合保税区管委会主任作了主题演讲，在展望保税区未来发展和创新功能时，表示上海保税区正积极向与国际通行惯例接轨的自由贸易园区转型发展。2012年3~4月，保税区管委会委托上海市政府研究室开展"外高桥现象放大效应深化研究，建立浦东自贸园区的策略和路径"的课题研究。2012年12月27日，商务部起草了关于上海建自由贸易区的请示并提交给了总理办公室。同年12月30日，时任总理温家宝批示："同意上海试点，请商务部和上海市政府研究提出方案。"2013年3月27~30日，李克强总理对长江三角洲地区进行调研，在听取了上海市委和市政府领导就上海自贸区问题的汇报后，李克强总理表达了支持与鼓励的态度。2013年5月30日，上海市政府向中央上报了详细方案；7月3日，国务院常务会议原则通过《中国（上海）自由贸易试验区总体方案》；7月17日，国务院正式批复该方案；8月17日，中央政治局召开会议，中共中央总书记习近平听取专题汇报。8月16日，国务院提请全国人大常委会中止《外资企业法》《中外合资经营企业法》《中外合作经营企业法》三部法律有关条文在上海自贸区的继续实施。自贸区的改革必然要进入深水区，一些举措会与现行的法律相冲突，只有暂停一些法律的实施，才能进行改革。中央对此次改革的力度和决心不仅表现在暂停法律的实施上，同样体现在对自贸区的命名方面。2013年3月，李克强总理到上海考察时，上海方面的汇报还以"自由贸易试验园区"相称；4月，上海就自贸区向汪洋副总理做专题汇报时，汪副总理正式定名为"中国（上海）自由贸易实验区"。以"中国"作为前缀意味深远，表明了上海自贸区改革上升到了国家层面。因此，继20世纪80年代设立深圳经济特区和20世纪90年代开发浦东后，上海自贸区的成立具有里程碑的意义。《中国（上海）自由贸易区总体方案》于2013年5月上报中央。8月30日，全国人民代表大会常务委员会做出决定，授权国务院在上海自贸试验区暂时调整有关法律规定的行政审批。

（3）上海自贸区四项重大使命。建立自由贸易试验区的总目标：经过 2~3 年的改革试验，加快转变政府职能，积极推进服务业扩大开放和外商投资管理体制改革，大力发展总部经济和新型贸易业态，加快探索资本项目可兑换和金融服务业全面开放，探索建立货物状态分类监管模式，努力形成促进投资和创新的政策支持体系，着力培育国际化和法治化的营商环境，力争建设成为具有国际水准的投资贸易便利、货币兑换自由、监管高效便捷、法制环境规范的自由贸易试验区，为我国扩大开放和深化改革探索新思路和新途径，更好地为全国服务。

第一，贸易自由化。推动贸易转型升级，积极培育贸易新型业态和功能，形成以技术、品牌、质量、服务为核心的外贸竞争新优势，加快提升我国在全球贸易价值链中的地位。鼓励跨国公司建立亚太地区总部，建立整合贸易、物流、结算等功能的营运中心。深化国际贸易结算中心试点，拓展专用账户的服务贸易跨境收付和融资功能。支持试验区内企业发展离岸业务。离岸贸易的最核心要点是解决跨国公司的资金管制问题，自贸区内企业允许成立一个国际资金池和国内资金池，当中设计有互联互通的管道，力图实现外汇资金集中运营，以便建立跨国企业的全球资金管理中心。自贸区不会做成集装箱的推场，而要探索同大长三角周边地区的错位竞争和有效协同合作。更重要的是，推进与自由货物贸易相关的服务贸易的发展，特别是配套国际大宗商品交易平台以及航运金融交易平台，允许境内外企业参与商品期货和航运远期交易。鼓励企业统筹开展国际国内贸易，实现内外贸一体化发展。

第二，投资的自由化。产业发展的对外开放，特别是服务业——金融服务、航运服务、商贸服务、专业服务、社会服务、文化服务六大领域全部开放。实践证明，不管是制造业还是服务业，凡是对外开放比较彻底、积极参与全球资源竞合的领域，都会发展较好、竞争力变强。投资也是双向导向，鼓励中国资本从自贸区向海外直接投资。在自贸区，未来对外投资可能只需要备案。鼓励成立对外私募股权投资基金，探索发展并购投资基金、风险投资基金产品创新，逐步开展个人境外直接投资试点，并提供相应的中介服务，支持富余产能向境外有序转移，让自贸区同时成为中国资本走向世界的平台，大力推进"走出去"战略。此外，在区内有可能会创新外汇储备的运用方式，例如拓展外汇储备委托贷款平台和商业银行转贷款渠道，综合运用多种方式为外汇主体提供融资支持。

第三，金融的国际化。金融国际化终极目的就是推动人民币国际化，人民币国际化必须要过的一关是放开资本项目管制。预期在自贸区内，投资和贸易相关的资金可以自由兑换，利率、汇率都由市场决定，积极探索面向国际市场的外汇管理改革试点，建立与自贸区相适应的外汇管理体制。以推进贸易投资便利化为重点，推动跨境人民币结算业务发展，扩大人民币在贸易、投资、保险等领域的使用。同时，允许符合条件的外资金融机构设立外资银行，以及民营资本与外资金融机构共同设立中外合资银行（可能具有有限牌照）。尝试由民间资本发起设立自担风险的民营银行、金融租赁公司和消费金融公司等金融机构。鼓励其建立综合交易平台，全面放开产品创新。此外，还允许自贸区的金融机构去海外发债，融资回来之后可以贷款给自贸区内的企业，并突破现有存贷比的限制。加快金融制度创新，在风险可控前提下，允许在试验区内对人民币资本项目可兑换、金融市场利率市场化、人民币跨境使用等方面创造条件进行先行先试。在试验区内金融机构资产方价格实行市场化定价。探索面向国际的外汇管理改革试点，建立与自由贸易试验区相适应的外汇管理体制，全面实现贸易投资便利化。鼓励企业充分利用境内外两种资源、两个市场，实现跨境融资自由化。深化外债管理方式改革，促进跨境融资便利化。深化跨国公司总部外汇资金集中运营管理试点，促进跨国公司设立区域性或全球性资金管理中心。建立试验区金融改革创新与上海国际金融中心建设的联动机制。

第四，行政的精简化。自贸区将实施"一线彻底放开、二线安全高效管住、区内货物自由流动"的创新监管服务新模式，"一线"指国境线，"彻底"被不断强调。因此自贸区建设最重要的工作之一是要在现有的开放试点里，化繁为简，减少行政成本，提供一条整合现有海关特殊监管区的有效路径。其实自贸区不需要特殊政策，需要的只是创新、放松管制和小政府。深化行政管理体制改革，加快转变政府职能，改革创新政府管理方式，按照国际化、法治化的要求，积极探索建立与国际高标准投资和贸易规则体系相适应的行政管理体系，推进政府管理由注重事先审批转为注重事中、事后监管。建立一日受理、综合审批和高效运作的服务模式，完善信息网络平台，实现不同部门的协同管理机制。建立行业信息跟踪、监管和归集的综合性评估机制，加强对试验区内企业在区外经营活动全过程的跟踪、管理和监督。建立集中、统一的市场监管综合执法体系，在质量技术监督、食品药品监管、知识产权、工商、税务等管理领域实现高效监管，积极鼓励社会力量参与市场监督。提高行政透明度，完善体现投资者参与、符合国际规则的信息公开机制。完善投资者权益有效保障机制，实现各类投资主体的公平竞争，允许符合条件的外国投资者自由转移其投资收益。建立知识产权纠纷调解、援助等解决机制。

（4）中国自由贸易区的发展前景。2016年8月31日，商务部部长在接受专访时表示，上海、广东、天津、福建自贸试验区建设取得的成效，彰显了自贸试验区的试验田作用。近日，党中央、国务院决定，在辽宁省、浙江省、河南省、湖北省、重庆市、四川省、陕西省新设立七个自贸试验区，这代表着自贸试验区建设进入了试点探索的新航程。新设的七个自贸试验区，将继续依托现有经国务院批准的新区、园区，继续紧扣制度创新这一核心，进一步对接高标准国际经贸规则，在更广领域、更大范围形成各具特色、各有侧重的试点格局，推动全面深化改革，扩大开放。

其中，辽宁省主要是落实中央关于加快市场取向体制机制改革、推动结构调整的要求，着力打造提升东北老工业基地，发展整体竞争力和对外开放水平的新引擎。浙江省主要是落实中央关于"探索建设舟山自由贸易港区"的要求，就推动大宗商品贸易自由化，提升大宗商品全球配置能力进行探索。河南省主要是落实中央关于加快建设贯通南北、连接东西的现代立体交通体系和现代物流体系的要求，着力建设服务于"一带一路"倡议的现代综合交通枢纽。湖北省主要是落实中央关于中部地区有序承接产业转移、建设一批战略性新兴产业和高技术产业基地的要求，发挥其在实施中部崛起战略和推进长江经济带建设中的示范作用。重庆市主要是落实中央关于发挥重庆市作为战略支点和连接点的重要作用、加大西部地区门户城市开放力度的要求，带动西部大开发战略深入实施。四川省主要是落实中央关于加大西部地区门户城市开放力度以及建设内陆开放战略支撑带的要求，打造内陆开放型经济高地，实现内陆与沿海、沿边、沿江协同开放。陕西省主要是落实中央关于更好发挥"一带一路"倡议对西部大开发带动作用、加大西部地区门户城市开放力度的要求，打造内陆型改革开放新高地，探索内陆与"一带一路"沿线国家经济合作和人文交流新模式。2016年全年，上海、广东、天津和福建四大自贸区实际引进外资达879.6亿元人民币，同比增长81.3%。随着辽宁、浙江、河南、湖北、重庆、四川、陕西7个自贸试验区新近获批，全国自贸试验区已达11个。未来，国家也将继续深化改革，促进贸易经济的变革转型，持续推动自由贸易试验区的建设与发展。

第二节　商务服务的内涵

一、商务服务的定义

作为新行业，商务服务业出现较晚，对于什么是商务服务业，理论研究较少，对其给出比较统一的定义。

1. 商务服务行业

商务服务（Business Services）行业是指为企业提供服务的行业划分。其涵盖了法律服务、商旅服务、信息咨询、广告服务、公关服务、教育培训、特许经营、金融服务、保险理财等 20 多个行业。据国家信息产业局分析，商务服务领域产值 2009 年达 2000 多亿元。因此，商务服务业（Commercial Service Industry）主要指在商业活动中涉及的服务交换活动。

在自由贸易区的背景内涵下，又赋予了商务服务行业新的内涵和发展。根据 WTO 对服务贸易（Services Trade）的行业分类，其主要包括了商务及专业服务（Business and Professional Services）、通信服务（Communication Services）、建造及相关服务（Construction and Related Services）、分销服务（Distribution Services）、教育服务（Education Services）、能源服务（Energy Services）、金融服务（Financial Services）、健康及社会服务（Health and Social Services）、旅游服务（Tourism Services）和运输服务（Transport Services）。其中贸易服务框架下的商务服务具体内容涵盖则如表 1-9 所示。

表 1-9　**WTO 对于服务部门的经典分类——商务服务类别**

专业服务 （Professional Services）	法律服务（Legal Services），会计、审计及记账服务（Accounting, Auditing and Bookkeeping Services），税收服务（Taxation Services），建造服务（Architectural Services），工程服务（Engineering Services），等等

续表

计算机及相关服务 （Computer & Related Services）	软件实施服务（Software），数据处理服务（Data Processing Services），数据库服务（Data Base Services），等等
研究与开发服务 （Research & Development Services）	自然科学的研究开发（Research and Develapment on Natural Sciences），社会科学与人文学科的研究开发（Research and Develapment on Social Sciences & Humanities），等等
房地产服务 （Real Estate Services）	包括拥有与租赁的财产（Involving Own or Leased Property），基于收费或者合约基础的房地产服务（On a Fee or Contract Basis），等等
没有经营者的租赁服务 （Rental/Leasing Services without Operators）	舰船相关（Relating to Ships），飞机相关（Relating to Aircraft），其他交通运输设备相关（Relating to other Transport Equipment），机械及设备相关（Relating to other Machinery & Equipment），等等
其他商业服务 （Other Business Services）	广告服务（Advertising Services），市场研究及公众舆论服务（Market Research & Public Opinion），管理咨询服务（Management Consulting Service），技术测试与分析服务（Technical Testing & Analysis Services），农、林、渔等附属服务（Services incidental to Agriculture，Forestry & Fishing），采矿附属服务（Services incidental to Mining），等等

资料来源：World Trade Organization（WTO）. Services Sectoral Classification List（1991）［EB/OL］. http：//www. wto. org/english/tratop_ e/serv_ e/mtn_ gns_ w_ 120_ e. doc.

2. 商务服务

商务服务是企业管理、市场管理、市场中介等组织所从事的经营性事务活动，它直接为商业活动提供服务。商务服务是专门解决企业在生产、组织和管理活动中的各种问题和各项任务的一系列活动，包括法律和技术服务、管理服务、市场服务、金融服务等。

3. 商务服务企业

商务服务企业是指为商务活动提供服务的企业。商务服务企业提供诸如出租场地、咨询、会展等服务，其对商品流通起着搭桥挂钩、沟通信息和搞活经济的作用。主要形式有招商咨询公司、信托投资公司、各类租赁公司、商务咨询公司、会展公司、广告公司、拍卖典当行等。

二、商务服务业的分类

商务服务业中大部分行业成长性较好，其外延范围在不断拓展和延伸。具体而言有以下两种分类标准。

1. 国际统计口径

国际上商务服务业通常采用大商务的概念，不仅包括我国统计意义上的商务服务业，还包括计算机与软件服务和科学研究、技术服务。比如经济合作与发展组织（OECD）把国家商务服务业（Business Services）又叫产业服务或企业服务，包括计算机软件与信息服务，研发与技术检验服务，经营组织服务（包括管理咨询与劳动录用服务）与人力资源开发服务。北美产业分类体系（NAICS）中商务服务业主要包括法律服务业、会计服务业、建筑和工程服务业、计算机系统设计和相关服务业、管理和技术咨询服务业、公司企业管理等。

在美国《北美产业分类体系》和联合国《所有经济活动的国际标准行业分类》中，没有等同于我国国民经济行业分类中的"商务服务业"划分。它们的划分方式是将商务服务业中智力高度集中的行业与相对基础的辅助商务活动的行业区分开，与我国商务服务业相对应的行业，《北美产业分类体系》是有选择性、区别性地划分至"专业、科学与技术服务""公司及企业的管理""管理、辅助、废物管理及补救服务"三个大类中，《所有经济活动的国际标准行业分类》则是将对应行业内容划分至"专业、科学和技术活动""行政和辅助活动"中。

2. 中国统计口径

我国统计口径的商务服务业基本上采用的是小商务的概念。按照我国 2002 年颁布的国民经济行业分类标准（GB/T4754 - 2002），商务服务业（含租赁业）主要包括十个方面：租赁业、企业管理服务、法律服务、咨询与调查、广告业、知识产权服务、人力资源服务、旅行社及相关服务、安全保护服务和其他商务服务，如表 1 - 10 所示。

表 1-10 国民经济行业分类标准——商务服务业（含租赁业）

机械设备租赁（711） （指不配备操作人员的 机械设备的租赁服务）	汽车租赁（7111）
	农业机械租赁（7112）
	建筑工程机械与设备租赁（7113）
	计算机及通信设备租赁（7114）
	其他机械与设备租赁（7119）
文化及日用品出租 （712）	娱乐及体育设备出租（7121）
	图书出租（7122）
	音像制品出租（7123）
	其他文化及日用品出租（7129）
企业管理服务（721）	企业总部管理（7211） 指不具体从事对外经营业务，只负责企业的重大决策、资产管理，协调管理下属各机构和内部日常工作的企业总部的活动，其对外经营业务由下属的独立核算单位或单独核算单位承担，还包括派出机构的活动（如办事处等）
	投资与资产管理（7212） 指政府主管部门转变职能后，成立的国有资产管理机构和行业管理机构的活动，不包括资本活动的投资
	单位后勤管理服务（7213） 指为企事业、机关提供综合后勤服务的活动
	其他企业管理服务（7219） 指其他各类企业、行业管理机构的活动
法律服务（722） （指律师、公证、 仲裁、调解等活动）	律师及相关法律服务（7221） 指在民事案件、刑事案件和其他案件中，为原被告双方提供法律代理服务以及为一般民事行为提供的法律咨询服务
	公证服务（7222）
	其他法律服务（7229）
咨询与调查 （723）	会计、审计及税务服务（7231）
	市场调查（7232）
	社会经济咨询（7233）
	其他专业咨询（7239） 指社会经济咨询以外的其他专业咨询活动
广告业（724）	广告业（7240） 指在报纸、期刊、路牌、灯箱、橱窗、互联网、通信设备及广播电影电视等媒介上为客户策划、制作的有偿宣传活动

续表

知识产权服务（725）	知识产权服务（7250） 指对专利、商标、版权、著作权、软件、集成电路布图设计等的代理、转让、登记、鉴定、评估、认证、咨询、检索等活动
人力资源服务（726） （指提供公共就业、职业中介、劳务派遣、职业技能鉴定、劳动力外包等服务）	公共就业服务（7261） 指向劳动者提供公益性的就业服务
	职业中介服务（7262） 指为求职者寻找、选择、介绍工作，为用人单位提供劳动力的服务
	劳务派遣服务（7263） 指劳务派遣单位招用劳动力后，将其派到用工单位从事劳动的行为
	其他人力资源服务（7269） 指职业技能鉴定、人力资源外包及其他未列明的人力资源服务
旅行社及相关服务（727） （指为社会各界提供商务、组团和散客旅游的服务，包括向顾客提供咨询、旅游计划和建议、日程安排、导游、食宿和交通等服务）	旅行社服务（7271）
	旅游管理服务（7272）
	其他旅行社相关服务（7279）
安全保护服务（728） （指为社会提供的专业化、有偿安全防范服务）	安全服务（7281） 指保安公司及类似单位提供的安全保护活动
	安全系统监控服务（7282）
	其他安全保护服务（7289）
其他商务服务业 （729）	市场管理（7291） 指各种交易市场的管理活动
	会议及展览服务（7292） 指为商品流通、促销、展示、经贸洽谈、民间交流、企业沟通、国际往来而举办的展览和会议等活动
	包装服务（7293） 指有偿或按协议为客户提供包装服务
	办公服务（7294） 指为商务、公务及个人提供的各种办公服务
	信用服务（7295） 指专门从事信用信息采集、整理和加工并提供相关信用产品和信用服务的活动，包括信用评级、商账管理等活动

其他商务服务业 （729）	担保服务（7296）
	指保证人和债权人约定，当债务人不履行债务时，保证人按照约定履行债务或者承担责任的行为活动。本类别特指专业担保机构的活动
	其他未列明商务服务业（7299）
	指上述未列明的商务、代理等活动

资料来源：中华人民共和国国家统计局．国民经济行业分类标准［EB/OL］．http：//www. stats. gov. cn/tjsj/tjbz/hyflbz/201310/P020131023307350246672. pdf.

三、商务服务的发展渊源

商务服务业的兴起实际上是社会生产专业化分工的深化导致企业非核心业务外包愈演愈烈的过程。"外包"这个概念最早出现在《企业的核心竞争力》一文中，是美国管理学家加里·哈梅尔（Gary Hamel）和C. K. 普拉哈拉德于1990年发表在《哈佛商业评论》上的。从"外包"概念的提出到外包的兴起与发展，大师们的预言逐渐转变成企业界与理论界广泛关注与研究的一个热点问题。

吴国新、高长春（2008）指出，根据外包转移活动对象的差异，可将外包分为"制造业外包"和"服务外包"。制造业外包是指将制造加工零部件或某种组装、总装活动转移出去。服务外包则是指将作为中间投入的服务性活动转移出去。服务外包的出现使得原先需要通过企业内部组织并执行的服务性投入活动，以市场合约的方式转移到外包厂商的业务范畴中。

根据外包的分类标准，商务服务业是一种典型的随着商务活动的中间性支撑服务不断被外包而兴起的服务外包业。从经济学角度来看，外包与全球产业转移有密切关联，因而商务服务业也在全球产业结构调整进程中的各个阶段显示出不同特点。产业结构变化的进程主要分为四个阶段：第一阶段，在发达国家，许多跨国公司先进行制造业转移，再进行制造业外包；第二阶段，服务业转移与服务业外包的兴起呈现同时性特征，并且服务业转移主要通过服务外包来实现；第三阶段，跨国公司开始将自己的研究与开发业务（R&D）向外域转移；第四阶段，跨国公司开始将地区总部进行地理位置调整和转移。全球产业转移的四个阶段与服务外包的发展几乎同时发生、同步进行，前者的转移有力地推动了服务外包的发展，在这其中也大大促进了对人力资源服务、知识产权服务、广告业、咨询与调查、法律服务、企业管理等服务领域的需求。可以看出，产业转移有效地促进了商务服务业的需求与发展。

梁春晓（2010）根据服务外包的具体内容对其进行分类，主要分为信息技术外包（Information Technology Outsourcing，ITO）和业务流程外包（Business Process Outsourcing，BPO）。ITO 是指企业专注于自己的核心业务，而将其信息系统的全部或部分外包给专业的信息技术服务公司。BPO 是指将职能部门的全部或部分功能转移给供应商，把原本应该由公司内部自行处理的某些业务交给公司的外部实体去完成。

企业业务外包的快速发展主要具备三个动因。第一，企业外部环境的变化。激烈的市场竞争对企业运作提出了更高的要求，企业只有依托外部资源，将自己的业务合理分配，以巩固和保存自己的核心竞争力并实现高效优质的运作。第二，企业经营思想的变化。在逐步改变的市场环境中，企业经营思想也随之衍生出新的理念，企业自身的多元化经营已经不是最优解，与之相比，构建企业自身的专业化经营已得到越来越多的关注和实践。为了实现市场需求的快速响应以及创造速度经济，业务外包的成长环境愈发成熟。第三，科学技术的迅速发展。随着企业业务的不断科技化与复杂化，在所有的业务环节都独当一面已经不再是企业推崇的策略，与外包企业合作是提高运作效率与质量的有效途径；网络技术与信息技术的发展，让企业在建立、发展、管理异地工作关系时，得到了坚实的技术支撑与保障。外包的核心思想：企业为了取得更大的竞争优势，对企业内部资源进行优先级排序，仅保留其最具有竞争优势的业务，而将其他业务委托给比自己更具有成本优势和专业知识的企业。

第三节　商务服务的产业特性

一、商务服务产业的演化历程

商务服务业的演化历程是伴随服务业的进化逐步推进的。中国服务业分类的历史大致经历了四个阶段：

第一阶段是从新中国成立之初到 1985 年。中国的各项经济制度都仿效苏联和东欧一些国家的模式，并不重视第三产业的发展，因为苏联和东欧那些国家都认为某些服务业部门属于非生产力或称为资产阶级经济。

第二阶段是 20 世纪 80 年代的服务业。1985 年 3 月 19 日，国家统计局正式向国务院提交了《关于建立第三产业统计的报告》，第一次提出了第三产业的分类体系。国务院于 1985 年批准建立了国内生产总值和第三产业统计的《国民经济行业分类与代码》，从此，中国才真正开始有了自己的第三产业分类体系。第三产业作为服务业的同义语就是从 1985 年开始的，第三产业被划分为四个层次，各种类型服务业都被划入了这四个层次之中。

第三阶段是 20 世纪 90 年代。1994 年国家统计局在《中国统计年鉴》首次细分了行业统计，对我国国民经济核算和统计工作起到了规范化、标准化的作用，同时对行业和部门管理起到了指向性的作用。但是，随着服务业自身的发展以及信息技术、商务经济、中介代理、资源与环境保护、知识产权等活动的迅速发展，同时还面临与国际标准接轨的迫切需求，1994 年的行业分类标准亟待修改。

第四阶段是现行的服务业。2002 年 10 月 1 日，国家统计局正式公布了新《国民经济行业分类与代码》，这一分类标准更多地参照了国际通行的经济活动同质性原则划分，对原标准的划分做出了一定的修改。与 1994 年相比，在第三产业增加了六个服务部门：信息传输、计算机服务和软件业；租赁和商务服务业；住宿和餐饮业；水利、环境和公共设施管理业；教育；国际组织。总体来说，在我国服务业的分类进化历程中，商务服务业在第四阶段被归入了服务业分类中。

二、商务服务业的产业特征

商务部研究院专家沈云昌（2010）提出，我国商务服务业呈现三个主要特征：知识密集型；较强的可分离性；较强溢出效应的集聚性。薛玉力（2008）也指出商务服务业的集聚效应是该产业发展到一定水平的基础上形成的，主要的表现是大量相互关联的商务服务业与相关的支撑机构在某一地理区域内高密度分布。商务服务业属于知识密集型行业，知识密集型服务业主要有三个特点：知识是服务的重要投入；服务高度依赖于专业能力和知识；服务提供商和客户之间有高度的互动，为知识的扩散和新知识的产生提供可能性。经济合作与发展组织（OECD）认为，知识密集型服务业是那些技术及人力资本投入密度较高、附加值大的服务行业。商务服务业的各个子行业都呈现专业化程度高的特点，如企业管理服务、法律服务、咨询与调查、广告业、知识产权服务等众多的商务服务，大多数都需要从业者具有较强的专业知识。

综合发达国家、地区和我国商务服务业发展的实践，商务服务的产业特性有四个。第一是高成长性。商务服务业作为现代新兴的生产服务业（Advanced Producer Services，APS），第一个突出的特点就是成长性强，尤其是在工业化中后期表现出较高的增长速度。第二是具有高人力资本含量、高技术含量、高附加值三高特征。商务服务业提供的服务以知识、技术和信息为基础，对商业活动的抽象分析和定制化程度高，以知识要素投入生产过程，表现为人力资本密集型。第三是具有顾客导向型的价值增值效应。商务服务企业通过与顾客的不断交流和合作，提供专业化的增值服务，使其自身蕴含的价值效应得以放大和增强。知识、经验、信息、品牌和信誉是知识密集的专业服务公司赖以创造价值的要素，也是专业服务公司各条价值链的主体部分。第四是强集聚性和辐射力。国际经验表明，商务服务业高度聚集于国际大城市，强力辐射相关工业产业。跨国公司以此进行全球统一管理和协调，提高其区域控制力。

企业业务外包极大地促进了服务业的发展。一方面，企业将自身的资源投入到核心的业务与活动中，提高了运营效率；另一方面，企业通过外包将自己的部分业务分离出去，降低了企业成本，并催生和促进了现代生产性服务业的发展，如物流、审计、人力资源、市场策划、广告业等。业务外包是建立在工业经济时代社会分工的基础上，融合了知识经济时代下的协作组织发展起来的，本质上对企业边界重整特性重新进行了定义。从普遍意义上看，通过企业业务外包催生的企业间组织，融合了市场经济下的价格体制和企业内部的调控机制，是市场与企业相互渗透相互融合的产物。

企业业务外包的主要优势包括以下两方面。第一，有利于集中企业资源，提高自身的核心竞争力。在知识经济时代中，随着信息的传播速度越来越快，信息处理和决策的速度将决定一个企业或者组织是否能够始终保持竞争力。所以企业需要更加专注于自身的核心业务，从而在激烈的竞争中保持企业的活力和良性发展。第二，有利于降低企业成本，提高自身的运营效率。一个企业的运营不仅需要专注于自身核心业务，还需要一系列配套的体系与业务进行支撑配合。由于专业机构自身的经验丰富，且行业间竞争造成了收费较低，使企业能够降低成本。

总而言之，企业通过业务外包能够不断提升和培养核心能力，降低和节约生产成本，保持和促进企业自身的盈利性和发展潜力。因而，业务外包被越来越多的企业和我国现代商务服务业发展研究组织提升为战略性的改革举措和经营策略，在这样的进程中，商务服务业也得到了大力、快速的发展。

商务服务提供者与消费者在空间上具有较强的可分离性，虽然商务服务业的各个子行业，如企业管理服务、法律服务、咨询与调查、广告业、知识产权服务、人力资源服务、市场管理、旅行社、会议及展览等业务的开展和生产者紧密联系，但是在空间上却具有较强的可分性，即商务服务业在很大程度上不受生产者所在空间因素的限制，服务提供者和服务消费者可以相互分离，可以跨地区、跨国界，特别是在当今信息、网络技术发达的时代背景下，商务服务与其服务对象的空间可分性更强。

商务服务业具有较强溢出效应的集聚经济特征，从世界城市发展趋势来看，大城市是服务业导向，小城市是制造业导向，大城市中生产性服务业逐渐取代传统制造业成为主导性产业，目前世界上几乎所有大城市的中心区都已由过去的"工业中心"转型为"生产性服务业中心"。生产性服务业大都集中于大都市。地区本身具有规模报酬递增的特性，具有较强的溢出效应，与聚集经济密切相关。

三、商务服务业的现状分析

1. 商务服务业的主体规模

如图 1 - 10 所示，国内从事相关经济活动的法人组织个数逐年稳定上升并且近几年增加迅速。截至 2015 年，租赁和商务服务业的法人单位已经达到 1440572 个。具体来看，北京的商务服务行业发展国际化程度全国领先。全球 50 家大咨询公司，已有 35 家进入北京；世界十大会计师事务所中，已有 6 家进入北京；全国百强管理咨询公司，北京有 57 家；全国 30 强律师事务所，北京有 22 家；全国会计师事务所综合排名前 20 名中，北京有 14 家。北京市职业律师占全国的 11.9%，北京知识产权代理机构约占全国的 1/4，代理专利申请量占全国的

28%，其中代理境外向我国申请专利的量占全国71%。

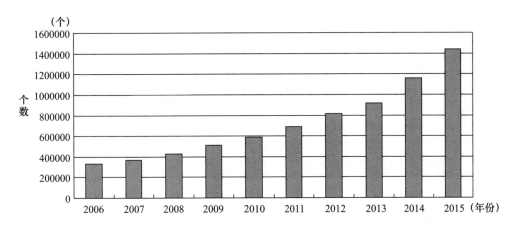

图1-10 租赁和商务服务业法人单位数

资料来源：中华人民共和国国家统计局（National Bureau of Statistics of China），《中国统计年鉴》。

2. 商务服务业投资与营收

截至2015年，租赁和商务服务业全社会的固定资产投资为9447.95亿元，如图1-11所示，近十年国家在该领域的投资额一直保持了持续稳定的大幅增长趋势。

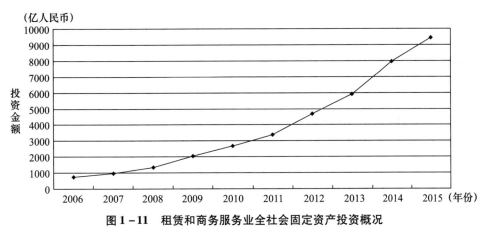

图1-11 租赁和商务服务业全社会固定资产投资概况

资料来源：中华人民共和国国家统计局（National Bureau of Statistics of China），《中国统计年鉴》。

此外，在外商投资情况方面，如图 1 - 12 所示，从行业分布来看，2015 年在外商直接投资合同项目个数上，批发和零售业、制造业以及租赁和商务服务业分别位列前三，租赁和商务服务业的项目为 4465 个。从外商投资的金额来看，如图 1 - 13 所示，租赁和商务服务行业的资金使用情况大体呈现了持续增长的趋势，其中 2012 ~ 2014 年增长迅速，达到了 1248588 万美元的历史最高值。可以看到，租赁和商务服务行业的发展处于增长期，并且得到了外商投资的青睐，未来将依旧保持十足的潜力。

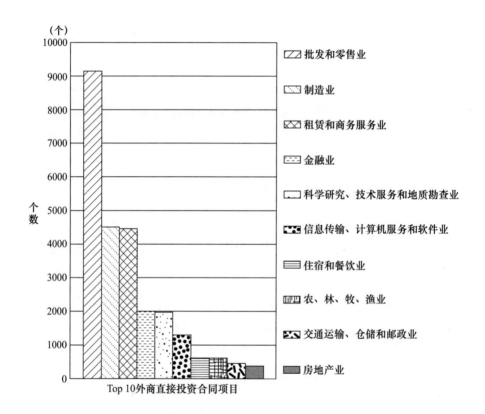

图 1 - 12 2015 年外商直接投资合同项目个数（按行业分前十位）

资料来源：中华人民共和国国家统计局（National Bureau of Statistics of China），《中国统计年鉴》。

3. 商务服务业的就业情况

截至 2015 年，租赁和商务服务业整体就业人数达到了 4712.9 万人，根据图

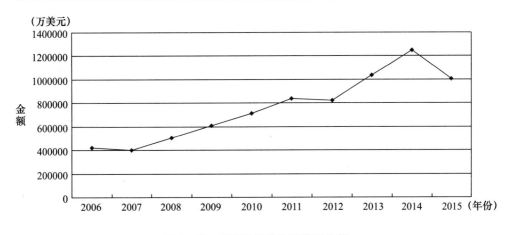

图1-13 外商投资的直接使用金额

资料来源：中华人民共和国国家统计局（National Bureau of Statistics of China），《中国统计年鉴》。

1-14中历年就业人员的增长趋势可以看到，整个行业近年来就业人数持续增加，近几年的从业人员有了极大幅度的提升。其中，截至2015年，私营企业和

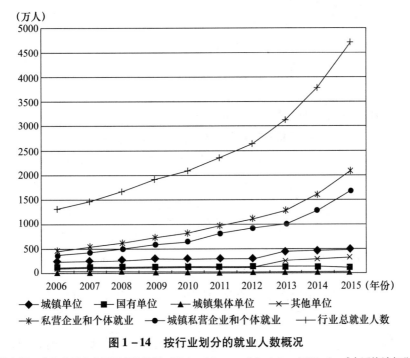

图1-14 按行业划分的就业人数概况

资料来源：中华人民共和国国家统计局（National Bureau of Statistics of China），《中国统计年鉴》。

个体就业人员为 2086.8 万人，城镇私营企业和个体就业人员为 1678 万人，这两个类别的从业人员成为了该行业的主要劳动力来源，可见租赁和商务服务业的市场化程度不断强化，未来在自由贸易区不断探索发展的背景下，也将得到进一步的飞跃。

在从业人员的就业收入方面，整个租赁与商务服务业的平均年工资水平近年来稳步提高，截至 2015 年达到了 58859 元左右的水平，这说明了该行业的商业化程度较高，竞争性较强，总体收入水平较好。

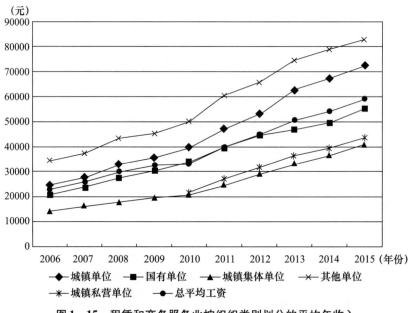

图 1-15　租赁和商务服务业按组织类别划分的平均年收入

资料来源：中华人民共和国国家统计局（National Bureau of Statistics of China），《中国统计年鉴》。

思考题

1. 自由贸易区的主要内涵有哪两种类型？分别有什么作用？二者有何差异？
2. 商业服务行业的产业特征有哪些？
3. 在自由贸易区背景下，展望和评述商务服务行业发展的新前景和新机遇。

第二章
租赁服务业

第一节　租赁服务业简述

租赁和商务服务业是 2002 年国民经济行业分类的新增门类，是我国国家统计局 2002 年大范围修订国民经济行业分标准后提出的一个行业名称，在我国《国民经济行业分类》（GB/T4754 - 2002）具体行业分类中，租赁和商务服务业同属于第 L 门类，其中租赁业包括机械设备租赁、文化和日用品出租两个中类，共七个小类；商务服务业包括九个中类，即企业管理服务、法律服务、咨询与调查、广告业、知识产权服务、职业中介服务、市场管理、旅行社、会议及展览等其他商务服务，共二十个具体小类。租赁和商务服务业是生产性服务业的一个重要组成部分，主要是为生产、商务活动提供服务。随着我国国际化程度的提高和工农业产业化的快速发展，对各类专业化的租赁和商务服务需求也快速增长，其作用日益突出。

现代租赁是集贸易、金融、租借为一体的一项综合性金融业务。它以融物方式来实现融资，以融资的方式来实现融物，既是融资方式的创新，又是融物方式的创新。因此，现代租赁业的运作方式在现代市场经济发展中发挥着独特的功能和作用。我国现代租赁业的发展进程与我国的改革开放基本同步，自 1981 年诞生以来进入新兴发展时期，曾在 20 世纪 90 年代因经济环境恶化，出现过萎缩现象，经过调整，2001年至现在，由于租赁的四大支柱——法律、会计准则、监管和税收的建设日益完善，各公司的各项经营活动有了新的可靠依据，经营管理日益规范有序。另外，现代租赁的理论与实践经验的积累以及国外先进经验的借鉴，使中国现代租赁行业不断成熟，尤其2002年下半年以来，创新租赁业务不断涌现，使整个行业呈现良好的发展态势。

一、租赁服务业的概念

什么是租赁业？租赁业，是指在约定的时间内将场地、房屋、物品、设备或设施等转让他人使用的业务。一般的租赁活动，是出租人将自己拥有的物资材料按一定条件出租给他人使用，承租人在使用过程中按照规定交纳租金。租赁业务的经营活动有两类。第一，融资性质的租赁。承租人在进行生产（或流通、服务科研）的活动过程中，因缺乏资金不能购进所需的技术和设备，而向租赁企业提出要求；租赁企业经过融通资金、购进技术和设备，再出租给承租人使用；承租人则按租约（租赁合同）交纳租金。第二，服务性质的租赁。租赁企业拥有通用机械设备、车辆等物质资料，需要单位按规定收取（交纳）租金，即可承租。

1. 租赁服务业的基本内容

（1）租赁当事人。出租人是出租物件的所有者，拥有租赁物件的所有权，将物品租给他人使用，收取报酬。承租人是出租物件的使用者，租用出租人物品，向出租人支付一定的费用。

（2）租赁标的。租赁标的指用于租赁的物件。

（3）租赁期限。即租期，指出租人出让物件给承租人使用的期限。物品的租赁期限不得超过20年，超过期限无效。租赁期间届满，当事人可以续订租赁合同，但约定的租赁期限自续订之日起不得超过20年。

（4）租赁费用。租赁费用即租金，是承租人在租期内为获得租赁物品的使用权而支付的费用。

2. 租赁业务需缴纳的税费

租赁业主需要缴纳营业税、城市维护建设税、教育费附加和个人所得税、印花税等。

（1）营业税。租赁业营业税的计税依据是以租赁收入作为计税营业额，不得扣除任何费用。金融机构经营融资租赁业务不按"租赁业"征税。

企业以承包或承租形式将资产提供给内部职工和其他人员经营，企业不提供产品、资金，只提供门面、货柜及其他资产，收取固定的管理费、利润或其他名目价款的，如承包者或承租者向工商部门领取了分支机构营业执照或个体工商户营业执照，则属于企业向分支机构或个体工商业户出租不动产和其他资产，企业向分支机构和个体工商业户收取的全部价款，不论其名称如何，均属于从事租赁业务取得的收入，均应根据《中华人民共和国营业税暂行条例实施细则》第十一条的规定，按"服务业—租赁"征收营业税。如承包者或承租者未领取任何类型的营业执照，则企业向承包者或承租者提供各种资产所收取的各种名目的价款，均属于企业内部的分配行为，不征收营业税。

一般纳税人经营融资租赁业务，以其向承租者收取的全部价款和价外费用减去出租方承担的出租货物的实际成本后的余额为营业额，并依此征收营业税。出租货物的实际成本，包括纳税人为购买出租货物而发生的境外外汇借款利息支出，按照5%税率征收营业税。计算公式：应纳税额＝营业额×税率。

（2）城市维护建设税。城市维护建设税的计税依据是纳税人实际缴纳的营业税税额。税率分别为7%、5%和1%，计算公式：应纳税额＝营业税税额×税率。不同地区的纳税人实行不同档次的税率。

（3）教育费附加。教育费附加的计税依据是纳税人实际缴纳营业税的税额，附加率为3%，计算公式：应缴教育费附加额＝应纳营业税税额×费率。

如果营业场所为自有房产的，还需缴纳房产税、城镇土地使用税。

（4）如果企业拥有房产产权，需缴纳房产税；如果企业拥有土地使用权，需缴纳城镇土地使用税；如果单位属于"外商投资企业或外国企业"，应缴纳城市房地产税、外商投资企业土地使用费。

房产税是在城市、县城、建制镇、工矿区范围内，对拥有房屋产权的内资单位和个人按照房产税原值或租金收入征收的一种税。房产税应纳税额的计算分为两种：一种是以房产原值为计税依据；另一种是以房产的租金为计税依据。计算公式分别如下：

年应纳税额＝房产原值（评估值）×（1－扣除率）×1.2%

年应纳税额＝房产租金收入×12%

（5）城镇土地使用税是在城市、县城、建制镇和工矿区范围内，对拥有土地使用权的单位和个人以实际占用的土地面积为计税依据，按规定税额征收的一种税。年应纳税额 = $\sum$（各级土地面积×相应税额）。

（6）城市房地产税是对拥有房屋产权的外商投资企业、外国企业及外籍个人、港澳台同胞，按照房产原值征收的税种。城市房地产税依房产原值计税，税率分为两种：按照房产原值计税的，适用税率为 1.2%；按照房租收入计税的，适用税率为 18%。

年应纳税额 = 计税依据×适用税率

（7）外商投资企业土地使用费是对使用土地的外商投资企业（出让方式取得土地使用权者除外），按企业所处地理位置和偏远程度、地段的繁华程度、基础设施完善程度等，征收的一项费用。依外商投资企业的实际占用土地面积以及所适用的土地使用费的单位标准确定，计算公式：应纳土地使用费额 = 占用土地面积×适用的单位标准。

二、租赁服务业的特征

租赁，是出租人将租赁物交付承租人使用、收益，承租人给付租金的行为。租赁转移的是物的使用权能和收益权能。租赁物是商品，租赁行为实质是商品交换行为。融资租赁是随着社会经济发展而产生的一种特殊租赁活动。其特殊性在于具有金融性，实际上是一种资金融通行为。由此，现代租赁业已经由商品流通领域扩展到资本流通领域。2000 年我国就将租赁业列入"国家重点鼓励发展的产业"，作为国民经济发展中的一个新兴行业，其具有如下显著特征：第一，贸易与金融相结合。出租人不仅进行物品的租借，而且提供资本融通的金融服务。第二，经营范围广泛。从日常生活消费品到工业生产设备皆可跨行业、跨地区开展服务。第三，服务功能不断扩大。由贸易促销、金融理财到资产管理，服务功能不断创新，自如盘活闲置资产，合理配置社会资源。

第二节 租赁服务业分类

一、租赁服务业的具体内容

租赁是 2002 年国民经济行业分类的新增门类，是我国国家统计局 2002 年大范围修订国民经济行业分类标准后提出的一个行业名称，在我国《国民经济行业分类》（GB/T4754－2002）具体行业分类中，租赁和商务服务业同属于第 L 门类，其中租赁业包括 73 大类，细分如表 2－1 所示。

表 2－1　租赁业细分

编号	细分行业
731	机械设备租赁 指不配备操作人员的机械设备的租赁服务 ◆不包括 ——金融租赁活动，列入 7120（金融租赁）
7311	汽车租赁 ◇包括 ——小轿车、旅行车、卡车、拖车、摩托车、活动住房车和其他运输设备的出租 ◆不包括 ——带操作人员的汽车出租，列入 5220（道路货物运输）或 5330（出租车客运）
7312	农业机械租赁 ◇包括 ——拖拉机、播种机、收割机、脱谷机等机械设备出租 ◆不包括 ——带操作人员的农业机械和设备出租，列入 0519（其他农业服务）

续表

编号	细分行业
7313	建筑工程机械与设备租赁 ◇包括 ——推土机、压路机、自卸运土车、混凝土搅拌机、塔吊、脚锁架等机械和设备的出租 ◆不包括 ——带操作人员的建筑工程机械和设备出租，列入5020（提供施工设备服务）
7314	计算机及通信设备租赁 ◇包括 ——计算机及辅助设备（打印机、扫描仪等）出租 ——通信设备的出租 ◆不包括 ——提供机房和计算机上机服务，列入6190（其他计算机服务）
7319	其他机械与设备租赁 ◇包括 ——铁路机车、车辆及其他铁路运输设备的出租 ——各种船只和设备的出租 ——空中运输设备的出租 ——上述未列明的机械和设备出租 ◆不包括 ——带操作人员的铁路运输设备的出租，列入5139（其他铁路运输辅助活动） ——带操作人员的水上运输设备的出租，列入54（水上运输业）的相关行业类别中 ——公园、旅游景点的游船出租，列入9290（其他娱乐活动） ——带操作人员和维修人员的空中设备出租，列入55（航空运输业）的相关行业类别中 ——带操作人员的其他机械和设备出租，列入相应的生产或服务的行业类别中
732	文化及日用品出租
7321	图书及音像制品出租 ◇包括 ——图书出租 ——音像制品的出租 ◆不包括 ——图书馆的租书业务，列入9031（图书馆） ——以销售音像制品为主的出租音像活动，列入6545（音像制品及电子出版物零售）

续表

编号	细分行业
7329	其他文化及日用品出租 ◇包括 ——自行车的出租 ——照相器材的出租 ——体育设施的出租 ——其他未列明的文化及日用品的出租

二、租赁服务业的细分

租赁除了可以按租赁内容进行分类，还可以从其他角度进行分类。从租赁的目的，可分为经营租赁和融资租赁；从征税角度，有正式租赁和租购式租赁；从交易的程度，有直接租赁、杠杆租赁、回租租赁和转租赁等。本书将着重讲解经营租赁和融资租赁。

1. 经营租赁

经营租赁，又称为业务租赁，是为了满足经营使用上的临时或季节性需要而发生的资产租赁。经营租赁是一种短期租赁形式，它是指出租人不仅要向承租人提供设备的使用权，还要向承租人提供设备的保养、保险、维修和其他专门性技术服务的一种租赁形式（融资租赁不需要提供此项服务）。

（1）业务形式。经营租赁是由大型生产企业的租赁部或专业租赁公司通过向用户出租本厂产品获得租金的一种租赁业务。出租人一般拥有自己的出租物仓库，一旦承租人提出要求，即可直接把设备出租给用户使用，同时，出租人还可为承租人提供设备的保养维修服务。用户按租约交租金，在租用期满后退还设备。这种租赁方式适用于租赁期较短、技术更新较快的项目，且在租约期内可中止合同，退还设备，不过租金相对要高些。由于这种方式出租人必须连续多次出租设备才能收回设备的投资并获取利润，故称经营租赁为"非额清偿"的租赁。

（2）业务特征。经营租赁是一项可撤销的、不完全支付的短期租赁业务（融资租赁不得随意撤销）。其业务特征：租赁物件的选择由出租人决定；租赁物件一般是通用设备或技术含量很高、更新速度较快的设备；租赁目的主要是短期使用设备；出租人既提供租赁物件，同时又提供必要的服务；出租人始终拥有租赁物件的所有权，并承担有关的一切利益与风险；租赁期限短，中途可解除合同；租赁物件的使用有一定的限制条件。

（3）经营租赁会计处理。经营租赁是一项暂时过渡资产使用权的行为，按《营业税暂行条例》的规定，其属于服务业中的租赁行为。在实际经济活动中，租金收取形式有分次或一次性收取两种方式，收取款项时间通常为期初或期末。在纳税义务的确认上，根据《营业税暂行条例》第九条的规定："营业税的纳税义务发生时间，为纳税人收讫营业收入款项或取得索取营业收入款项凭据的当天。"由于租赁收入在会计核算上存在应计收入和预收收入两种情况，根据权责发生制和配比原则，相应的对税金的会计处理也有所不同。

依据中国企业会计准则，专门经营租赁的会计处理如下：

首先，需要设置会计科目及核算内容。经营租赁资产科目用于核算出租人为经营性租赁而购入的物资的实际成本（包括物资价款、运杂费、保险费以及进口关税等）。该科目下设"已出租资产"和"未出租资产"两个二级科目。出租人购入经营租赁资产时，借记本科目（未出租资产），贷记"银行存款"科目。起租时，借记本科目（已出租资产），贷记本科目（未出租资产）。每期收到租金时，借记"银行存款"或"现金"科目，贷记"租赁收益"科目。租赁合同结束收回出租资产时，借记本科目（未出租资产），贷记本科目（已出租资产）。经营租赁资产报废时，借记"经营租赁资产折旧"科目，贷记本科目。出租资产在租用单位被损坏，提前报废的，租用单位应予以赔偿。收到赔偿费时，借记"银行存款"科目，贷记"其他收入"科目。经营租赁资产折旧。该科目核算出租人经营性租赁资产的累计折旧。

其次，进行经营租赁的会计处理。使用前账务处理，经营租赁资产不需要进入承租人固定资产账目，只需要在承租企业进行登记以备核查；使用中的账务处理，在使用过程中，经营租赁资产承租企业只履行该资产的日常维护，并将日常维护的相关费用计入当期费用，而不能对其提取折旧，但承租企业根据合同约定的租赁费，在各月均匀提取，提取的租金不计入负债，借记"管理费用"，贷记"银行存款""长期待摊费用"；租赁期满后的账务处理，经营租赁资产的承租企业对经营期满后则不作任何账务处理，只要承租企业支付约定的最后一笔租赁费用，将租赁资产归还出租方，其合同便宣告结束。

最后，注意账务处理的一些细节。出租人经营租赁的资产折旧足额后，不管能否继续使用，不再计提折旧。提前报废的经营租赁资产，也不再补提折旧；出租人按期提取折旧时，借记"管理费用"科目，贷记本科目；出租人出售、报废和毁损的经营租赁资产转入清理，应按经营租赁资产净值，借记"待处理财产损溢"科目，按已提折旧，借记本科目，按经营租赁资产原价，贷记"经营租赁资产"科目；由于经营租赁不符合资本化条件，与资产有关的风险和报酬仍归出租方所有，出租人不需转销出租资产，仍要承担出租资产的折旧以及其他费用，用定期取得的租金收入来补偿租赁资产的费用支出，并获得为承担风险而应得的报酬；承租方的租赁费用属于期间费用，在税前列支。经营租赁租入的资产，不作"固定资产"的会计处理，对资产负债表不产生影响。日常也不用对固定资产实行管理，即不用计提折旧和修理费，只支付租金，支付租金时，每期所增加租金费用直接计入当期损益，在减少税息前利润的同时，减少缴纳的所得税，并减少当期的净利润，也引起现金流出，产生当期费用而影响利润表，导致期末对资产负债表中的未分配利润及盈余公积项目产生影响。租赁期满，资产归出租方，对承租方的财务状况无影响。

2. 融资租赁

（1）融资租赁概述。融资租赁（Financial Leasing）又称设备租赁（Equipment Leasing）或现代租赁（Modern Leasing），是指实质上转移与资产所有权有关的全部或绝大部分风险和报酬的租赁。资产的所有权最终可以转移，也可以不转移。

2015 年 8 月 26 日，国务院总理李克强主持召开国务院常务会议，确定加快融资租赁和金融租赁行业发展的措施，更好服务实体经济。会议指出，加快发展融资租赁和金融租赁，是深化金融改革的重要举措，有利于缓解融资难、融资贵，拉动企业设备投资，带动产业升级。融资租赁是新的金融模式，融资公司和承租人所承担的风险都相对比较低。

融资租赁是集融资与融物、贸易与技术更新于一体的新型金融产业。由于其融资与融物相结合的特点，出现问题时租赁公司可以回收、处理租赁物，因而在办理融资时对企业资信和担保的要求不高，所以非常适合中小企业。

中国的融资租赁是改革开放政策的产物。改革开放后，为扩大国际经济技术合作与交流，开辟利用外资的新渠道，吸收和引进国外的先进技术和设备，1980

年中国国际信托投资公司引进租赁方式。1981 年 4 月，第一家合资租赁公司中国东方租赁有限公司成立，同年 7 月，中国租赁公司成立。这些公司的成立，标志着中国融资租赁业的诞生。

2007 年后，国内融资租赁业进入了几何级数增长的时期，业务总量由 2006 年的约 8 亿元增至 2011 年的约 9300 亿元。2012 年底，全国注册运营的融资租赁公司约 560 家，其中包括金融租赁公司 20 家，内资租赁公司 80 家及外资租赁公司约 460 家。注册资金总额达 1820 亿元人民币，租赁合同余额约 15500 亿元人民币，如表 2－2 所示。

表 2－2　2007～2012 年我国融资租赁合同余额　　　　单位：亿元

租赁	2007 年	2008 年	2009 年	2010 年	2011 年	2012 年
金融租赁	90	420	1700	3500	3900	6600
内资租赁	100	630	1300	2200	3200	5400
外资租赁	50	500	700	1300	2200	3500
行业总量	240	1550	3700	7000	9300	15500

融资租赁是现代化大生产条件下产生的实物信用与银行信用相结合的新型金融服务形式，是集金融、贸易、服务于一体的跨领域、跨部门的交叉行业。大力推进融资租赁发展，有利于转变经济发展方式，促进第二产业、第三产业融合发展，在加快商品流通、扩大内需、促进技术更新、缓解中小企业融资困难、提高资源配置效率等方面发挥重要作用。积极发展融资租赁业是我国现代经济发展的必然选择。融资租赁在我国经济发展中的作用和地位将越来越重要，融资租赁业在中国经济中的分量将越来越大。随着中国经济的持续发展，依托越来越强大的中国实体经济，未来融资租赁业必将成为我国服务业中的主流业态。而随着经营水平和能力的不断提升，将有一批租赁公司能够脱颖而出，跻身于中国乃至世界一流企业行列。

（2）融资租赁与经营租赁的区别。融资租赁与经营租赁主要有以下几方面的不同。

第一，作用不同。由于租赁公司能提供现成融资租赁资产，这样使企业能在极短的时间内，用少量的资金取得设备并安装投入使用，并能很快发挥作用，产生效益。因此，融资租赁行为能使企业缩短项目的建设期限，有效规避市场风险，同时，避免企业因资金不足而放过稍纵即逝的市场机会。经营租赁行为能使企业有选择地租赁企业急用但并不想拥有的资产，特别是工艺水平高、升级换代快的设备更适合经营租赁。

第二，两者判断方法不同。融资租赁资产由专业租赁公司购买，然后租赁给需要使用的企业。同时，该租赁资产行为的识别标准，一是租赁期占租赁开始日该项资产尚可使用年限的75%以上；二是支付给租赁公司的最低租赁付款额现值等于或大于租赁开始日该项资产账面价值的90%及以上；三是承租人对租赁资产有优先购买权，并在行使优先购买权时所支付购买金额低于优先购买权日该项租赁资产公允价值的5%；四是承租人有继续租赁该项资产的权利，其支付的租赁费低于租赁期满日该项租赁资产正常租赁费的70%。总之，融资租赁其实质就是转移了与资产所有权有关的全部风险和报酬，对于确定要行使优先购买权的承租企业，融资租赁实质上就是分期付款购置固定资产的一种变通方式，但支付金额要比直接购买高得多。而经营租赁则不同，仅仅转移了该项资产的使用权，而与该项资产所有权有关的风险和报酬却没有转移，仍然属于出租方，承租企业只按合同规定支付相关费用，承租期满的经营租赁资产由承租企业归还出租方。

第三，租赁程序不同。经营租赁出租的设备由租赁公司根据市场需要选定，然后再寻找承租企业，而融资租赁出租的设备由承租企业提出要求购买或由承租企业直接从制造商、销售商那里选定。

第四，租赁期限不同。经营租赁期较短，短于资产有效使用期，而融资租赁的租赁期较长，接近资产的有效使用期。

第五，设备维修、保养的责任方不同。经营租赁由租赁公司负责，而融资租赁由承租方负责。

第六，租赁期满后设备处置方法不同。经营租赁期满后，承租资产由租赁公司收回，而融资租赁期满后，企业可以用很少的"名义货价"（相当于设备残值的市场售价）留购。

第七，租赁的实质不同。经营租赁实质上并没有转移与资产所有权有关的全部风险和报酬，而融资租赁的实质是将与资产所有权有关的全部风险和报酬转移给了承租人。

（3）融资租赁的具体特征。融资租赁除了具有融资方式灵活的特点外，还具备融资期限长、还款方式灵活、压力小的特点。中小企业通过融资租赁所享有资金的期限可达 3 年，远远高于一般银行贷款期限。在还款方面，中小企业可根据自身条件选择分期还款，极大地减轻了短期资金压力，防止中小企业本身就比较脆弱的资金链发生断裂。融资租赁虽然以其门槛低、形式灵活等特点非常适合中小企业解决自身融资难题，但是它却不适用于所有的中小企业。融资租赁比较适合生产型、加工型中小企业。特别是那些有良好销售渠道、市场前景广阔，但是出现资金暂时困难或者需要及时购买设备扩大生产规模的中小企业。融资租赁的特征一般归纳为以下五个方面：

第一，租赁物由承租人决定，出租人出资购买并租赁给承租人使用，并且在租赁期间内只能租给一个承租人使用。

第二，承租人负责检查验收制造商所提供的租赁物，对该租赁物的质量与技术条件出租人不向承租人做出担保。

第三，出租人保留租赁物的所有权，承租人在租赁期间支付租金而享有使用权，并负责租赁期间租赁物的管理、维修和保养。

第四，租赁合同一经签订，在租赁期间任何一方均无权单方面撤销合同。只有租赁物毁坏或被证明已丧失使用价值的情况下方能中止执行合同，无故毁约则要支付相当重的罚金。

第五，租期结束后，承租人一般对租赁物有留购和退租两种选择，若要留购，购买价格可由租赁双方协商确定。

（4）融资租赁的功能介绍。融资租赁主要有以下功能：

其一，融资功能。融资租赁从其本质上看是以融通资金为目的的，它是为解决企业资金不足的问题而产生的。需要添置设备的企业只须付少量资金就能使用所需设备进行生产，相当于为企业提供了一笔中长期贷款。

其二，促销功能。融资租赁可以用"以租代销"的形式，为生产企业提供金融服务。既可避免生产企业存货太多，导致流通环节的不畅通，有利于社会总资金的加速周转和国家整体效益的提高；又可扩大产品销路，加强产品在国内外市场的竞争能力。

其三，投资功能。租赁业务也是一种投资行为。租赁公司对租赁项目具有选择权，可以挑选一些风险较小、收益较高以及国家产业政策倾斜的项目给予资金支持。同时，一些拥有闲散资金、闲散设备的企业也可以通过融资租赁使其资产增值。而融资租赁作为一种投资手段，使资金既有专用性，又改善了企业的资产质量，使中小企业实现技术、设备的更新改造。

其四，资产管理功能。融资租赁将资金运动与实物运动联系起来。因为租赁物的所有权在租赁公司，所以租赁公司有责任对租赁资产进行管理、监督，控制资产流向。随着融资租赁业务的不断发展，还可利用设备生产者为设备的承租方提供维修、保养和产品升级换代等服务，使其经常能使用上先进的设备，降低使用成本和设备淘汰的风险，尤其是对于售价高、技术性强、无形损耗快或利用率不高的设备有较大好处。

（5）融资租赁的业务分类。融资租赁可分为以下六类。

其一，直接融资租赁。由承租人指定设备及生产厂家，委托出租人融通资金购买并提供设备，由承租人使用并支付租金，租赁期满由出租人向承租人转移设备所有权。它以出租人保留租赁物所有权和收取租金为条件，使承租人在租赁期内对租赁物取得占有、使用和收益的权利。这是一种最典型的融资租赁方式。

其二，经营性租赁。由出租人承担与租赁物相关的风险与收益。使用这种方式的企业不以最终拥有租赁物为目的，在其财务报表中不反映为固定资产。企业为了规避设备风险或者需要表外融资、需要利用一些税收优惠政策，可以选择经营租赁方式。

其三，出售回租。出售回租，有时又称售后回租、回租赁等，是指物件的所有权人首先与租赁公司签定《买卖合同》，将物件卖给租赁公司，取得现金。然后，物件的原所有权人作为承租人，与该租赁公司签订《回租合同》，将该物件租回。承租人按《回租合同》返还完全部租金，并付清物件的残值以后，重新取得物件的所有权。

其四，转租赁。以同一物件为标的物的多次融资租赁业务。在转租赁业务中，上一租赁合同的承租人同时又是下一租赁合同的出租人，称为转租人。转租人向其他出租人租入租赁物件再转租给第三人，转租人以收取租金差为目的。租赁物品的所有权归第一出租人。

其五，委托租赁。出租人接受委托人的资金或租赁标的物，根据委托人的书面委托，向委托人指定的承租人办理融资租赁业务。在租赁期内租赁标的物的所有权归委托人，出租人只收取手续费，不承担风险。

其六，分成租赁。分成租赁是一种结合投资的某些特点的创新性租赁形式。租赁公司与承租人之间在确定租金水平时，是以租赁设备的生产量与租赁设备相关收益来确定租金，而不是以固定或者浮动的利率来确定租金，设备生产量大或与租赁设备相关的收益高，租金就高；反之则低。

（6）融资租赁的会计处理。

1）承租人对融资租赁的会计处理。

其一，租赁开始日的会计处理。在租赁开始日，承租人通常应当将租赁开始日租赁资产公允价值和最低租赁付款额的现值两者中较低者作为租入资产的入账价值，将最低租赁付款额作为长期应付款的入账价值，并将两者之间的差额记录为未确认融资费用。但是，如果该项融资租赁资产占企业资产总额的比例不大，承租人在租赁开始日可按最低租赁付款记录租入资产和长期应付款。这时的"比例不大"通常是指融资租入固定资产总额小于承租人资产总额的30%（含30%）。在这种情况下，对于融资租入资产和长期应付款额的确定，承租人可以自行选择，既可以采用最低租赁付款额，也可以采用租赁资产原账面价值和最低租赁付款额的现值两者中较低者。"租赁资产原账面价值"是指租赁开始日在出租者账上所反映的该项租赁资产的账面价值。

承租人在计算最低租赁付款额的现值时，如果知道出租人的租赁内含利率，应当采用出租人的内含利率作为折现率；否则，应当采用租赁合同中规定的利率作为折现率。如果出租人的租赁内含利率和租赁合同中规定的利率都无法得到，应当采用同期银行贷款利率作为折现率。其中租赁内含利率是指，在租赁开始日，使最低租赁付款额的现值与未担保余值的现值之和等于资产原账面价值的折现率。

其二，初始直接费用的会计处理。初始直接费用是指在租赁谈判和签订租赁合同的过程中发生的可直接归属于租赁项目的费用。承租人发生的初始直接费用通常有印花税、佣金、律师费、差旅费、谈判发生的费用等。承租人发生的初始直接费用，应当计入租入资产的入账价值。其账务处理：借记"固定资产"，贷记"银行存款"等科目。

其三，未确认融资费用的分摊。在融资租赁中，承租人向出租人支付的租金中，包含了本金和利息两部分。承租人支付租金时，一方面应减少长期应付款，另一方面应同时将未确认的融资租赁费用按一定的方法确认为当期融资费用。在先付租金（即每期起初等额支付租金）的情况下，租赁期第一期支付的租金不含利息，只需减少长期应付款，不必确认当期融资费用。

在分摊未确认融资费用时，承租人应采用一定的方法加以计算。按照准则的规定，承租人可以采用实际利率法，也可以采用直线法和年数总和法等。在采用实际利率法时，根据租赁开始时租赁资产和负债的入账价值基础不同，融资费用分摊率的选择也不同。未确认融资费用的分摊具体分为以下几种情况：①租赁资产和负债以最低租赁付款额的现值为入账价值，且以出资人的租赁内含利率为折现率。在这种情况下，应以出资人的租赁内含利率为分摊率。②租赁资产和负债以最低租赁付款额的现值为入账价值，且以租赁合同中规定的利率作为折现率。在这种情况下，应以租赁合同中规定的利率作为分摊率。③租赁资产和负债以租赁资产原账面价值为入账价值，且不存在承租人担保余值和优惠购买选择权。在这种情况下，应重新计算融资费用分摊率。融资费用分摊率是指，在租赁开始日，使最低租赁付款额的现值等于租赁资产原账面价值的折现率。在承租人或与其有关的第三方对租赁资产余值提供担保的情况下。与上类似，租赁期满时，未确认融资费用应全部摊完，并且租赁负债也应减为零。④租赁资产和负债以租赁资产原账面价值为入账价值，且不存在承租人担保余值，但存在优惠购买选择权。在这种情况下，应重新计算融资费用分摊率。⑤租赁资产和负债以租赁资产原账面价值为入账价值，且存在承租人担保余值。在这种情况下，应重新计算融资费用分摊率。在承租人或与其有关的第三方对租赁资产余值提供了担保或由于在租赁期满时没有续租而支付违约金的情况下，在租赁期满时，未确认融资费用应全部摊完，并且租赁负债也应减少至担保余值或该日应支付的违约金。承租人对每期应支付的租金，应按支付的租金金额，借记"长期应付款——应付融资租赁款"科目，贷记"银行存款"科目，如果支付的租金中包含有履约成本，应同时借记"制造费用""管理费用"等科目。同时，根据当期应确认的融资费用金额，借记"财务费用"科目，贷记"未确认融资费用"科目。

其四，租赁资产折旧的计提。承租人应对融资租入固定资产计提折旧，主要应解决两个问题：①折旧政策。《企业会计准则21号——租赁》规定，对于融资租入资产，承租人应比照自有固定资产对租赁资产计提折旧，计提租赁资产折旧时，承租人应采用与自有应折旧资产相一致的折旧政策。如果承租人或与其有关的第三方对租赁资产余值提供了担保，则应计折旧总额为租赁期开始日固定资产的入账价值扣除担保余值后的余额；如果承租人或与其有关的第三方未对租赁资产余值提供担保，且无法合理确定租赁届满后承租人是否能够取得租赁资产所有权，应计折旧总额为租赁期开始日固定资产的入账价值。②折旧期间。确定租赁资产的折旧期间时，应根据租赁合同规定。如果能够合理确定租赁期满时承租人将会取得租赁资产所有权，即可认定承租人拥有该项资产的全部尚可使用年限，因此应以租赁开始日租赁资产的尚可使用年限作为折旧期间；如果无法合理确定租赁期满时承租人是否能够取得租赁资产所有权，则应以租赁期与租赁资产尚可使用年限两者中较短者作为折旧期间。

其五，履约成本的会计处理。履约成本种类很多，对于融资租入固定资产的改良支出、技术咨询和服务费、人员培训费等应予分摊计入各期费用，借记"长期待摊费用""预提费用""制造费用""管理费用"等科目，对于固定资产的经常性修理费、保险费等可直接计入当期费用，借记"制造费用""营业费用"等科目，贷记"银行存款"等科目。

其六，或有租金的会计处理。由于或有租金的金额不确定，无法采用系统、合理的方法对其进行分摊，因此在实际发生时，借记"制造费用""营业费用"等科目，贷记"银行存款"等科目。

其七，租赁期满时的会计处理。租赁期满时，承租人对租赁资产的处理通常有三种情况：①返还租赁资产。借记"长期应付款——应付融资租赁款""累计折旧"科目，贷记"固定资产——融资租入固定资产"科目。②优惠续租租赁资产。如果承租人行使优惠续租选择权，则应视同该项租赁一直存在而做出相应的会计处理。如果期满没有续租，根据租赁合同要向出租人支付违约金时，借记"营业外支出"科目，贷记"银行存款"等科目。③留购租赁资产。在承租人享有优惠购买选择权支付购价时，借记"长期应付款——应付融资租赁款"，贷记"银行存款"等科目；同时，将固定资产从"融资租入固定资产"明细科目转入其他有关明细科目。

其八，相关信息的会计披露。承租人应当在财务报告中披露与融资租赁有关的事项，主要包括以下内容：①每类租入资产在资产负债表日的账面原值、累计折旧及账面净值。②资产负债表日后连续三个会计年度每年将支付的最低付款额以及以后年度内将支付的最低付款总额。③未确认融资费用的余额。即未确认融资费用的总额减去已确认融资费用部分后的余额。④分摊未确认融资费用所采用的方法，如实际利率法、直线法或年数总和法。

2）出租人对融资租赁的会计处理。

其一，租赁开始日的会计处理。出租人应将租赁开始日最低租赁收款额作为应收融资租赁款的入账价值，并同时记录未担保余值，将最低租赁收款额与未担保余值之和与其现值之和的差额记录为未实现融资收益。

在租赁开始日，出租人应按最低租赁收款额，借记"应收融资租赁款"科目；按未担保余值的金额，借记"未担保余值"科目；按租赁资产的原账面价值，贷记"融资租赁资产"科目；按上述科目计算后的差额，贷记"未实现融资收益"科目。

其二，初始直接费用的会计处理。出租人发生的初始直接费用，通常包括印花税、佣金、律师费、差旅费、谈判费等。出租人发生的初始直接费用，应当确认为当期费用。借记"管理费用"等科目，贷记"银行存款"等科目。

其三，未实现融资收益的分配。出租人每期收到的租金包括本金和利息两部分。未实现融资收益应当在租赁期内各个期间进行分配，确认为各期的融资收入。分配时，出租人应当采用实际利率法计算当期应确认融资收入，在与实际利率法计算结果无重大变化的情况下，也可以采用直线法和年数总和法。

出租人每期收到的租金，借记"银行存款"科目，贷记"应收融资租赁款"科目。同时，每期确认融资租赁收入时，借记"递延收益——未实现融资收益"科目，贷记"主营业务收入融资收入"科目。

当出租人超过一个租金支付期没有收到租金时，应当停止确认收入，其已确认的收入，应予转回，转作表外核算。在实际收到租金时，再将租金中所含融资收入确认为当期收入。

其四，未担保余值发生变动时的会计处理。出租人应当定期对未担保余值进行检查，如果有证据表明未担保余值已经减少，应当重新计算租赁内含利率，并将本期的租赁投资净额的减少确认为当期损失，以后各期根据修正后的投资净额和重新计算的租赁内含利率确定应确认的融资收入。如果已经确认损失的未担保余值得以恢复，应当在原已确认的损失金额内转回，并重新计算租赁内含利率。其中租赁投资净额是指，融资租赁中最低租赁收款额与未担保余值之和与未实现融资收益之间的差额。

未担保余值的金额决定了租赁内含利率的大小，从而决定着融资未实现收益的分配。因此，为了真实反映企业的资产和经营业绩，根据谨慎性原则的要求，在未担保余值发生减少和已确认损失的未担保余值得以恢复的情况下，都应重新计算租赁内含利率；未担保余值增加时，不做调整。

期末，出租人的未担保余值的预计可回收金额低于其账面价值的差额，借记"递延收益——未实现融资收益"科目，贷记"未担保余值"科目。如果已确认的未担保余值得以恢复，应当在原已确认的损失金额内转回，科目与前述相反。

其五，或有租金的会计处理。或有租金应当在实际发生时确认为收入。借记"应收账款""银行存款"等科目，贷记"主营业务收入——融资收入"科目。

其六，租赁期满时的会计处理。租赁期满时会计处理有以下三种情况。第一种情况，返还租赁资产。租赁期满时，承租人将租赁资产交还出租人。这时又分四种情况：①存在担保余值，不存在未担保余值。出租人收到承租人交还的资产时，借记"融资租赁资产"科目，贷记"应收融资租赁款"科目。②存在担保余值，同时存在未担保余值。出租人收到承租人交还的资产时，借记"融资租赁资产"科目，贷记"应收融资租赁款""未担保余值"科目。③不存在担保余值，存在未担保余值。出租人收到承租人交还的资产时，借记"融资租赁资产"科目，贷记"未担保余值"科目。④担保余值和未担保余值都不存在。出租人无须作处理，只须作相应的备查登记。

第二种情况，优惠续租租赁资产。如果承租人行使优惠续租选择权，则出租人应视同该项租赁一直存在而做出相应的账务处理。如果承租人没有续租，根据合同规定向承租人收取违约金时，借记"其他应收款"，贷记"营业外收入"科目。同时，将收回的资产按上述规定进行处理。

第三种情况，留购租赁资产。承租人行使了优惠购买选择权。出租人应该按照收到的承租人支付的购买资产的价款，借记"银行存款"等科目，贷记"应收融资租赁款"等科目。

其七，相关会计信息的披露。出租人应在财务报告中披露下列事项：①资产负债表日后连续三个会计年度每年度将收取的最低收款额以及以后年度内将收取的最低收款总额。②未确认融资收益的余额，即未确认融资收益的总额减去已确认融资收益部分后的余额。③分配未确认融资收益所采用的方法，如实际利率法、直线法或年数总和法。

第三节　我国租赁服务业的发展现状及前景分析

一、2015 年租赁行业被提升至服务实体经济的战略地位高度

2015 年 8 月 26 日，国务院总理李克强主持召开国务院常务会议，确定加快融资租赁和金融租赁行业发展的措施，更好服务实体经济。会议确定：

1. 厉行简政放权

对融资租赁公司设立子公司不设最低注册资本限制。对船舶、农机、医疗器械、飞机等设备融资租赁简化相关登记许可或进出口手续。在经营资质认定上等同对待租赁方式购入和自行购买的设备。

2. 突出结构调整

加快发展高端核心装备进口、清洁能源、社会民生等领域的租赁业务，支持设立面向小微企业、"三农"的租赁公司。鼓励通过租赁推动装备"走出去"和国际产能合作。

3. 创新业务模式

用好"互联网＋"，坚持融资与融物结合，建立租赁物与二手设备流通市场，发展售后回租业务。

4. 加大政策支持

鼓励各地通过奖励、风险补偿等方式，引导融资租赁和金融租赁更好服务实体经济。同时，有关部门要协调配合，加强风险管理。

2015 年 8 月 31 日，国务院办公厅印发《关于加快融资租赁业发展的指导意见》，其中首提行业的发展目标。到 2020 年实现以下目标：第一，融资租赁业务领域覆盖面不断扩大，融资租赁市场渗透率显著提高，成为企业设备投资和技术更新的重要手段；第二，一批专业优势突出、管理先进、国际竞争力强的龙头企业基本形成，统一、规范、有效的事中事后监管体系基本建立，法律法规和政策扶持体系初步形成，融资租赁业市场规模和竞争力位居世界前列。

2015 年 9 月 1 日，国务院办公厅印发了《关于促进金融租赁行业健康发展的指导意见》。其中提出要充分认识金融租赁服务实体经济的重要作用，把金融租赁放在国民经济发展整体战略中统筹考虑。加快建设金融租赁行业发展长效机制，积极营造有利于行业发展的外部环境，进一步转变行业发展方式，力争形成安全稳健、专业高效、充满活力、配套完善、具有国际竞争力的现代金融租赁体系。

二、租赁行业未来的发展空间还很大

根据 2013 年 9 月商务部出台的《融资租赁企业监督管理办法》，融资租赁企业是指根据商务部有关规定从事融资租赁业务的企业。商务部对全国融资租赁企业实施监督管理，而金融租赁公司归属银监会监管。

根据万得资讯，截至 2015 年末，共有 4508 家融资租赁公司。其中金融租赁公司 47 家，内资租赁公司 190 家，外资租赁公司 4271 家。在数量上外资融资租赁公司占绝大多数。但从业务规模上来看，2015 年末金融租赁、内资和外资融资租赁公司的合同金额占比分别为 39%、29%、32%，平分秋色。从趋势上看，从 2014 年中期开始，外资融资租赁公司的设立数量以 100% 的速度增长；从业务规模上，金融租赁公司的合同余额占比从 2010 年末 50% 的水平持续下降，外资融资租赁公司的规模占比从 18.6% 逐渐上升至目前的 32%。

全球租赁报告显示，2013 年我国的租赁业务量为 889 亿美元，自 2008 年以来增长了 4.1 倍，平均复合增长率为 32.4%。

从数据上可以看出，2014 年，我国融资租赁企业融资租赁投放额 5374.1 亿元，比 2013 年增加 1510.6 亿元，增幅为 39.1%。2015 末全行业合同余额为 4.44 万亿元，同比增长 39%，增速较 2014 年下降 13 个百分点。

从业务模式来看，直接租赁融资额占比 22.4%，售后回租融资额占比 61.7%，其他租赁方式占比 15.9%。从企业类型来看，内资试点企业新增融资额 1178.0 亿元，其中直接租赁融资额占比 38.2%，售后回租融资额占比 60.2%，其他租赁方式占比 1.6%；外资企业新增融资额 4196.1 亿元，其中直接租赁融资额占比 18.0%，售后回租融资额占比 62.1%，其他租赁方式占比 19.9%。

三、行业渗透率远低于国际平均水平，发展空间很大

根据全球租赁报告，欧美发达国家的租赁市场渗透率一般在 15% ~ 30%。2013 年底，英国、美国和德国的租赁市场渗透率分别为 31%、22%、16.6%。亚洲国家的租赁市场渗透率一般在 10% 左右。日本、韩国和中国台湾地区的租赁市场渗透率分别为 9.8%、8.1% 和 9.2%。而我国的租赁市场渗透率只有 3.1%。数据显示，2014 年我国租赁行业的渗透率为 5.14%，该指标离发达国家

的水平还有很大差距。据粗略统计，如果行业保持 30% 的增速、固定资产投资增速 10%，则未来 5 年后行业的渗透率可以达到 10%，基本可以达到亚洲国家的租赁市场发展水平。

四、国外租赁行业：业务成熟，制度健全

1. 国外融资租赁市场和模式已经很成熟

《2015 世界租赁年报》数据显示，2013 年，世界融资租赁市场规模排名前 50 位的国家新业务量小幅增长 1.7%，达到了 8839.6 亿美元。从地区上来看，世界融资租赁市场的三大主体北美洲、欧洲和亚洲占有全球市场份额的 95% 以上。其中北美洲占比最多，达 37.9%，年交易量为 3351 亿美元；欧洲紧跟其后，占比 37.7%，年交易量为 3336 亿美元；亚洲排名第三，占比 20.1%，年交易量为 1773 亿美元。

美国租赁业持续增长。美国作为融资租赁的发源地，目前仍是全球最大的融资租赁市场。2013 年租赁新业务量达到 3178.8 亿美元，占北美地区的 95%，超过排名紧随其后的四国（中国、德国、英国和日本）总和。在国际金融危机后，美国融资租赁市场出现大幅下滑，但总量始终保持领先地位，并在发达国家中于 2010 年率先实现止跌回升。

美国的租赁公司主要分为三种，其中独立的租赁机构约占 40%，有银行背景的租赁机构占 35%，有厂商背景的租赁机构占 25%。从美国金融租赁市场的情况来看，目前直接融资租赁占市场份额的 45%，杠杆租赁约占 40%，经营租赁约占 15%。采用直接融资租赁形式的有电子计算机、办公室设备、产业机械等；采用杠杆租赁形式的有飞机、铁路车辆、船舶等价格昂贵的设备；而二手货市场、石油钻井台等设备通常采用经营租赁形式。在美国金融租赁中，服务业租赁约占一半，这与美国服务业发达的经济特点是分不开的，交通运输租赁占第二位，飞机租赁对美国航空业的蓬勃发展做出了巨大贡献。

德国和英国占据了欧洲市场的主导地位。两国共占欧洲市场的 42.3%，拥有世界市场 16% 的份额。德国是该地区融资租赁市场最大的国家。2013 年，德国新增业务量为 713.1 亿美元，取代日本成为世界租赁业新业务量第三大的国家，仅次于美国和中国。虽然德国新增投资有轻微下降，但租赁公司的表现要好于其

融资竞争对手，渗透率为16.6％，市场份额增加，在德国的设备融资市场中，融资租赁占49％的份额，其次是经营租赁（39％）和租购（12％）。

英国是欧洲市场增长背后的关键驱动力，从金融危机中走出来后，2012年租赁业飞速增长，新增投资616.6亿美元，较2011年增长321％，2013年保持增长势头，新增投资697.9亿美元。英国的租赁市场相当成熟，小型企业已成为英国经济的重要组成部分，46％的企业都采用融资租赁的方式购买新的技术设备。

日本融资租赁市场正在复苏。日本是发达国家中融资租赁业务发展较晚的国家，但在亚洲国家中发展最早。国际金融危机前，日本融资租赁业发展迅速，在交易规模和产品创新上都处于领先地位，市场渗透率维持在10％左右，2004年日本租赁交易额达744.1亿美元，居全球第二。在国际金融危机影响下，2008年和2009年融资租赁规模分别下降到670.1亿美元和532.5亿美元，位列全球第三。2011年，日本租赁业开始缓慢复苏，而在2012年达到了6.23％的增长率。2013年，日本实现672.6亿美元的新增业务量，同比增长30％，工业设备、建筑设备、医疗设备和计算机硬件均呈两位数增长。

2. 国外租赁市场发展较快的主要因素

归纳起来，租赁自身的业务优势、科技进步、政策法律支持、信用经济意识和集团积极参与是影响租赁渗透率的重要因素。

（1）根本内在因素——融资租赁方式自身的独特优势。融资租赁同时拥有融资和融物功能，满足了企业更新设备和筹措资金的双重需要。"二战"之后，发达国家都面临严峻的经济重建任务，急需对工业设备进行大规模更新改造。但是，与企业所需要的大量中长期资本投入相比，银行贷款等传统的融资方式明显不能满足企业的投资需求。而通过融资租赁，企业不必一次投入巨额资金就能获取所需的中长期投资设备。融资租赁在经济增长时期能发挥融资功能，在经济萧条时期能发挥融物功能，即为双向调节功能，这使其无论是在经济增长时期还是在经济萧条时期都表现出良好的发展趋势。

（2）技术因素——科技进步。20世纪50年代以来的科技进步，尤其是信息革命在为各行业提供先进技术和生产设备的同时，也迫使企业不断对生产设备进行更新换代，各项新产品的市场生命周期越来越短，相应企业通过购置设备取得所有权的代价越来越大。与企业购买设备相比，租赁设备的期限一般短于它的法定使用年限，而与技术装备的市场生命年限一致，从而使企业掌握对设备进行及时更新的主动权，融资租赁因而成为企业获得先进技术设备、回避技术过时风险的有效途径。

（3）制度因素——政府在政策、法律等方面的支持。融资租赁受到了西方发达国家的普遍重视，各国均制定了有利于融资租赁业发展的优惠政策，包括加速折旧、投资减税、租赁信用保险、租金补贴等政策。政府以积极的利益导向机制，使企业更偏好采取融资租赁方式，而不是直接购买设备。同时，政府的贷款优惠政策使租赁公司的融资成本降低、利润大，企业更有积极性。融资租赁行业完备的法律体系保障了承租企业和租赁公司的合法利益，成为融资租赁业发达的重要保证。

（4）思想基础——较强的信用经济意识。发达的市场经济和金融市场使企业关于财产的价值观念发生了重大转变，由重视设备所有权转为重视设备使用权，融资租赁这一具有所有权、使用权相分离特点的新型信用形式迅速被企业广泛认同，扫清了融资租赁业发展和普及的思想障碍。

（5）强大推动力——金融机构和产业集团的积极参与。发达国家的租赁公司，一般都得到了银行、保险等金融机构的直接投资或间接支持，或本身就是金融机构的附属机构。另外，具有专业技术优势的产业集团也将融资租赁作为推销产品的有力手段。同时，金融机构和产业集团常常相互结合，实现资金优势和技术优势互补，提高了融资租赁业竞争能力。

五、国内外租赁公司盈利水平差异明显

1. 融资租赁公司目前主要的业务模式和盈利模式

根据 2013 年 9 月商务部出台的《融资租赁企业监督管理办法》，融资租赁企业是指根据商务部有关规定从事融资租赁业务的企业。商务部对全国融资租赁企业实施监督管理。融资租赁企业可以在符合有关法律、法规及规章制度的条件下采取直接租赁、转租赁、售后回租、杠杆租赁、委托租赁、联合租赁等形式开展融资租赁业务。目前，国内融资租赁公司的业务模式主要为售后回租融资租赁和直接融资租赁。我国 60% 以上的融资租赁业务是售后回租。而国外租赁公司的主要业务模式是直租和杠杆租赁。融资租赁的盈利模式如下：

（1）杠杆运营收益。融资租赁公司的自有资金可以获取略高于同期贷款的租息收益，杠杆资金部分获取一个利差收益。利差和租息收益是融资租赁公司最主要的盈利模式。利差根据风险的不同一般在 1%～5%。租赁服务的定价主要影响因素是同质产品的市场供求关系和出租率，其次是出租人的成本费用、管理和服务质量水平的高低。

（2）余值收益。提高租赁物的余值处置收益，不仅是融资租赁风险控制的重要措施，同时也是融资租赁公司重要的盈利模式之一。这也是厂商融资租赁公司的核心竞争力所在。根据设备回收后的情况，余值的收益一般为 5%～25%，有些大型通用设备如飞机、轮船等收益会更高一些。

（3）租赁手续费。租赁服务手续费是融资租赁公司都有的一项合同管理服务收费，根据具体情况的不同一般为 0.5%～3%。

（4）财务咨询费。融资租赁公司在一些大型项目或设备融资中，会为客户提供全面的融资解决方案，会按融资金额收取一定比例的财务咨询费或项目成功费，一般为 0.25%～5%。此项盈利方式在金融类融资租赁业务中比较常见。

（5）贸易佣金。融资租赁公司作为设备的购买和投资方，扩大了生产厂家和供应商的市场规模，实现了销售款的直接回流。收取贸易环节各种类型佣金，往往是厂商设立的专业化融资租赁公司，或是与厂商签订融资租赁外包服务的大型机构等财务投资人设立的独立机构类型融资租赁公司主要的盈利模式。

2. 国内融资租赁公司的盈利情况

在融资租赁公司的资产规模方面，2015 年工银金融租赁总资产达到 2987 亿元，占据融资租赁公司榜首。其次为交银金融租赁和远东租赁，分别为 1443.8 亿元和 1393 亿元。远东租赁的规模同时位列外资融资租赁公司中的第一位。在内资融资租赁公司的资产规模中，天津渤海租赁 2015 年末总资产达到 1144 亿元，位列第一。在业绩方面，工银金融租赁 2015 年实现净利润 33 亿元，远东租赁和交银租赁分别为 25.8 亿元和 16 亿元，渤海租赁 2015 年实现净利润达到 19 亿元。

3. 国外融资租赁公司的盈利情况

从世界知名的建筑工程机械租赁业杂志 IRN 发布的 2015 年世界租赁业 100 强排行榜中可以看出，世界租赁业的发展状况和租赁市场分布形式。美国公司依然保持全球租赁业的领导地位，入榜公司数量达到了 1/3；然后是欧洲，仅英国进入前 100 强的公司就达到了 14 家；而在亚洲，日本作为经济最发达的国家，也有 10 家公司跻身于 100 强之列。美国、英国和日本占领着前 100 名公司中的 54% 以上，而且前 5 名公司也全部来自这三个国家，从此可以看出，美国、英国和日本基本代表了全球租赁业最繁荣和最具规模的市场，也代表了世界租赁业发展的水平。

具体来看，联合租赁公司、Ashtead 集团、亚力克 Aggreko 分别排在第一名、第二名、第三名。可以看出国外规模较大的租赁公司均是独立的设备租赁公司。由于其规模优势和成本优势，盈利水平较高。专注于设备租赁的美国联合租赁公司和英国 Ashtead 集团的 ROE 可以达到 30% 的水平。而专注电力设备租赁的亚力克其 ROE 也达到 20% 以上，均远高于我国租赁公司的盈利水平。

六、融资租赁行业的挑战和机遇

1. 融资租赁行业的挑战

租赁行业未来的发展很有前景，但目前来看，融资租赁行业的发展存在壁垒低、竞争无序的状态。未来行业的发展势必进入整合阶段，业务模式的创新使一批优秀的企业能够真正地获得自己的市场，进入高增长和高盈利的阶段。

2. 行业未来将进入整合阶段

据统计，截至 2015 年底，在以注册资金为序的全国融资租赁企业十强排行榜中，远东国际租赁有限公司以 114.45 亿元人民币位居榜首。注册资本前十家融资租赁公司的注册额占全行业的 5.6%，行业集中度不高。根据 2010 年 Monitor Daily 的排名，美国前 50 名设备融资/租赁公司的资产总额为 5000 亿美元左右，前 20 名为 4342 亿美元，行业集中度非常高。

据统计，截至 2015 年底，在以注册资金为序的全国内资试点融资租赁企业十强排行榜中，共有 11 家企业上榜。其中，浦航租赁有限公司以 76.6 亿元人民币的注册资金排行榜首。十强公司的注册资本总额占全行业的 40%，内资融资租赁的行业集中度相对较高。

我国目前在租赁行业的法律法规有《合同法》《金融租赁公司管理办法》

《外商投资租赁业管理办法》等，但是没有专门的融资租赁法和特定的税收优惠政策。

美国租赁市场已经有比较完善的法律法规，尤其是在出租人权利保护方面有比较严格的规定。在美国破产案件中，租赁物的处理很大程度上是基于法庭对于融资租赁合同是不是担保物权和真实租赁的判断。而法律上的真实租赁，则一定是指由出租人承担投资风险的融资租赁。出租人在所有债权人当中，都处于有利的地位。美国的信用评价系统则较为发达，承租人的资信状况包括个人信用、企业信用在内的详细资料都能很容易从网络上查到，便于出租人决定是否向其提供租赁服务。国外融资租赁行业快速发展一个主要刺激因素是在税收等政策上的优惠。我国融资租赁行业要实现更快的发展也必须加大在税收等政策方面的优惠。

（2015 年 8 月 26 日，国务院总理李克强主持召开国务院常务会议，确定加快融资租赁和金融租赁行业发展的措施，更好服务实体经济。）其中会议确定要加大政策支持，鼓励各地通过奖励、风险补偿等方式，引导融资租赁和金融租赁更好服务实体经济。

3. 融资租赁行业的机遇

2016 年 9 月 3 日，商务部部长连同党中央、国务院一致决定，在辽宁省、浙江省、河南省、湖北省、重庆市、四川省、陕西省新设立 7 个自贸试验区。至此，中国分三个批次总共开放了 11 个自贸区：第一批 1 个，第二批 3 个，第三批 7 个，显示出了加速扩容的趋势，如表 2 – 3 所示。

表 2 – 3　"1 + 3 + 7" 我国三批自贸区的定位情况

自贸区	定位
上海市	进行制度创新、金融创新
天津市	挂钩京津冀协同发展，重点发展融资租赁业、高端制造业和现代服务业
广东省	推动粤港澳服务贸易自由化
福建省	突出对接台湾自由经济区以及建设海上丝绸之路
辽宁省	打造提升东北老工业基地发展整体竞争力和对外开放水平的新引擎
浙江省	推动大宗商品贸易自由化
河南省	服务于"一带一路"，加快建设贯通南北、连接东西的现代立体交通体系和现代物流体系

自贸区	定位
湖北省	承接产业转移、建设一批战略性新兴产业和高技术产业基地
重庆市	发挥重庆市战略支点和连接点重要作用、加大西部地区门户城市开放力度
四川省	加大西部地区门户城市开放力度以及建设内陆开放战略支撑带
陕西省	打造内陆型改革开放新高地，探索内陆与"一带一路"沿线国家经济合作和人文交流新模式

对比发现，新自贸区改革要点，既有大宗商品贸易自由化、战略性新兴产业等地方特色浓厚的内容，也体现了与"一带一路"、长江经济带等国家战略的对接。观察此轮自贸区可以发现，七大省份都是全国重要的制造业基地或者重要交通枢纽，七大自贸区各自区位资源禀赋都有明显不同，这与之前广东省、福建省、天津市、上海市几个东部发达沿海自贸区有了很大的不同。之前四大自贸区所在省份是重要的进出口口岸，区域服务业基础原本就比较发达，更多的是侧重金融与一些进出口制度性的改革。而此次新设的自贸区除了浙江省外，基本是中西部省份或者老工业基地，是此轮供给侧改革重点区域，见表2-4。

表2-4　中西部省份优势产业

中西部省份	优势产业
陕西省	航空、汽车等高端装备制造
重庆市	机器人、汽车等制造装备以及物流
四川省	高科技产业集群
湖北省	光电子信息、先进制造、生物医药
河南省	电子商务、现代物流、国际贸易以及高端制造

表2-5　陕西省、四川省、湖北省融资租赁发展情况

省份	融资租赁发展
陕西省	截至2016年6月底，全省注册融资租赁企业24家，同比增长218%；注册资本累计88.44亿元人民币，增加321%；融资租赁合同余额达到175亿元人民币，增加235.5%。融资租赁企业数量由2015年同期的11家增加到24家，预计到2016年年底有望突破30家，注册资本超过100亿元人民币，提前4年实现融资租赁企业注册资本过百亿元的目标

省份	融资租赁发展
四川省	截至 2016 年 3 月底，四川省共有融资租赁企业 34 家，注册资金约合 80.23 亿元人民币。其中内资试点融资租赁公司 9 家，注册资金 24.51 亿元；外资融资租赁公司 25 家，注册资金 55.72 亿元
湖北省	截至 2016 年 3 月底，湖北省共有融资租赁企业 23 家，注册资金达到 120.94 亿元人民币。其中，金融租赁公司 2 家，注册资金 67 亿元；内资试点融资租赁业 7 家，注册资金 16.45 亿元；外资融资租赁企业 14 家，注册资金 37.49 亿元

从各地融资租赁发展来看，四川省金融租赁企业略显薄弱，尚无本地的金融租赁企业，如表 2 - 5 所示。

新七大自贸区成立后，将对融资租赁公司集中在沿海省份的形势有所改观。此外，随着外资投资改革的推荐以及内资融资租赁审批的下放，融资租赁公司牌照价值将进一步降低。新地区的高端制造企业开展融资租赁业务、设立融资租赁公司的动力进一步加强。制造业产业融合的趋势进一步加强。

融资租赁在国外发展的初期就是服务中小企业的投资需求，现在仍然是中小企业的主要融资方式。（2015 年 8 月 26 日，国务院总理李克强主持召开国务院常务会议，确定加快融资租赁和金融租赁行业发展的措施，更好服务实体经济。）其中会议确定支持设立面向小微企业、"三农"的租赁公司。未来我国融资租赁行业的服务对象会逐渐下沉，竞争更加差异化，更好地满足中小企业的投融资需求。

第四节　影响我国租赁服务业发展的因素分析及应对措施

一、租赁服务业发展的瓶颈分析

我国租赁服务业以"客户满意"为基准，通过融资租赁、房屋租赁、汽车租赁等不同的服务模式，为促进国民经济发展和社会稳定做出了贡献。但是，我国由于体制转轨、法制建设滞后、政策支持乏力、企业信誉不良等方面存在问题，使租赁服务业遭遇发展瓶颈。

1. 融资租赁

融资租赁政策支持乏力，发展规模较小。市场经济的快速增长，以制造业为主的产业结构、中小企业巨大的资金需求潜力等共同构筑起融资租赁业发展的良好需求环境。但由于各方面的原因，许多融资租赁业务停滞不前，相关企业面临停、关、倒闭，我国融资租赁遭遇行业发展短板。

（1）筹资渠道狭窄，发展规模较小。融资租赁公司属于非银行机构，其筹资渠道单一，主要来源于公司股本和银行借款。由于少数融资租赁公司经营不善而使信誉下降，使银行对整个融资租赁行业颇多疑虑，导致借款渠道受阻，融资租赁公司几乎面临资金断流的窘境。而经中国人民银行批准发行的金融债券受到相当严格的额度控制，金融市场尚不发达，也难以从市场上自主筹集到资金。由此，融资租赁公司自有的资金量远不能满足其业务发展的需要，造成资金严重不足，融资租赁市场渗透率极小，严重制约了融资租赁业的发展规模。

（2）政策支持乏力，社会认知度较低。税收政策不统一，税收负担较重，虽然我国已经颁布了相关鼓励融资租赁业发展的税收优惠政策，但其主要是围绕流转税尤其是营业税进行的，没有体现投资税收减免及加速折旧扣除方面的优惠。可见，租赁资产折旧制度尚不合理，尚未采用鼓励企业进行技术改造的加速折旧和税前还租。从监管政策来看，我国的监管模式为多头监管，容易诱发融资租赁公司产生严重的不平等竞争。目前，我国尚未进行融资租赁立法，实践中缺乏相应的法律指导，致使租赁公司的合法权益得不到保障。现行合同法虽将融资租赁合同列入其中，但是内容非常笼统、单调。长期以来，由于政策及媒体宣传的力度不够，社会公众对于融资租赁的认知程度较低，对其的认识仅是为了引进外资或是金融而已。

2. 房屋租赁

（1）房屋租赁管理体制不健全，诚信缺失。大力拓展房屋租赁市场，是提升广大民众居住生活水平、促进房地产市场持续发展的关键。但从整体来看，房屋租赁市场存在运作不规范、管理混乱、服务人员素质偏低、诚信缺失等严重社会问题，成为房屋租赁市场发展短板。

（2）租赁市场运作不规范，管理混乱。房屋租赁市场管理是一项复杂的社会工程，除了出租房屋的安全管理，还涉及承租人的户籍管理、计生管理、治安管理。就当前的租赁管理体制而言，相关部门各自为政、多头管理，导致房屋租赁市场管理混乱，难以形成统一而健全的管理体制。中介服务层次较低，缺少可以提供全方位服务的中介机构。我国房屋租赁登记制度设计本身存在偏差，登记机关只能被动地等待当事人主动来履行义务，导致备案率低，缺乏后续跟踪管理。

（3）服务人员素质偏低，诚信缺失。房屋租赁服务业发展历时较短，从业人员资格认证制度尚未完善，服务人员素质偏低，难以提供法律咨询、评估、通过银行收付租金等多样化的高端服务。中介服务在房屋租赁市场的重要性毋庸置疑，由于市场发展较为薄弱，出租人与承租人之间的信息不对称，必须通过中介服务来达成交易。然而，各大城市的房屋租赁服务机构，数量庞大却尚未形成规模效应。诚信是房屋租赁服务的大问题，无论是传统中介、"房屋银行"还是网络租赁都存在比较严重的诚信问题。

3. 车租赁

车租赁法制建设滞后，发展缓慢。我国汽车租赁服务业发展潜力良好，但从总体上看，我国法制建设滞后，汽车租赁业发展比较缓慢，发展过程中存在不少问题。

（1）法制建设滞后，行业定位尚须明确。我国法制建设和相关政策出台的滞后，影响了汽车租赁业的健康有序发展。目前，有些部门仅参照《汽车租赁暂行管理规定》进行管理，由于各地经济发展不平衡，随着电子监控设备逐渐普及，经常出现合法营运车辆被查扣罚款。"电子警察"的特点是非现场处理，交通违法信息往往滞后反馈，真实受罚者往往错位。同时，一旦发生交通事故，法院一般以首先维护受害者利益进行调解，如果直接责任人不能履行赔偿责任，就会判决车辆所有人承担连带责任，按照《道路交通安全法》则显失公平。此外，行业定位是关系到汽车租赁服务业发展的关键。目前，有关部门认为租赁车辆属于营运车，纳入道路运输企业进行管理。如此一来，租赁车辆要交运管费、养路费，按企业用车标准投入较高的保险费，明显加重了汽车租赁企业的负担。

（2）信用体系不健全，加大经营风险。信用体系不健全是汽车租赁服务业发展缓慢的短板之一。骗租现象普遍存在，成为汽车租赁企业最棘手的问题。由于缺乏健全的信用体制的保护，业内谈"骗租"色变。案件发生后，汽车租赁企业往往遭遇两大难题：①申报立案难。如果骗车人身份证件真实，公安部门则视作租赁合同纠纷而不予受理。而没有公安部门的立案证明，车辆不能报停，致使相关费用还得继续提交。②请求返还难。一些寄卖行或收购人错误地认为他们是"善意取得"，对于前去请求返还车辆的所有人，往往不予理睬或是提出拿钱来赎。可见，骗租加大了汽车租赁企业的经营风险，同时导致一些小企业因骗租而濒临破产。

二、突破租赁服务业发展瓶颈的应对策略

为了拓展和规范租赁服务业，突破制约租赁服务业发展的瓶颈，促进我国租赁服务业与国民经济的快速协调发展，可采取以下应对策略：

1. 加强宏观调控，加大政策扶持力度

租赁服务业是集金融、贸易、财务、税收于一体的新兴产业，关乎国计民生。国家应加强宏观调控，实行统一管理、指导和协调，尽快出台促进租赁业发展的相关法律法规和扶持政策，协调和推动有关部门完善融资租赁的税收政策，健全租赁物的登记制度，为租赁服务业健康有序发展创造良好的政策环境。政府应采取特殊的财政融资制度，支持银行用低息贷款的形式向租赁公司融资，缓解租赁企业目前存在的瓶颈性资金制约；司法部门应该加强执法力度，使租赁业在相对完善的法律环境中得以发展；金融部门要尽快制定统一的行业规则，规范融资租赁市场。此外，各部门及媒体要加大融资租赁的宣传力度，提高社会公众对租赁服务业的认知度，深入解析融资租赁的魅力所在。

2. 健全管理体制，引导中介诚信经营

将涉及房屋租赁的房管、财政、税务、公安、城管、计生等有关部门纳入统一的行政管理框架内，实现信息资源共享，建立房屋租赁综合信息管理平台。利用电子信息网络管理系统，对涉及房屋租赁的纳税、治安、流动人口备案等提供办公自动化服务。同时，政府设立房屋租赁管理办公室，形成常设机构，建立房屋租赁管理的长效机制。在街道、镇辖区范围内建立房屋租赁服务中心，完善从

业人员资格认证制度。这样，就能形成政府统一领导，相关部门积极参与，全社会齐抓共管的房屋租赁管理体制新格局。此外，大力加强市场引导和行业自律，通过行业协会制定完备的行业准则，取缔不良中介，发挥媒体的监督作用，引导中介行业的道德自律和诚信经营。

3. 完善租赁立法，健全汽车租赁信用体系

从我国的实际情况出发，制定专门的租赁法律法规。各地要结合经济发展的实际，研究制定汽车租赁地方性法规、规章，完善汽车租赁法律法规体系。明确汽车租赁的行业定位，建立健全市场准入、退出机制，逐步形成优胜劣汰的市场机制。各地政府要加强指导和协调，进一步促进汽车租赁与银行、保险等行业合作，加强汽车租赁市场监管，健全汽车租赁信用体系，促进企业诚信规范经营。汽车租赁企业要主动创新服务模式，增强企业发展能力，降低企业经营风险，推动汽车租赁服务业规范健康发展。

思考题

1. 什么是租赁服务业？其特征是什么？
2. 经营租赁与融资租赁的区别是什么？
3. 我国自贸区建设对租赁服务业有何影响？
4. 我国租赁服务业的发展现状如何？

第三章

企业管理服务

第一节　管理服务的含义

　　自贸区企业管理服务体系是一个有机的、可以及时反映问题的，同时又能自我完善的系统，它包括法律、金融、信贷、信息咨询、技术服务等诸多方面的内容，它的构成主体包括政府和中介服务组织等。自贸区企业服务体系建设，不仅需要政府的政策扶持，还需要自贸区企业、中介服务机构的协同配合，它是一个系统工程。

　　当前复杂多变的经济社会形势，给企业管理服务工作提出新课题、带来新挑战。从市场监管角度来看，我国各自贸区成立以来，市场主体呈"井喷"式增长，经营业态更加多元，与港澳互动愈加频繁，有限行政执法资源与繁重监管任务之间矛盾更加突出；市场监管部门之间信息不畅，"信息孤岛""数据烟囱"不同程度存在，影响了市场监管效能。从企业发展角度来看，在现行的市场管理体制下，个别领域存在多头执法、重复执法、执法扰民等情况，企业要应付的各种检查过多、过密，企业办事要面对的部门仍然过多，增加了企业的生产经营成本。从政府职能转变角度来看，随着近年来市场准入的不断"放开"，如何"管好""管活"，既是摆在市场监管部门面前的重大课题，也是新形势、新任务的迫切要求。公共管理需要专业化和精细化，也需要发挥各部门优势，资源互补，实现共赢发展。

自 1990 年 6 月国务院批准成立中国第一个保税区——上海外高桥保税区以来，我国的海关特殊监管区域历经了出口加工区、保税物流园区、保税港区、综合保税区的逐步发展与蜕变，值得庆贺的是在 2013 年 8 月，中国第一个自由贸易区——中国（上海）自由贸易试验区经国务院正式批准设立。作为中国开放层次最高、优惠政策最多、功能最齐全、手续最简化的特殊开放区域，自由贸易区的发展对促进国际贸易和国际物流的发展、带动周边地区的发展和国民经济的提高具有十分重要的战略意义。但是中国的自由贸易区在各方面管理服务中还存在不少问题，比如在中央政府管理机构方面缺乏一个专门对自由贸易区、综合保税区等进行统一监督管理的宏观机构，以便对自贸区的设立、发展以及日常经营活动进行管理，履行其宏观层次的管理职能；在地方政府管理机构方面存在多个政府机构同时管理服务，但是却缺乏统一协调机构这样一个多头管理问题。除此之外，我国自贸区在政府管理服务方面还存在一些问题，比如管理理念比较陈旧，管理服务方法比较落后，不能满足现阶段自贸区发展的需要。我国自贸区在管理服务方面存在的各种各样问题阻碍了自贸区的发展和转型，解决这些问题，建立一个合理高效的管理服务体制至关重要。

从我国逐渐设立和开放自由贸易区以来，自贸区中的企业已成为吸纳就业、技术创新、制度创新和对外开放的重要窗口和组成部分。但自贸区企业的发展普遍存在"散、小、低"的状况，而且其管理服务体系也处于"乱、弱、差"的局面，这势必成为自贸区内企业成长的障碍。我国当务之急是要加快构建自贸区范围内区域性统一规范、健全有效的企业管理服务体系。

第二节　管理服务的职能与内容

针对自贸区企业发展的趋势特点及急需解决的实际困难，应构建统一规范的企业管理服务体系，整个体系至少应由金融管理服务体系、技术管理服务体系、咨询管理服务体系、营销管理服务体系和管理监督体系五大部分构成。

一、金融管理服务体系

1. 信用担保服务

根据自贸区内企业经营发展需要尽快设立企业信用担保中心，联合自贸区周边同类机构，着重为产品有市场、经济效益好、资金回笼快的企业和技改项目提供信用融资担保。还可以建立企业互助资金组织，通过企业之间互保、联保等形式，提高企业资信等级，获得银行信贷。

2. 招商引资服务

建立健全自贸区各级对外招商中心，定期编制企业招商引资目录，对外发布需求信息，组织招商活动，为企业争取海内外客商投资或重组联合创造有利条件。

3. 资产变现服务

进一步健全现有的产权交易中心、房地产二级市场、闲置设备调剂市场等单位，组建专利、商标、技术等无形资产交易中心，为企业的产权转让、土地出让以及厂房、设备、技术等有形和无形资产的交易、变现提供协助和中介服务。

4. 融资协助服务

由自贸区各级企业管理服务部门牵头，定期组织企业与资金掌控部门进行沟通，及时把企业对生产、项目等方面的资金需求传递给相关银行、金融机构及工业发展基金、科技开发基金等资金掌控部门，协助企业获取资金，帮助有条件进入国际、国内资本市场直接融资的企业做好咨询、论证等工作。

二、技术管理服务体系

技术管理服务体系的重点内容如下：

1. 协助指导技术开发

组织协调自贸区内的科学技术协会、行业协会、科研单位和龙头企业，协助企业进行技术攻关，解决技术难题。开展技术诊断、技术指导和技术交流活动，帮助企业编制技术文件、组织产品鉴定。鼓励现有的各系统、部门、企业的专门技术实验室、测试中心向企业开放，满足中小企业共性技术的需求。

2. 技术成果推介、转让服务

由政府或经济综合部门牵头，与有关科研院所、各大高校进行挂钩协作，组织企业参与产学研联合，建立工程技术开发中心，促进科研成果在企业转化为现实生产力。组织生产力促进中心、技术指导站等相关机构，及时提供适合自贸区内企业需要的新产品、新技术、新工艺、新材料等信息，并进行引进、推广，帮助企业消化、吸收和创新。办好技术成果交易市场，为企业受让、应用技术成果提供服务。

3. 人才引进与培训服务

以自贸区经营者人才评价推荐中心、人才市场、劳动力市场、职业介绍所等机构为主，根据企业需求，采取多种形式帮助自贸区企业引进生产经营、技术进步、管理创新所需要的各类人才；代理企业人事档案管理、继续教育、劳务中介、职称申报及出国出境等手续。组织各类院校和专业培训机构，根据企业发展需求，制定培训计划，有针对性地开展应用培训和职业教育，帮助企业从业人员提高技能素质和知识水平。

三、咨询管理服务体系

咨询管理服务体系主要包括信息、理财、法律、创业等方面的咨询服务。

1. 信息中介服务

创建和组合各类信息网络或机构，有针对性地收集自贸区企业所需的市场、技术、政策和人才等信息资料，经过必要的分析和加工后，直接为企业提供咨询服务；利用互联网建立企业信息查询系统；通过网络、报刊等媒体，定期向企业发布有关信息。

2. 经营理财服务

以会计事务所、审计事务所等为主，帮助企业加强财务制度和会计核算，对企业项目投资、业务经营及内部管理等提供会计、审计服务。建立区域性的小规模企业财务中心，为企业会计核算、统一开票、税务代理等提供服务。

3. 法律援助服务

由法律援助中心、律师事务所等法律服务组织，为企业提供各种法律咨询、代理及专项服务等法律援助。建立经济环境监测投诉中心、经济等组织机构，专门监测、接受投诉和查处任何向企业"卡、拿、要"等违法违纪事件，使企业发展得到良好的环境保障。

4. 创业协助服务

以自贸区企业管理服务中心、生产力促进中心及乡镇办等为主，为经过筛选、具有良好发展前景的企业，特别是科技型企业的创立和发展提供条件和一条龙的服务。

四、营销管理服务体系

创建营销管理服务体系的重点如下：

1. 联合销售服务

以自贸区的核心优势为依托，采用投资参股方式组建市场营销中心，开展联合营销，由营销中心出面注册统一的商标，建立统一的营销网络和售后服务网络，把众多的企业纳入统一的营销网络中来，合力拓展销售市场。

2. 网上销售服务

利用自贸区市场营销协会、经济信息中心及社会专业信息机构，形成内外贯通的网络系统，为企业进行产品推介，逐步形成网上销售体系。营销策划服务可通过建立营销策划中心，开展形象策划、广告策划、价格策划，推广现代营销思想和方法。同时，各类营销服务机构还可以通过组织企业参加各种洽谈会、产品交易会、供货会及市场考察等形式，为自贸区企业创造开拓市场和开阔眼界的机会。

五、管理监督体系

针对自贸区企业当前管理服务体系"乱、弱、差"的现状以及整个管理服务体系建立之后可能出现的运作不规范现象，必须建立统一的管理监督体系。建议成立自贸区企业管理局及管理服务中心，作为整个管理服务体系的核心机构，其受政府委托、授权，具有对企业管理服务机构协调组合、行业管理和直接服务等职能。一方面，要研究企业发展中面临的问题，制定发展规划，提供政策和信息咨询，发布政策导向和产业导向，引导企业加强与大型企业之间的分工与协作，避免发生企业间的不正当竞争和违法行为；另一方面，加强对社会中介组织的规范和管理，使社会中介组织在公平、公正的市场环境中有序开展服务活动，制止恶性竞争行为，同时监督社会中介服务组织的服务质量，规范中介组织的收费行为，并避免发生中介组织利用自身技术上、信息上、法律上的各种专业知识优势对企业进行各种欺骗性的活动。

六、自贸区企业管理服务体系的构建

1. 总体目标

构建自贸区企业管理服务体系的总体目标：按照市场经济和自贸区企业发展的需要，以政府、社会、企业为主体，视创建五大服务体系为重点，逐步形成机构齐全、功能配套、结构优化、布局合理、规范有效的自贸区企业管理服务网络。

2. 原则要求

（1）坚持市场化为主的原则。组建各种中介组织和服务机构，一定要依据市场经济规律办事，从企业发展的实际需要出发，充分利用市场的调节功能，调动政府、社会、企业等各方面的积极性，这样才能有持久的活力和旺盛的生命力，政府在其中的作用主要是做好引导工作，运用政策、投资等手段，填补市场空缺。

（2）坚持整体与区域发展相协调的原则。对市一级管理服务机构要求专业机构多、档次高、辐射力强；区一级着重要做到机构全、功能强、辐射面广；街道一级要以综合性服务为主，机构精、功能全。

（3）坚持合理分工、适当超前的原则。

（4）坚持体制创新、以重点突破带动整体推进的原则。近期可选择以建立自贸区企业管理局及管理服务中心，健全信用担保机构、招商中心，发展生产力促进中心、人才引进与培训机构，开展信息中介、创业协助服务，创建市场营销中心等作为重点突破口，理顺体系，逐步规范，从而加快推进整个管理服务新体系的构建。

3. 构建主体

构建自贸区企业管理服务体系的主体，主要是政府、社会和企业。这三个主体在管理服务体系构建中的角色不一样，发挥的功能不一样，管理服务体系组建后各主体发挥的作用也不一样。

（1）政府。首先，政府要按照精简、统一、高效的原则，结合政府机构改革，组建自贸区企业管理局及管理服务中心，形成管理服务体系的核心力量。其次，政府委托中小企业管理局或管理服务中心，组建自贸区企业信用担保中心，以财政拨款为主，吸纳企业法人入股，以总资本的 5～10 倍比例实施贷款担保。最后，对市科委下属的自贸区企业生产力促进中心、市乡镇企业局的科技指导站等单位进行重组整合，组建技术服务机构。

（2）社会。在服务体系的构建过程中，只要符合市场经济规律，社会有能力组建的，均可由企业、个人或社会团体来组建。在金融服务体系中的贷款担保基金、贷款担保风险公司等均可采用股份制和会员制结合的形式组建；在咨询服务体系中的如法律、会计等社会中介服务，技术服务体系中的技术、人才中介组织，既可由政府出面组建，也可由社会组建。

（3）企业。企业之间相互联合，组建行业性的自贸区企业协会，通过对内部企业的自治行为，形成合力，避免过度竞争，维护自贸区企业自身的权益。并通过联合，达到共同开发产品、技术和市场，相互调剂资金，提高资信等级等目的，形成具有特殊优势的组合体，如组建共享开放式实验室、模具中心、快速成型中心等技术开发机构，使自贸区企业降低产品开发成本，提升产品档次和质量，增强市场竞争力。无论是同行业还是不同行业的企业之间，可自愿建立自贸区企业互助担保组织，由若干个企业自愿组成，经银行认可后，通过企业间的相互监督、相互帮助，以互保、联保的形式增加资信等级，减少银行放贷风险，提高放贷安全性。

七、自贸区企业管理服务体系的运作

整个管理服务体系的运作采取由自贸区企业管理服务局授权的管理服务中心统一规划管理，其他机构独立运作的方式。其基本要求是统一、规范、有序、有效。达到这一要求，关键是要解决好以下四个问题：

1. 管理服务体系的核心机构与各服务机构的关系问题

作为整个管理服务体系的核心机构，管理服务中心除直接对自贸区企业提供服务外，着重负责体系建设的发展规划、政策制定及协调工作，对整个体系发挥统筹组织、管理协调和业务指导作用。各服务机构根据自身特点和优势，独立为自贸区企业提供相关专业服务，其隶属关系、人事关系、投资关系、财税上交渠道和分配办法等保持不变。鼓励和引导各服务机构通过资产纽带、功能组合等方式，紧密纳入核心机构之中。五大服务系统为全市范围内的自贸区企业提供免费或低收费服务，在业务运作上，既体现政府意图，又不干预企业生产经营自主权，企业是否需要服务、服务结果是否被采用，由企业自主决定。

2. 管理服务机构的收费问题

凡政府出面组建的服务机构应为自贸区企业提供免费或低价服务，政府对此类服务机构进行财政补助。如企业向此类机构索取或咨询市场信息、政策信息、人才信息等资料，除工本费外，应免费提供；企业向政府开办的技术服务机构购买、租赁专利、设备或通过此类机构与研究机构、大中专院校取得技术合作，服务机构应低价收取服务费用。而社会中介组织应实行有偿服务，服务价格应体现公平、公正、公开，同时应避免中介机构之间联合起来采取垄断行为以提高收费的现象，特别是对专业性较强的中介组织，管理服务中心应对其出台专门的政策，在一定范围内规范其服务范围和服务价格，真正体现服务机构为企业服务的宗旨。

3. 管理服务体系的服务程序问题

自贸区企业如果需要服务机构提供服务帮助，应按照一定的程序进行。首先向镇一级的服务机构提出申请，由镇级管理服务中心或贷款担保中心、技术服务中心为企业提供力所能及的服务。对于镇级服务机构无能力提供的或由其提供困难较大的，由镇级服务机构出具推荐证明向上一级服务机构寻求帮助，同样区级、街道级服务机构不能提供的，递交市级服务机构。实行会员制的服务机构服务对象主要是会员企业，会员企业向服务机构交纳规定的会费后，方可寻求该服务机构的帮助，并享受有关优惠政策。入会企业不分企业所有制、企业组织形式和企业规模的限制，只要企业自愿加入，均准许加入。对于社会中介服务组织，则完全按市场化原则进行，自贸区企业可根据实际需要寻求相应的中介服务组织。

4. 管理社会中介服务组织的竞争问题

社会中介服务组织应在公平、公正、公开的市场环境中开展有序的竞争，各级管理服务中心有权对社会中介服务组织进行监督和规范。管理服务中心对社会中介组织实行登记制度，统一对社会中介组织进行管理和监督，制定社会中介服务组织的竞争规则。对违反竞争规则，开展恶性竞争的社会中介服务，管理服务中心可对其进行必要的罚款、整顿。

八、创建自贸区企业管理服务体系的保障措施

（1）提高认识，把建立和健全自贸区企业管理服务体系与政府机构改革有机结合起来。管理服务体系的健全与否，决定自贸区企业面对激烈的市场竞争能否生存发展的问题，因此政府部门对建立管理服务体系应充分重视。建立统一的自贸区企业管理服务体系，可能会涉及甚至损害某些部门的利益，为此要强调从发展自贸区企业的大局出发，结合政府机构改革，突破行政障碍、部门阻碍。

（2）加大对管理服务体系建立的资金投入和工作支持。构建自贸区企业管理服务体系会遇到资金不足的问题，因此财政要加大对管理服务体系建设的投入支持。对政府出面组建的如自贸区企业管理服务中心、信用担保中心等，应加大财政支持力度，使服务机构能更好地为自贸区企业提供有效的服务和帮助。各金

融机构要积极配合政府有关部门，探索建立多种形式、多层次的社会化中介服务体系，特别是自贸区企业贷款评估、担保等服务；要配合担保机构合理确定担保基金的担保倍数；对经社会担保机构承诺担保的自贸区企业发放贷款，要适当简化审贷手续，并保证贷款利率不上浮。

（3）发动全社会力量，支持办好自贸区企业管理服务体系。自贸区企业为社会提供了大量的就业岗位，为社会的稳定和发展做出了应有的贡献，同样它的发展也应引起全社会的关注。政府部门要积极宣传构建自贸区企业管理服务体系的意义和作用，鼓励和发动社会力量出资、出力，采用企业或个人入股、捐赠等形式，共同参与自贸区企业管理服务体系建设，通过全社会的支持和帮助，努力办好自贸区企业管理服务机构。

（4）进一步完善和健全管理服务体系的法律法规。在自贸区企业管理服务体系的构建和运作过程中，难免会遇到各种纠纷和争执，甚至出现违反法律等不利于自贸区企业发展的行为，因此，必须针对中小企业管理服务体系制定各种行政法规和规章制度，通过法律途径来规范服务机构的行为以及规范服务机构和自贸区企业之间的各种关系，做到自贸区企业管理服务体系有法可依。

（5）大力培养和引进各种高素质管理服务人才。自贸区企业管理服务体系要向高档次、高水平的方向发展，必须有高层次的人才作为支撑。应该制定各类专业人才从事自贸区企业服务工作的优惠政策，结合机构改革，鼓励行政事业单位的人员分流从事服务工作，积极从外地引进各类专业型、复合型人才，并为其提供相对宽松的创业环境，迅速扩充为自贸区企业服务的中介组织队伍，同时要积极开展会计、法律、技术、信息咨询等培训活动，加强对现有的管理服务人员进行知识培训和素质培训，提高职业道德水平。通过人才的引进、培养和提高，切实为自贸区企业管理服务体系的健康发展提供强有力的保障。

第三节　管理服务的发展战略

自我国自贸区设立以来，企业管理服务体系建设已经取得了一些进展。然而从整体上看，这种体系还是不够完善和成熟。为了促进自贸区企业又快又好地发展，客观上要求我们加强自贸区企业管理服务体系的建设，进一步完善自贸区企业的管理服务体系。根据目前国内自贸区企业管理服务体系建设的现状，基于系统论原理和竞争力理论，借鉴美国和日本自贸区企业管理服务体系建设的经验，提出我国自贸区企业管理服务体系建设的发展战略和以下对策：完善融资管理服务体系，建立健全信用管理服务体系，完善信息管理服务体系，完善人才培训管理服务体系，建立健全技术创新管理服务体系。

一、完善融资管理服务体系

在我国自贸区企业管理服务体系中，融资管理服务体系是比较重要的，因为不管是人才培训管理服务体系、技术创新管理服务体系还是其他方面的管理服务体系，往往都需要资金的支持，可以说融资管理服务体系建设是自贸区企业管理服务体系建设的核心环节。我国要结合自贸区企业管理服务体系建设的实情，借鉴美国和日本自贸区企业管理服务体系建设的先进经验，从而形成具有中国特色的自贸区企业融资管理服务体系。

1. 完善直接融资体系

（1）建立多层次的自贸区企业直接融资体系。美国在小企业融资方面做得非常好，给小企业创造了非常好的条件，使其可以到资本市场通过公开招募的方式直接筹措资金，这是值得我们借鉴的直接融资方式，从其成功的经验中我们认识到，应丰富和发展多层次的资本市场，加速推进创业板市场，进一步推进已经启动的自贸区企业板块，创新自贸区企业板块的交易、监管和退市等制度，为建立多层次的股权融资体系打好基础。

（2）大力发展自贸区企业证券的场外交易市场。在整顿、规范并大力发展地方性产权和股权交易市场的基础之上，逐步开放为了应对历次金融危机而关闭的证券场外交易市场，从而拓宽自贸区企业在资本市场融资的渠道。

（3）发展自贸区企业债券市场。促进自贸区企业债券市场的债券利率市场化，任何承销商发行债券均须遵守市场发展的规律，根据不同企业的信用等级，制定符合当前的债券利率。另外，还要根据不同的需求主体，丰富金融产品的种类，给不同投资偏好的投资者以更广阔的选择空间。

2. 建立健全间接融资体系

深化国有商业银行的体制改革，政府要鼓励大型商业银行面向自贸区企业直接提供服务，商业银行尤其是国有商业银行要考虑在信贷安全的前提之下，建立健全自贸区企业贷款的约束和激励机制，在保证贷款质量的前提之下，增加贷款比重。如日本通过政府财政出资成立了专门解决自贸区企业融资的金融机构，长期对自贸区企业提供低息甚至贴息贷款，我们可以借鉴日本成功的经验，成立专门面向自贸区企业的政策性银行，以此来弥补商业信贷的不足，并且制定与自贸区企业发展相配套的融资优惠政策，促进政策性银行的贷款发放，保证自贸区企业的资金需求及时得到满足。督促各银行合理制定县级银行给企业贷款的审批权限，在实质风险可控的前提下简化审批手续，提高贷款效率。基于自贸区企业能够从各级金融机构获得更大比重的贷款，国家要鼓励民间资本注入融资体系。如鼓励民间资本成立创业投资公司，在自贸区企业创业初期给予更多的关爱和扶持；由于大型商业银行在给自贸区企业提供贷款支持的时候，手续比较繁杂，成本比较高，所以在解决自贸区企业融资难问题的时候需要更多的中小银行参与其中，鼓励民间资本成立中小银行、中小信贷公司、典当行、金融租赁公司等，帮助自贸区企业拓宽融资渠道；鼓励民间资本成立担保公司，帮助自贸区企业应对抵押品不足的问题；国家还可以借鉴发源于美国的风险投资，鼓励社会民间资本建立风险投资公司，有关部门要严格把关风险投资的从业资格和准入制度，完善风险投资的撤出机制和基金管理模式，规范风险投资的市场机制，充分发挥政府对风险投资的引导作用；国家要鼓励民间资本参与发起设立村镇银行，将民间金融机构合法化，正视其在促进自贸区企业发展过程中的作用；允许非正规金融机构合法化和公开化，带动金融市场上的良性竞争。同时，金融机构要大力开发、创新金融产品，以满足不同资信水平、业务能力和经营规模的自贸区企业对金融产品的不同需要，使自贸区企业的融资走向多元化。

3. 自贸区企业自身管理水平建设

自贸区企业之所以很难从银行等金融机构获取充足贷款，归根结底还是自身竞争力不够强，所以自贸区企业首先要提高自身的竞争实力。根据企业的竞争力理论，企业在参与管理服务体系建设过程中，要针对自身不同的资源优势，善加利用，提升自己的核心竞争力。

（1）自贸区企业要重视内部管理，利用现代化的科学管理手段，建立有效的内部管理制度，改善企业的经营情况，使企业的生产、财务、员工的管理都实现规范化和制度化，提高企业的品牌知名度、开发增长潜力和发展后劲；要改变企业的资本结构，在大力争取外源性融资的前提之下，注重自身资本的积累，从企业的盈利资金中抽出相当一部分来增加自身的资本，提高企业自身资本的比重，从而减少对银行贷款的依赖性；要注重企业的长远利益，树立竞争意识，加快技术改造和产品更新，激发创新潜能，使企业具备产品和技术的优势，提升自己的核心竞争力。

（2）自贸区企业要努力改变信息不对称的现状，主动请银行来了解企业的经营情况，加强与银行之间的信息沟通，甚至可以向银行申请派遣专门人员来参与企业决策，让银行最大限度了解企业的经营情况，从而改变银行"惜贷"的现状。另外，自贸区企业要按照规定的程序定期提供准确、全面的财务信息，还要定期将财务报表交由会计事务所进行审计以及依法纳税，提高企业的信用和资信等级，提高信息披露的透明度，使金融机构可以放心支持自贸区企业融资。

（3）通过管理水平提升提高自贸区企业的信用度。自贸区企业应当加强企业预算，重视现金流量的管理，以便有效控制风险；在财务方面要如实编写会计报表，自觉主动地到信用担保机构登记自身信息；要根据自己的盈利水平和偿还能力，合理地提出贷款要求和贷款期限，保证自己在银行的信用度；自贸区企业领导者要提高对管理的重视，通过科学合理的管理方式，加强内部信用管理，提高企业资信等级，为企业融资创建良好的条件。

二、建立健全信用管理服务体系

自贸区企业信用管理服务体系是由自贸区企业自身和外界的信用环境共同构成的，自贸区企业自身是关键性的力量，政府的引导是主导力量，社会环境则是辅助力量，再加上相应的法律法规作保障，共同促进自贸区企业信用管理服务体系的建设。因此，根据系统论原理，建设自贸区企业管理服务体系是一个复杂的系统工程，需要发挥政府部门、中介服务组织、自贸区企业等多方面主体的合力作用。系统的相关性要求我们不能将政府、企业、中介机构与管理服务体系建设的外部环境单独分开，要从政府、企业、中介机构与外部环境之间的协调关系入手，并在相互之间形成合作机制，同时系统的整体性要求自贸区企业管理服务体系建设要考虑各子体系建设之间的协调关系与动态配合，才能促使自贸区企业管理服务体系的扶持作用发挥到最大化。

1. 加强自贸区企业为主体的信用体系建设

我国自贸区企业信用管理服务体系建设不够完善的一个重要原因就是从业人员的信用意识淡薄，提高自贸区企业从业人员的信用意识是自贸区企业信用管理服务体系建设的重要方面：首先，要培养信用理念，培养信用理念要求我们创造良好的信用舆论环境，充分发挥众媒体的舆论监督作用；其次，企业要加强内部信用管理，设立独立的信用管理部门，制定与企业发展相适应的内部信用管理制度，建立完善的信用管理体系；最后，搭建自贸区企业信息披露平台，建立起自贸区企业融资信用网，利用计算机网络等先进技术，将自贸区企业的税务、信贷、进出口、经营水平、人才信息等方面的信息集中起来，建立起全社会的征信系统，建立企业"信用档案"，通过工商、税务、司法、会计师事务所等有关部门，加强对企业和个人的信用监管。

2. 发挥政府在信用体系建设中的主导作用

政府需积极推进各子体系的市场化建设，积极推进中介机构、行业组织的发展，并与之形成新的协调模式和制度，减少政府对自贸区企业子体系市场的直接干预。首先，要加强自贸区企业信用管理服务体系方面的法制建设，补充并完善现有的法律法规体系。从美国和日本两国的发展经验可以看出，美国和日本在法律上均给予了自贸区企业最大限度的保障，创造好的条件来引导社会各界的资金流向自贸区企业，从而缓解自贸区企业融资难的问题。我国自贸区企业的信用体系建设还处于初级阶段，需要政府在其中发挥主导作用，政府应该完善并落实相应的法律法规建设，比如在扶持自贸区企业的范围、管理机构的设置、竞争环境的优化以及自贸区企业正当利益的保护等方面，尤其要注重信用及信用担保方面的法制建设以促进自贸区企业成功融资。特别要加强自贸区企业信用征集和信用使用方面的法律、信用中介服务组织健康运作要遵循的法律、信用评价方面的法律、积极信用担保和信用监管方面的法律建设。其次，要加强执法力度，政府部门必须按市场规律管理经济，摒弃地方和部门保护主义，对各类企业采取相同的态度，以诚信为突破口，依法行政。最后，在讲求信用方面，政府要发挥模范带头的作用，同时还要发挥其主导作用，坚决督促那些信用极差、效益不好的企业转变经营方式，对那些因为信用好而取得较好经营效益的企业，要进行一定的正面宣传，并在政策上给予一定优惠。

3. 发挥社会中介组织在信用体系建设中的辅助作用

首先，要加强信用担保体系的建设。作为自贸区企业管理服务体系建设过程中的中介服务组织，担保机构从某种程度上缓解了自贸区企业融资难的问题，但由于担保机构本身的资金有限，加上自贸区企业的数量较多，整体来看担保机构能够担保的金额远远不能满足自贸区企业的需求。因此，政府应该建立起以全国性的政策信用担保机构为主，民营和互助担保机构为辅的自贸区企业信用担保体系。通过政府财政出资，采用商业化的运作模式，建立起一套覆盖自贸区以及周边地区的政策信用担保体系，帮助抵押资产不足的自贸区企业缓解融资难的问题。同时，要坚决贯彻执行自贸区企业信用担保公司的"黑名单"制度，并及时将"黑名单"公开披露，加入黑名单的期限以及如何解除黑名单都要按照程序严格进行。其次，要建立健全自贸区企业信用评价体系。要学习先进的评价技术，建立公正的信用评价机构，使之独立于政府部门之外，以确保评价过程的科学性和权威性。另外，大型独立的资信评价公司的评价报告一般会更准确、更公正，要鼓励和促进大规模资信平价公司的规模扩大和业务拓展。同时，国内各评价机构在相同的业务上可以采取地域联合，加强各评价机构间的联系，不断整合内部结构，提高评价质量。再次，建立健全奖惩制度。要建立严厉的失信惩戒机制，并建立起完善的社会公示制度，把全国的工商管理部门和信用管理部门联合起来，建立一个信息互通的系统，实行信息共享。与此同时，对守信企业还要多给予激励，如对守信企业的产品免年检、免予日常检查或给予政策上的放松等条件来激励企业。最后，要加强宣传力度，充分利用各种媒体的宣传作用，从正面加强人们的信用意识。提高信用道德在市场经济主体中的内在约束力，以此来规范市场经济秩序，营造一个良好的信用大环境。

三、完善信息管理服务体系

信息管理服务体系的建设要加强政府的集中控制和宏观管理，还要加大财政政策的扶持力度，但是政府的管制应该是适度而有效的，不能过度。同时还要加强人才队伍建设，提升信息化服务水平。

1. 强化政府对信息管理服务体系的集中控制和宏观管理

统筹建立全国性的信息服务领导机构，形成由国家级、区域行政大区级和地区省、市、自治区级组成的三级信息网络服务组织领导机构。中央政府站在宏观的立场制定战略规划和指导意见，明确工作的真正目标、具体的实施措施和后期的保障方案。政府要根据不同地区、不同行业以及不同企业规模出台符合实际情况的信息体系建设实施细则。地方各级政府要在中央政府的统一领导下，加强扶持政策的针对性，确保应对措施的有效性，根据本地的实际情况制定相应的信息管理服务体系，使自贸区企业能真正从政策中得到实惠。解决自贸区企业信息管理服务体系建设中外部环境方面的问题，完善信息管理服务体系建设的法律法规和体制建设，充分利用政府宏观管理的优势，强化政府在自贸区企业信息管理服务体系建设方面的正确引导和统筹协调。根据实际情况制定《自贸区企业信息化管理服务体系促进办法》，为信息化管理服务体系建设提供法律依据。

2. 加强政府在信息管理服务体系建设中的财政扶持力度

通过出台优惠的财政政策对自贸区企业信息化管理服务体系建设提供扶持是一个比较直接有效的方式，所以政府应该充分利用财政和税收政策的积极效应，通过财政补贴、低息甚至贴息贷款、税收减免等多种途径，加强财政税收政策对自贸区企业信息化管理服务体系建设的扶持力度。地方政府也应该根据自身的财务状况、本地自贸区企业的发展状况以及信息化的战略目标，在财政预算中留出一定比例的信息化管理服务体系建设专项资金，设立商业化信息服务平台，建设公共信息服务平台、发展电子商务服务平台，重点支持能够提升本地信息化建设和运用水平的服务组织和公共平台，有效地沟通政府和自贸区企业。让扶持自贸区企业信息化管理服务体系建设的资金真正发挥功效，支持自贸区企业在产品的研发设计、生产加工、流程管理、市场营销及售后服务等各个环节的信息化运用。鼓励自贸区企业运用电子商务创新业务模式，运用信息化服务平台实现产品的研发和推广。

3. 加强人才队伍建设，提升信息化服务水平

人才是体现一个企业竞争力的重要资本，在自贸区企业信息化管理服务体系的建设过程中，人才同样是极其关键的因素。只有人才队伍壮大了，才能帮助自

贸区企业提高运用信息的能力，相关组织为自贸区企业的信息化建设提供的服务才是高效的、优质的。中国自贸区企业管理服务体系建设研究会现有的人才培训机构良莠不齐，政府应该对现有的培训机构进行充分的整合，大力支持那些具备自己独特优势的、培训成果突出的自贸区企业信息化培训机构，集合高等院校和社会培训机构的优良教学设备、优质师资力量，充分利用已有的社会资源，加大对整合后的自贸区企业信息化培训机构服务人员的培训力度，提高在职人员的信息化管理水平和提供优质服务的能力；依托现有的培训机构服务平台，建立网络化的信息培训平台和信息管理系统，方便、快捷地为自贸区企业提供线上线下相结合的信息化人才培训，实现人才培训项目的自动化、公开化和网络化；积极探索并丰富现有的人才培训方式，通过高考、夜大、成教及自考定向培养信息化人才，形成正规的、有认可度的多途径的信息化人才教育模式，也可让自贸区企业与高等院校联合创办定向人才教育和培训的方式，直接为自贸区企业输入信息化的人才，形成校企联动的信息化人才建设机制；引导社会中介组织通过网络途径进行人才招聘和选拔，提供网络化远程教育、开展网络化的创业辅导，为自贸区企业信息管理服务体系的建设提供智力支撑，集成社会多方面的力量，建立规模化的信息化社会管理服务体系，解除资金、技术、人才等因素对自贸区企业信息化建设的制约，从多角度去提升自贸区企业的竞争力。

四、完善人才培训管理服务体系

建立符合中国国情的自贸区企业培训管理服务体系，应作为自贸区企业发展政策的重要着力点，要从政府扶持、人才培训机构的能力建设、机制及体系的创新能力几方面入手。

1. 加强政府对人才培训体系的扶持

政府应该通过税收优惠、政府购买服务等方式将培训费用控制在合理范围内，将企业战略性新兴产业人才、高技能人才等的培训纳入税前成本扣除范围，借鉴促进科技投入的政策，对企业培训投入采用"加计扣除"等优惠政策，从而有效地降低培训成本。扩大对培训机构的税费减免适用范围，降低或取消培训机构经营范围的前置审批门槛，变适用优惠税率资格的"事前审批"为"事后监督"模式等。把管理培训业作为重要的新兴生产性服务业从教育附属产业中剥离出来，承认培训机构的营利性，成立自贸区企业培训服务业协会，加强信息发布、行业自律和政策沟通，完善投诉处理机制等，建议将工信部门作为管理培训业主管部门，统筹负责该行业的发展规划、市场监管和资源配置等，并协调与相关部门的关系，形成以工信部门为主，各部门各负其责、齐抓共管的管理格局。

2. 加强人才培训机构的能力建设

人才培训机构的能力是培训管理服务体系建设的硬件基础，地方政府可以挑选一批基础条件好的机构作为人才培训分支机构，实现多形式、多层次的基地化培训，同时，从国内外的各大科研院所中挑选出一批师资力量优、专业实力强的院校，与中介服务组织结成战略联盟；加强人才培训教材（包括通用教材和专业教材）的建设，委托实力强的科研院所、高等学府或者专门机构进行教材的编写、试用、修改和推广；人才培训中介服务机构要因材施教，根据人才的不同类型、不同层次的特点有针对性地开发培训教程，培训项目的课程设置，应从自贸区企业创立、发展中遇到的问题入手；课程要灵活设置，可单独开设，也可与其他课程打包，做成专题；应与学科导向、问题导向和自贸区企业发展阶段导向相结合开发培训课程，使之适应企业人才培训发展需要。

3. 加强人才培训机制的建设

根据不同的培训阶段制定不同的计划，培训前，企业应对培训组织、培训任务以及培训人员进行科学的分析，弄清楚为什么要培训、谁需要培训、需要培训什么内容，预算培训成本，确定培训时间、培训地点和如何进行培训，根据分析的结果有针对性地制定企业培训计划；培训过程中要加强监管，收集信息，确保培训的质量，同时还要不断地进行培训评估，培训评估是指在科学的理论指导下，运用科学的方法和程序，整理培训过程中搜集的数据，确定培训的质量和价值，及时纠正培训过程中出现的纰漏和偏差，让整个培训朝着预期的方向去发展，同时也促进了培训管理水平的提升，为以后的培训决策积累经验、提供现实依据；培训结束后要进行培训反馈，观察分析受训员工的知识和技能是否提升，接受培训前后的工作状态和工作行为是否改变，统计员工的工作效率是否提高，销售额是否提升，员工满意度是否增加等。

五、建立健全技术创新管理服务体系

技术创新是自贸区企业提升自身竞争力的不竭动力，也是顺应时代发展的保障。加强自贸区企业技术创新管理服务体系就是要加强中介服务组织的专业化服务，加强对知识产权的保护，完善人力资源管理制度，培育自贸区企业技术创新管理服务体系的核心能力——提升孵化水平。

1. 加强中介服务组织的专业化服务

一个完整的自贸区企业技术创新管理服务体系应该由政府提供完备的技术设施支持，非营利性的中介服务组织提供公共服务，职业化的中介服务组织提供专业化的服务。如参与到美国小企业技术创新管理服务体系建设中的既有官方资助，又有民间中介服务组织和协会，同时小企业也加盟其中。企业技术创新管理服务体系作为介于政府与企业之间的特殊独立的经济组织，应该自觉融入社会，积极参与经济循环与市场竞争，遵循市场规律，逐步使技术创新体系或相关技术中介组织走上企业化、社会化和商品化的发展之路。为自贸区企业提供服务的组织也应该从单一的机构运行扩展成网络化的平台，让各类社会组织都积极发挥功效，打破以政府为主体的僵化的运行机制。转变政府投入为主的方式，降低资金投入门槛，允许各类社会资金积极参与运作；通过项目支持各种类型的服务机构发展，同时不仅要提升服务机构的数量，更要提高其质量。随着市场化的深入，社会分工已经越来越精细，对服务的专业化要求也越来越高，社会发展已呈现出多元化趋势，没有哪一个中介服务组织能具备足够的能力为各个领域提供专业高效的服务。所以，中介服务组织在提供技术创新服务的时候，必须要走专业化的道路，专注于某一领域的发展，为自贸区企业提供高质量的精细化服务。

2. 加强对知识产权的保护

不断创新才能推动企业不断向前发展，对知识产权的保护一方面可以激发技术、产品以及管理经营模式创新的积极性，另一方面也能有效促进市场竞争。因此，我国要重视对知识产权的保护，加大对保护知识产权的宣传，补充知识产权保护体系的漏洞，尽快完善保护知识产权的各种措施；构建法律援助平台，帮助自贸区企业保护知识产权。对于自贸区企业来讲，要建立起完善的内部管理制度和外部防范制度，从企业进行项目研发到商标保护、从专利申请到科技成果的转化，每一个环节都要建立完善的内部保护和外部保护制度。同时，要完善利益分配制度，保证技术人员正当经济利益的分配和参与技术的权利，学会拿起法律武器去保护自身的专利，也要自觉做到不侵犯他人的知识产权，提高应对知识产权纠纷的能力，防止不正当的竞争发生。

3. 完善人力资源管理制度

人力资源才是企业发展的关键，自贸区企业技术创新体系的建设离不开高能力、高层次、高素质的人才。在人才招聘过程中，各级政府应该伸出援助之手，以本地城市的形象为基础，根据当地对人才的不同需求，在全国范围内招贤纳士，并在物质和发展空间上给予一定的保证。这样的招聘方式往往比自贸区企业自己招聘能达到更好的效果。在政府的主导下引进并储备高素质的人才，以符合当地地方经济发展的真实需求，从而使从业人员的结构趋向合理化；要采取一定的激励措施留住高素质的人才，建立一个公平公正、科学合理的奖金分配制度。如对高水平的创新型人才实行丰厚的年薪制，给工作突出、创新成果丰富的人才以重金奖励；给技术创新方面贡献大的人颁发技术创新成就奖等，从物质和精神两个方面给予创新型人才肯定和奖励。

4. 培育自贸区企业技术创新管理服务体系的核心能力——提升孵化水平

培育自贸区企业技术创新可以使用孵化器模式，企业孵化器的基本特征之一就是面向特定的服务对象——新创办的科技型自贸区企业。科技企业孵化器是技术创新管理服务体系中知识技术含量最高的组织机构，也是自贸区企业在初创时期防范各种风险，提升存活率的有效保障机构。企业孵化器机制的发展与完善，对于科技型自贸区企业的成长壮大以及高新技术产业的发展具有非凡的意义。我国现在每年都有新增孵化器为自贸区企业提供基础设施以及生产研发空间等。我国现有的孵化器基本上是由政府直接出资或间接提供资金兴办的，普遍收费低廉，硬件设备完备，为正在孵化的企业提供了良好服务支持。但孵化企业的繁荣发展需要调动社会各界的力量，依托大学、研究院所等公益性机构去创办的机构具备较强的科研条件和知识优势，能为自贸区企业提供更专业化的、更高水准的咨询和服务。同时，这种学研型的孵化器更利于科技成果的转化。我国已有依托清华大学、四川大学、重庆大学、上海交通大学等高等院校建立的大学科技园孵化器，但相对于自贸区企业发展的需求来说，这些是远远不够的，政府还要加大政策的扶持力度，不断增加孵化器的数量、扩大孵化器的规模、提升孵化器的专业服务能力。同时，孵化器企业还要做好技术考察、监督改进和评估反馈工作，控制风险，提高收益率。只有这样，才能提升自贸区企业技术创新管理服务体系的核心服务能力，更好推动自贸区企业管理服务体系的建设。

自贸区企业管理服务体系建设是一项复杂的系统工程，不能孤立进行各子体系的建设，各子体系之间应该是相互渗透、互相融合的，发挥合力形成有机结合的整体，才能产生共振，发挥出最大效用。如在融资体系的建设过程中，不仅要拓宽融资的渠道，创新金融产品，也要加强银行与企业、企业与民间金融机构、企业与企业之间的信息建设，增加信息的透明度和公开化，才能解决信息不对称的问题，这也是解决融资问题的一个重要方面。除此之外，还要加强信用建设，完善信用担保，增强自贸区企业在社会环境中的信用度，这也是缓解融资难问题的重要途径。技术创新是企业进步的原动力，技术创新也涉及资金问题，甚至可以说，资金问题解决了，技术创新才有了后盾和保障，而且任何技术创新都离不开高素质、高水平的专业化人才，所以人才培训也与之息息相关。现在是一个信息化的时代，信息就意味着商机，在自贸区企业信息管理服务体系建设中，信息建设也不是靠单打独斗就能取得成就的，信息建设也离不开专业素质过硬的人才，更离不开资金支持，可以说融资问题的妥善解决会惠及自贸区企业管理服务体系建设的方方面面，所以融资体系也就在无形中渗入到各子体系中，其他各子体系之间也是互相交叉、互相渗透的。自贸区企业管理服务体系本身就是一个整体，内部各子体系既有自己的侧重和分工，也有互相的协调配合，独木不成林，单独的某一个子体系并不能发挥太大的功效，只有从整体出发，才能发挥整体效应，才能发挥系统的巨大威力。

思考题

1. 结合实践，谈谈如何构建自贸区企业管理服务体系。
2. 比较直接金融体系和间接金融体系的区别。
3. 试述健全技术创新体系的方法。

第四章
广告服务

第一节　广告的概念

一、广告的定义

所谓广告，从字面意义理解就是"广而告之"，即向公众通知某一件事或劝告大众遵守某一规定。但这并不是广告的定义，而是对广告的一种广义解释，说明广告是向大众传播信息的一种手段。从狭义解释，广告则是一种付费用的宣传。

广告一词，据考证是一外来语。它首先源于拉丁文 Adverture，其意思是吸引人注意。中古英语时代（公元 1300~1475 年），演变为 Advertise，其含义衍化为"使某人注意到某件事"或"通知别人某件事，以引起他人的注意"。直到 17 世纪末，英国开始进行大规模的商业活动。这时，广告一词便广泛地流行并被使用。此时的"广告"，已不单指一则广告，而指一系列的广告活动。静止的物的概念名词 Advertise 被赋予现代意义，转化成为"Advertising"。

广告的定义甚多：我国 1980 年出版的《辞海》给广告下的定义："向公众介绍商品、报道服务内容和文艺节目等的一种宣传方式，一般通过报刊、电台、电视台、招贴、电影、幻灯、橱窗布置、商品陈列的形式来进行。"

中国大百科全书出版社出版的《简明不列颠百科全书》对广告的解释:"广告是传播信息的一种方式,其目的在于推销商品、劳务,影响舆论,博得政治支持,推进一种事业或引起刊登广告者所希望的其他反应。广告信息通过各种宣传工具,其中包括报纸、杂志、电视、无线电广播、张贴广告及直接邮送等,传递给它所想要吸引的观众或听众。广告不同于其他的传递信息形式,它必须由登广告者付给传播信息的媒介以一定的报酬。"

美国小百科全书对广告的解释为:"广告是一种销售形式,它推动人们去购买商品、劳务或接受某种观点。广告这个词来源于法语,意思是通知或报告。登广告者为广告出钱是为了告诉人们有关某种产品、某项服务或某个计划的好处。"美国人格林沃尔德在 1973 年出版的《现代经济词典》一书中,对广告一词作了如下解释:"广告是为了达到增加销售额这一最终目的而向私人消费者、厂商或政府提供有关特定商品、劳务或机会等消息的一种方法。它传播关于商品和劳务的消息,向人们说明它们是些什么东西,有何用途,在何处购买以及价格多少等细节。"

广告的广义定义,有各种说法。例如,美国《广告时代周刊》在 1932 年曾经征求广告定义,最后确定为"个人、商品、劳务、运动以印刷、书写、口述或图画为表现方法,由广告者出费用作公开宣传,以促成销售、使用、投票或赞成为目的"。

美国广告主协会对广告下的定义是"广告是付费的大众传播,其最终目的为传递情报,改变人们对广告商品之态度,诱发行动而使广告主得到利益"。

还有下述提法,广告是"被法律许可的个人或组织,以偿款的、非个人接触的形式介绍物品、事件和人物,借此影响公众意见、发展具体的事业"。

"凡是以说服的方式(不论是口头方式或文字图画方式),有助于商品和劳务的公开销售,都可以称为广告"。

"广告是有计划地通过各种媒体介绍商品和劳务,借以指导消费,扩大流通,促进生产,活跃经济,建设物质文明与精神文明的手段"。

"广告能直接发生销售的效果,确立商品和制造者的声誉,并能扩展市场,排除障碍"。

"广告是广告主有计划地通过媒介体传递商品或劳务的信息,以促进销售的大众传播手段"。

"广告是一种说服性的武器"。

"广告是一种传播信息的说服艺术"。

"广告是有计划地通过媒体向所选定的消费对象宣传有关商品或劳务的优点和特色，唤起消费者注意，说服消费者购买使用的宣传方式"。此种解释可使初学者注意到广告的几个关键问题：①如何了解商品或劳务的优点、特色（广告内容）；②如何选定消费对象（广告对象）；③如何向选定的消费者广而告之（广告手段）；④如何唤起消费者注意（广告技巧）；⑤如何说服消费者购买使用（广告目的）。

广告工作者对这五个问题了解后，会有助于设计制作和刊播出有效的广告。

随着商品经济的发展，科技的进步，传播信息手段的多样化，广告的定义，其内涵与外延也将不断变化。

广告有广义和狭义之分，它们具有不同的特点，其定义的特性范围也是不一样的。

广义广告的主要特点是，广告的内容和对象都比较广泛，包括营利性广告和非营利性广告。经济广告是为了推销商品和劳务，获取利益，属营利性广告；非经济广告则是为了达到某种宣传目的，属非营利性广告。非营利性广告的很多，如西方国家的竞选广告，属政治宣传广告，中央电视台的"广而告之"节目属于道德教育广告，而我国古代设置烽火台，当国家受到外来入侵时，在烽火台上燃起狼烟，以召唤各方诸侯前来支援，属于军事广告。

狭义广告是指营利性广告，或称经济广告、商业广告，如报刊、电台和电视台的广告节目以及招贴、幻灯、橱窗布置和商品陈列等。狭义广告的定义为："广告是广告主以付费的方式，通过公共媒介对其商品或劳务进行宣传，借以向消费者有计划地传递信息，影响人们对广告的商品或劳务的态度，进而诱发其行动而使广告主得到利益的活动。"这样的营利性广告的定义，说明了如下问题：①广告是一种有计划、有目的的活动；②广告活动的主体是广告主，而广告活动的对象是广大消费者；③广告活动是通过大众传播媒介来进行的，而不是面对面的传播，如推销员的推销；④广告活动的内容是经过有计划地选择的商品或劳务信息；⑤广告活动的目的，是为了促进商品或劳务的销售，并使广告主从中获取利益。

二、广告的要素

商业营利性广告的定义，是从广告的动态过程来说明广告是一种促销商品的传播手段的。对于具体的某一则广告而言，它仅是广告活动的结果或表现。

对于一则具体的广告，它有这样一些基本要素：广告主、信息、广告活动、广告费用。

所谓广告主，即进行广告者，是指提出发布广告的企业、团体或个人。如工厂、商店、宾馆、饭店、公司、戏院、农场、个体生产者、个体商贩等。

信息是指广告的主要内容，包括商品信息、劳务信息、观念信息等。商品和劳务是构成经济市场活动的物质基础。商品信息包括产品的性能、质量、产地、用途、购买时间、地点和价格等。劳务信息包括各种非商品形式买卖或半商品形式买卖服务性活动的消息，如文娱活动、旅游服务、理发、浴室、照相、饮食以及信息咨询服务等行业的经营项目。观念信息是指通过广告活动倡导某种意识，使消费者树立一种有利于广告者推销其商品或劳务的消费观念。诸如旅游公司印发的宣传小册子，不是着重谈其经营项目，而是重点渲染介绍世界各地的大好河山、名胜古迹和异域风情，使读者产生对自然风光和异域风情的审美情趣，从而激发他们参加旅游的欲望。再如有些大型企业的企业形象广告，也并不着眼于介绍其产品性能，而是不厌其详地介绍其企业的悠久历史、先进的设备、优秀的工程技术人员以及现代化的管理，从而诱发人们产生"这样企业的产品必定是优质名牌"的观念，进而产生消费定向。广告的观念信息，其实质也是为了推销其劳务或商品，只是采取了不同的表现手法。

广告活动是一种有计划的大众传播活动，其信息要运用一定的物质技术手段，才能得以广泛传播。广告媒介就是这种传播信息的中介物，它的具体形式有报纸、杂志、广播、电视等。国外把广告业称为传播产业，因为广告离开媒介传播信息，交流就停止了。可见广告媒介的重要性。

所谓广告费用，就是从事广告活动所需付出的费用。广告活动需要经费，利用媒介要支付各种费用，如购买报纸、杂志版面需要支付相应的费用，购买电台、电视的时间也需要支付费用。即使自己制作广告，如布置橱窗、印刷招贴和传单等，也需要一定的制作成本。广告主进行广告投资、支付广告费用，其目的是要扩大商品销售，获得更多利润。为了降低成本，取得最大的经济效益，在进行广告活动时，要编制广告预算，有计划地进行广告活动，以节约广告费开支，获取最大的广告经济效益。

三、广告与宣传

广告是一种传播方式或传播活动，社会中还普遍存在另一种传播方式或传播活动，就是人们所熟知的"宣传"。在广告业还没有得到充分发展之前，广告与宣传这两种传播活动似乎难以区分，公众都将宣传视作广告或视广告为宣传。

根据《辞源》的解释，宣传是用语言或文字公告大众。与广告并无什么区别。但现在普遍认为，宣传和广告有明确的区别。

所谓宣传，就是持有一定的社会政治立场的人——宣播者，通过大众传播媒体，将自己所信仰或支持的政治主张公布于世，以谋求激起大众的思想感情，使之采取一定的行为和表明一定的态度，支持宣播者的政治立场。宣传的主要特征，是其所特有的煽动性和政治目的性。宣传的最根本目的是为宣播者谋取政治利益服务。宣传不需要付费用，它的目的也不一定是为了推销商品或劳务。

广告是以广告主的名义，通过大众传播工具，传播商品或服务的优点、特色和顾客所能获得的利益，谋求激起大众的购买欲望。广告是以扩大商品销售为目的的，是要支付费用的。这一点是与宣传的重要区别。

将宣传与广告的区分归结于政治动因和经济动因，把宣传归诸谋求政治利益，把广告归诸谋求经济利益，这样做更符合实际。这样，西方社会的竞选活动和存在于现实社会中的普法活动，归类为宣传；而为推销商品和劳务所进行的种种活动，应归类为广告。广告不能使大众采取一致的行为和表明一致的态度，这是它同宣传之间的区别，但是，在广告顾及到消费者的直接的和切身的利益并对这种利益作出承诺之后，即可能激起消费者的购买行动。

在这里，"顾及到消费者的直接的和切身的利益，并对这种利益作出承诺"具有重大的意义。它指导广告主在进行广告活动时，应该重点说明所销售的商品或所提供的劳务对消费者有什么样的好处。或者，应该让消费者明白，购买了这种商品或劳务之后，自己会得到什么利益。例如，一个关于冷暖风机的广告："调节气温，使炎热的夏天变得凉爽，使寒冷的冬天变得温暖。"就不如改为："您家购用后，夏天满室清凉，使您不觉炎热；冬天全室温暖，使您不感天寒。"这样，就可以直截了当地让消费者感到自己所能得到的利益，从而产生购买欲望。

在社会工业化早期，市场中的很多新产品，都是为生产而生产的。生产厂商并不先调查消费者是否需要，而是仅仅依照本身所具备的条件和想法，制造新产品供应上市。这时，消费者也由于刚刚接触到工业社会，因对许多新商品感到好奇而购买，并不计较买了之后能得到什么利益。在那时，买卖双方都带有盲目性。可是，在工业化发展到一定程度之后，新商品充斥市场，形形色色的商品相互竞销。在这时，只有那些能够满足消费者需要的新商品才能激起消费者产生购买欲望。

于是，"卖方市场"转化为"买方市场"，新商品转而为"满足市场需要而生产"。这些为市场而生产的新商品，都是经过市场调查，为消费者所需要的。正因为如此，更需要在广告上说明消费者所能得到的利益，否则，便吸引不了消费者的注意。

事实上，现阶段的宣传也需要顾及到宣传对象所能得到的利益。如西方国家的竞选活动，竞选人总是要以满足选民的利益作为承诺。不过，这种在政治宣传中所要顾的利益承诺是属于远期性的，类似于支票中的远期承兑支票。而在广告中，任何利益承诺都必须是即期性的，是在顾客购买了商品之后马上即可获得的利益。

正因为如此，广告活动必须遵守一些最基本的原则。这些原则是真实性原则、主题鲜明原则、计划性原则、艺术性原则和思想性原则。

1. 真实性原则

真实性原则主要是指广告所传播的经济信息要真实。广告文稿要真实准确，客观实在，要言之有物，不能虚夸，更不能伪造虚构。

2. 主题鲜明原则

主题鲜明原则也就是在进行产品宣传时，要突出产品的特性，而切忌一些与主题无关的词语和画面，避免不着边际的空谈。对于具体的广告产品，在进行市场定位之后，要旗帜鲜明地贯彻广告策略，有针对性地对广告对象进行诉求，作出符合事实和颇有吸引力的承诺。

3. 计划性原则

计划性原则具体指两方面的内容：一是广告宣传活动的计划性，二是广告制作的计划性。前者是指广告活动必须有计划地与广告主的商品生产和销售计划结合在一起，成为企业经营管理的一个有机整体，相互协调、相互配合；后者是指广告制作必须有计划地进行，广告从设计、制作到刊播都必须按计划工作。商业广告是市场经济活动的组成部分，为了创作好广告，必须对市场进行广泛的调查、分析和预测；为了能引起消费者的兴趣和欲求，必须了解和掌握消费者的购买心理和购买习惯；为了配合市场营销活动，必须掌握市场营销规律。所有这一切，都要求有一个完整的广告计划。

4. 艺术性原则

艺术性原则是指为了加强广告的感染力，激发人们的审美情趣，从而引发人们的兴趣和欲求，在广告创作中进行必要的艺术夸张，以增强消费者的印象。广告的真实性、思想性、主题鲜明性要通过艺术的形式表现出来。广告是传播经济信息的艺术作品。要运用美学原理，通过美术、摄影、歌曲、音乐、诗词、戏剧、舞蹈、文艺等丰富多彩的艺术形式表现广告主题，以其艺术性来增强广告的趣味性、欣赏性。这样既丰富了文化生活，给人以美的享受，又加强了广告的感染力，提高了广告效果。

5. 思想性原则

思想性原则是指广告内容与形式要健康。广告不仅是一种经济活动，也是一种政治宣传活动。广告主题和艺术形式必然涉及宣传什么和鼓励什么等社会问题，所以广告不仅要追求经济效益，还要负起社会责任。因此，广告绝不能以色情的内容和颓废的内容来吸引消费者注意，诱发他们的购买兴趣和购买欲望。思想性作为广告的灵魂，是通过独特的形式和艺术手法表现出来，思想性寓于广告艺术性之中。

第二节 广告的分类

广告分类是为了适应广告策划的需要，按照不同的目的与要求将广告划分为不同类型。广告分类的适当与否，直接关系到广告目标能否实现。因为只有分类合理准确，才能为策划提供基础，为广告设计和制作提供依据，使整个广告活动运转正常，从而取得最佳广告效益。广告可以按照不同的区分标准进行分类，例如按广告的目的、对象、覆盖地区、媒介、诉求方式、产生效益的快慢、商品生命周期的不同阶段等来划分广告类别。

一、按广告的最终目的划分

从广告的最终目的划分广告，可以把广告划分为两大类：营利性广告和非营利性广告。营利性广告又称商业广告或经济广告，广告的目的是通过宣传推销商品或劳务，从而取得利润。非盈利性广告，一般是指具有非营利目的并通过一定的媒介而发布的广告，主要有寻人启事、职员招聘、征婚、挂失等以启事形式发布的广告，以及政府、社会团体、企事业集团或单位的会议通知、公告和通告等。此外，由一些团体或组织、机构以宣传招贴的形式发布的涉及有关观念立场宣传的广告也是非营利性广告。

二、按广告的直接目的划分

经济广告的最终目的都是为了推销商品，取得利润，以发展企业（广告主）所从事的事业。但其直接目的有时是不同的，也就是说，达到其最终目的的手段具有不同的形式。以这种手段的不同来区分商业广告，又可以把其分为三类：商品销售广告、企业形象广告和企业观念广告。

1. 商品销售广告

这是以销售商品为目的，从中直接获取经济利益的广告形式。此类广告又可分为三类：

第一类，报道式广告。它通过对消费者如实报告和介绍商品的性质、用途和价格，以及商品生产厂家、品牌、商标等，促使消费者对商品产生初级需求，属于开拓性广告。

第二类，劝导式广告。它以说服消费者为目标，通过突出商品的特优品质，使消费者对某种品牌的商品加深印象，刺激其产生选择性需求和"指牌购买"，属于竞争性广告。

第三类，提醒式广告。它是在消费者已习惯于使用和购买某种广告商品后，广告主为了保持消费者的购买习惯，提醒他们不要忘记这个商品，刺激重复购买，以防止消费者发生偏好转移。

2. 企业形象广告

这是以建立商业信誉为目的的广告，它不直接介绍商品和宣传商品的优点，而是宣传企业的宗旨和信誉、历史与成就、经营与管理情况，其目的是为了提升企业自身的形象，沟通企业与消费者的公共关系，从而达到推销商品的目的。实践证明，企业形象广告不仅有利于商品的销售，而且对企业提高自身的社会地位、在社会事务中发挥其影响力以及从社会上招来更多更好的人才，使企业能够加快发展等都有重要意义。

3. 企业观念广告

这种广告又可分为政治性和务实性两类。政治性的企业观念广告，是通过广告宣传，把企业对某一社会问题的看法公之于众，力求唤起社会公众的同感，以达到影响政府立法或制定政策的目的。在这里企业所关心的社会问题，一般是能直接影响到企业利益的。立法或政策将直接影响到企业的长远利益。如美国伯明翰钢铁公司通过企业观念广告向美国人民公告他们对进口钢铁的看法，从而赢得公众支持，使美国的保护钢铁工业法案得以顺利通过，就是典型的一例。务实性广告，是建立或改变消费者对企业或某一产品在心目中的形象，从而建立或改变一种消费习惯或消费观念的广告，而这种观念的建立是有利于广告者获取长久利益的。例如，在国外饮料市场中，在可口可乐独霸天下的情况下，生产七喜汽水的厂商有意识地通过广告宣传，把饮料分为可乐型与非可乐型两大类，从而使七喜饮料脱颖而出，打破了可乐型饮料的垄断地位，这就是务实性广告一个很成功的例证。

三、按广告的不同对象划分

商品的消费、流通各有其不同的主体对象，这些主体对象就是消费者、工业用户、商业批发商和零售商以及能直接对消费习惯施加影响的社会专业人士或职业团体。不同的主体对象所处的地位不同，其购买目的、购买习惯和消费方式等也有所不同。广告活动必须根据不同的对象实施不同的诉求，因此可以按广告的诉求对象对广告进行分类。

1. 消费者广告

此类广告的诉求对象为直接消费者，是由生产者或商品经营者向消费者推销其产品的广告，因而，也可以称为商业零售广告。此类广告占广告的大部分。

2. 工业用户广告

此类广告的诉求对象为产品的工业用户，由工农业生产部门或商业物资批发部门发布，旨在向使用产品的工业用户推销其产品。广告的内容一般为原材料、机器、零配件、供应品等，广告形式多采用报道式，对产品作较为详细的介绍。

3. 商业批发广告

其诉求对象为商业批发商和零售商，主要由生产企业向商业批发企业、批发商之间或批发商向零售商推销其所生产或经营的商品。这种广告所涉及的都是比较大宗的产品交易，也多用报道式广告形式。

4. 媒介性广告

其诉求对象是对社会消费习惯具有影响力的职业团体或专业人员，广告发布者——工商企业旨在通过他们来影响最终消费者。此类广告专用于介绍一些专业性产品，如药品和保健品由医疗单位或医生来介绍。消费者考虑到权威的可靠性，易购买、使用。

四、按广告的覆盖地区划分

由于广告所选用的媒体不同，广告影响所及范围也不同。因此，按广告传播的地区又可将广告分为全球性广告、全国性广告、区域性广告和地方性广告。

1. 全球性广告

又称国际性广告，选择具有国际性影响力的广告媒介，如国际性报刊等进行发布。这是随着国际贸易的发展，出现了国际市场一体化倾向之后出现的广告形式，如美国的可口可乐、百事可乐、万宝路香烟和柯达胶卷等产品广告。广告的产品多是通用性强、销售量大、选择性小的具有国际影响的产品。

2. 全国性广告

选择全国性的传播媒介，如报纸、杂志、电视和广播等发布广告，其目的是通过全国性广告激起国内消费者的普遍反响，产生对其产品的需求。同国际广告一样，这种广告所宣传的产品也多是通用性强、销售量大、选择性小的商品或者是专业性强、使用区域分散的商品。

3. 区域性广告

选择区域性的广告媒体，如省报、省电台、省电视台等，其传播面在一定的区域范围内。此类广告多是为配合差异性市场营销策略而进行，广告的产品也多数是一些地方性产品，销售量有限，选择性较强，为中小型工商企业所乐用。

4. 地方性广告

此类广告比区域性广告传播范围更窄，市场范围更小，选用的媒介多是地方性传播媒介，如地方报纸、路牌、霓虹灯等。这类广告多为配合密集型市场营销策略的实施，广告主主要是商业零售企业和地方性工业企业，广告宣传的重点是促使人们使用地方性产品或认店购买。

五、按不同媒介划分

按广告所选用的媒体，可把广告分为报纸广告、杂志广告、印刷广告、广播广告、电视广告及电传广告。此外，还有邮寄广告、招贴广告、路牌广告等各种形式。广告可采取一种形式，亦可多种并用。各种广告形式是相互补充的关系。

六、按广告的诉求方式划分

按照广告的诉求方式来分类，是指广告借用什么样的表达方式来引起消费者的购买欲望并采取购买行动的一种分类方法。它可以分为理性诉求广告与感性诉求广告两大类。

1. 理性诉求广告

广告采取理性的说服手法，有理有据地直接论证产品的优点与长处，让顾客自己判断，进而购买使用。

2. 感性诉求广告

广告采取感性的说服方式，向消费者诉之以情，使他们对广告产品产生好感，进而购买使用。

七、按广告产生效益的快慢划分

按广告产生效益的快慢划分是指广告发布的目的是引起顾客马上购买还是持久性购买的一种广告分类方法。它可以分为速效性广告与迟效性广告。

1. 速效性广告

是指广告发布后要求立即引起购买行为的一种广告，又叫直接行动广告。

2. 迟效性广告

是指广告发布后并不要求立即引起购买，只是希望消费者对商品和劳务留下良好、深刻的印象，日后需要时再购买使用，又叫间接行动广告。

八、按商品生命周期的不同阶段划分

按照商品生命周期不同阶段分类，广告可分为开拓期广告、竞争期广告、维持期广告。

1. 开拓期广告

是指新产品刚进入市场期间的广告。它主要是介绍新产品功能、特点、使用方法等，以吸引消费者购买使用（此阶段也是创牌阶段）。

2. 竞争期广告

主要指商品在成长期与成熟期阶段所做的广告。它主要是介绍产品优于竞争产品的优点和特色，如价格便宜、技术先进、原料上乘等，以使其在竞争中取胜，扩大市场占有率。

3. 维持期广告

主要是指商品在衰退期阶段所做的广告。它主要是宣传本身的厂牌、商标来提醒消费者，使消费者继续购买使用其商品，其目的是为延缓其销售量的下降速度。

第三节　广告服务的内容

广告服务，是国际服务贸易的一种，在《服务贸易总协定》对服务贸易所划分的 12 大部门中，属于商业服务的范畴，是指利用图书、报纸、杂志、广播、电视、电影、幻灯、路牌、招贴、橱窗、霓虹灯、灯箱、互联网等各种形式为客户的商品、经营服务项目、文体节目或者通告、声明等委托事项进行宣传和提供相关服务的业务活动。广告服务包括市场调查与分析、广告决策、广告计划、广告预算、媒介选择、广告创作、广告发布、广告效果测试。

一、市场调查与分析

市场调查是广告公司、工商企业或媒介单位等从事广告活动的机构，为了了解市场信息、编制广告方案、提供广告设计资料和检查广告效果的目的而进行的广告调查。市场是指一定经济范围内商品交换关系的总和。进行市场调查，就是要系统地收集各种有关市场及市场环境的资料，并用科学的研究方法进行分析，提出建议，对企业的经营提出改进意见，以提高企业经营管理效益和广告促销功效。在广告活动中，市场调查的全过程是通过收集产品从生产到消费全过程的有关资料，加以分析研究，确定广告对象、广告诉求重点、广告表现手法和广告活动的策略等。

1. 市场调查的内容

广告市场调查主要有以下几项内容：

（1）市场环境调查。市场环境调查是以一定的地区为对象，有计划地收集有关人口、政治、经济、文化和风土人情等情况。一般而言，专业广告公司或媒介单位应以日常广告活动场所及区域为对象，定期收集与更新资料，为广告主制定广告计划提供基础资料。企业的广告或销售部门也应以其产品销售地区为对象，对自己的产品销售市场进行系统了解和调查，为企业制定广告策划或为委托的广告代理部门提供基础资料。市场环境调查的主要内容如下：

第一，人口统计。其包括目标市场的人口总数、性别、年龄构成、文化构成、职业分布、收入情况以及家庭人口、居住户数和婚姻状况等。通过这些数据的统计分析，可以为细分市场提供依据，从而为确定诉求对象和诉求重点提供方便。

第二，社会文化与风土人情。其主要包括民族、文化特点、风俗习惯、民间禁忌、生活方式、流行风尚、民间节日和宗教信仰等内容。对这些内容进行分析，可以为确定广告的表现方式和广告日程提供事实依据。

第三，政治经济。其主要包括有关国家政策、地方性政策法规、重大政治活动、政府机构情况、社会经济发展水平、工农业发展现状、商业布局等内容。这是制定产品策略、市场销售策略和进行广告决策的依据。

（2）广告主企业经营情况调查。广告公司对委托其代理广告业务的广告主的情况进行摸底调查是很有必要的，主要有两方面的好处：既可以避免因广告主企业在信誉、经营等方面的问题而使自己蒙受损失，又可以为制定广告决策提供依据。

广告主企业经营情况调查的目的，还在于通过对广告主的历史和现状、规模及行业特点、行业竞争能力的调查，有的放矢地实施广告策略，强化广告诉求。广告主企业经营情况调查，主要内容为企业历史、设施和技术水平、人员素质、经营状况和管理水平、经营措施等。

第一，企业历史。其主要了解广告主的企业是老企业还是新企业，在历史上有过什么成绩，其社会地位和社会声誉如何等情况。

第二，企业设施和技术水平。企业的生产设备与同类企业比是否先进，操作技术是否先进，发展水平如何。

第三，企业人员素质。人员知识构成、技术构成、年龄构成、人员规模、科技成果与业务水平等基本情况。

第四，企业经营状况和管理水平。企业的成绩如何，工作机构和工作制度是否健全，工作秩序是否良好有序，企业的市场分布区域，流通渠道是否畅通以及公关业务开展情况等。

第五，企业经营措施。企业有什么样的生产目标、销售目标、广告目标和有什么样的新的经营措施，采用什么样的经营方式等。

（3）产品情况调查。在进行某项产品的广告宣传活动时，除了要在日常注意收集有关产品的广告资料外，还要有计划地、全面地对该产品作系统调查，以确定产品的销售重点和诉求重点。产品调查的主要内容有产品生产、外观、系统、类别、利益、生命周期、配套和服务等。

第一，产品生产。主要包括广告产品的生产历史、生产过程、生产设备、制作技术和原材料使用，以便掌握产品工艺过程和质量。

第二，产品外观。主要包括外形特色、规格、花色、款式和质感以及装潢设计等。

第三，产品系统。产品系统包括广告产品在相关产品中所处的地位如何，是主导产品还是从属产品或是配合产品，其产品替代功能如何等情况。这可为进行市场预测、制定广告决策提供帮助。

第四，产品类别。广告产品是属于生产资料还是消费产品，又是其中的哪一类？生产资料的主要类型有原料、辅料、设备、工具、动力。消费产品的主要类别有日常用品、选购品和特购品。分清类别，广告设计和广告决策才有针对性，选用媒介才能准确。

第五，产品利益。产品利益主要指产品的功能，与同类产品相比的突出之处。使用该产品能给消费者带来什么好处，这是确定广告宣传重点和进行产品定位的关键依据。

第六，产品生命周期。产品生命周期指产品在市场中的销售历史。产品的生命周期可分为五个阶段：引入期、成长期、成熟期、饱和期和衰退期。产品处于不同阶段时，其生产工艺水平不同，消费需求特点不同，市场竞争情况也不同，因而所要采取的广告策略也是不同的。

第七，产品配套。产品在使用时，一般要求与特定的生产或生活环境相适应，要与其他产品配套使用。这对于广告题材的选择有重大影响。

第八，产品服务。在现代商业市场中，产品服务是影响销售的重要内容，尤其是耐用消费品和重要生产设备。产品服务包括产品销售服务，如代办运输、送货上门、代为安装调试、培训操作人员；售后服务，如维修、定期保养等。此方面内容的宣传也是增强消费者对广告产品信任感的重要方面。

（4）市场竞争性调查。广告产品的市场竞争性调查的重点是广告产品的供求历史和现状以及同类产品的销售情况。这些内容是制定广告策划的重要依据。广告产品的市场竞争性调查的内容有产品的市场容量，广告产品的市场占有率，其他品牌同类产品的市场占有率，广告产品的市场潜力，其他同类产品的竞争潜力，广告产品的销售渠道，竞争产品的销售渠道，广告产品的销售政策和促销手段，竞争产品的销售政策、促销手段和广告策略。

（5）消费者调查。市场调查中的消费者包括工商企业用户和社会个体消费者。通过对消费者购买行为的调查，来研究消费者的物质需要、购买方式和购买决策，为确定广告目标和广告策略提供依据。

消费者物质需要调查，主要包括两项内容：工商企业的物质需要和个体消费者的物质需要。这两者的实质是有很大差别的，前者一般是中间消费，后者是最终消费。

企业的物质消费需要具有自己的特点，其购买动机和影响购买的因素是相对稳定的。购买动机是维持企业生产的需要，既要节约费用，又要能获得合理的利润，有利于提高企业的生产和经营效能，这是企业的购买心理要素。因此，企业的物质需求是理智型的。

社会个体消费者的物质消费需要在购买动机和影响因素上都同企业用户有很大差异。他们的购买动机是很复杂的，既有生理的需要、安全的需要，也有社会的需要、情感的需要。影响购买行为的主要因素也很多：①经济因素。个人的收入和家庭收入是各不相同的，因此，个人或家庭的收支状况，商品价格和商品的使用价值，就成为影响购买的一个重要因素。②社会因素。不同的文化程度、不同的社会阶层和社会地位、具有不同的社会关系的人，在审美价值和对商品的需求上是各不相同的，其消费方式也有差别。③心理因素。影响消费者消费需求的心理因素主要有需求层次、生活经验、人生态度、信仰和自我形象等。一般而言，消费者的消费需求多是感性的，理智需求处于次要地位。

（6）购买方式调查。购买方式是指消费行为中购买商品的特点与表现。消费者的购买方式对广告的发布时机、发布频率、广告的主题和创意都有影响。

生活中消费者购买商品的行为具有分散和零星的特点。他们的购买有习惯型、理智型、价格型、冲动型、感情型、疑虑型和随意型等多种表现。购买方式则有经常性、选择性和考查性购买三种方式。

工业企业用户的购买行为特点是次数少、购买数量大、购买地集中、受价格波动影响小、需求稳定，但企业购买行为受经济环境、经济前景和技术发展水平影响较大，多属理智型和专业型购买。其购买方式主要有新任务型、常规型和更新型三种。

通过市场调查，掌握消费者的购买方式和特点，可以帮助在广告策划中确定广告对象和广告表现手法。

（7）购买决策调查。购买决策调查的内容，包括由谁决策商品的购买、何时购买、在何处购买等。广告活动通过调查，了解了是谁对商品购买有决定性影响，可以将其确定为广告的主要对象。而了解了购买的时间，则可以把握广告的发布时机；了解了购买地和购买决定地，则可以为选择合适的媒介提供依据。

2. 市场调查程序和方法

广告活动的市场调查，按其资料收集内容可分为基础调查和专项调查。前者是常规性的，后者是接受新的广告任务时进行的专项调查，二者都很重要。广告调查和一般市场调查的步骤基本相同，程序如下：确定调查目标、拟订调查计划、设计调查表、实地调查、统计分析调查资料和提出调查报告。

市场调查的选择方法为普查法、抽查法和建立联络点法三种。三种方法各有特点，也各有缺陷，必须根据实际需要来确定采用何种方法。

市场调查的具体方法有访问法、邮寄问卷法、电话询问法和召开座谈会等多种形式。根据实际需要，可到专业部门、企业、文献单位、媒介单位、广告企业和消费者中间进行调查，收集有关资料。

3. 市场分析

市场调查所获得的资料在经过整理、编辑分类和制成相应的表格后，就进入市场调查活动的下一阶段——市场分析。市场分析包括两个方面的内容：市场环境分析和市场销售形势分析。这两种分析对广告活动都是非常重要的，可以为广告决策提供依据。

（1）市场环境分析。市场环境分析的内容，是对市场环境调查中所获得的有关资料进行系统分析。主要包括人口分析、人文文化分析和政治经济形势分析三项内容。

人口分析，主要是对目标市场所在地的人口统计数字进行分析，确定其人员的年龄、性别、文化构成、职业分布、收入分配情况、收支消费情况等统计数字，从中找出目标消费者所在阶层，对目标市场进行细分，为广告宣传确定诉求对象，并初步拟出诉求重点。

人文文化分析，主要是对目标市场所在地的民族特性、信仰、文化特点、风俗习惯、民间禁忌、生活方式、流行风尚和民间节日等内容进行分析比较，从中找出广告宣传可以强化诉求的突出点，同时找出广告宣传中应该注意回避的有关问题，初步确定广告的表现形式和确定广告日程安排。

政治经济形势分析，主要是根据调查中得来的有关国家或地方政策法规、重大政治活动、政府机构情况以及社会经济发展水平、商业布局等内容，分析当地社会政治经济形势，为广告决策找出可利用的东西和应该回避的东西以及应采取的市场策略，使当地的政治经济形势对广告活动变得有利。

市场环境是制约市场营销的重要因素，它可以决定一个产品广告宣传的成败，因此认真地做好市场环境因素分析，对搞好广告宣传是非常重要的。

（2）市场销售形势分析。这项分析是针对市场竞争性调查所获的资料进行的。其主要目的是分析广告产品及其竞争产品的市场状况、各自的竞争策略，从而为产品的市场定位和广告策划提供决策依据。

市场销售形势分析，主要包括以下几项内容：

第一，市场容量分析，掌握市场的现有容量及发展趋势。

第二，市场产品竞争性分析，包括同类产品的生产量、技术水平和市场渠道、市场占有份额和促销策略与手段。

第三，广告产品的竞争力分析，包括广告产品的生产规模、技术水平、市场渠道、市场占有份额和促销政策与手段。

第四，市场政策分析，包括竞争产品促销政策实施效果和广告产品在广告前的促销政策效果。这样，通过对市场竞争因素的全面分析和衡量，可以找出广告产品和竞争产品各自的长处和短处是什么，从而可以在广告宣传中以己之长制人之短，以期取得良好的市场功效。

4. 市场预测

市场预测的目的，是为了掌握市场的动向和供求变化规律，为广告策划提供科学的依据。

广告产品的市场预测内容，主要是根据市场分析结果，对广告产品的潜在力量进行估量，对其市场前景进行预测，以便衡量广告的发布价值。在必要时，还必须对宏观的社会经济发展趋势和前景进行预测，从而估量经济形势对广告产品整体市场的影响。

根据不同的预测目的，产品预测可分为长期预测、中期预测、短期预测和近期预测。广告策划可根据广告主的不同要求和广告计划要求，确定不同的预测时限。

市场预测的方法，一般有人员评定法、统计分析法、趋势评定法和需要联测法等几种。

市场预测的针对目标是消费者和潜在市场。对消费者行为的预测，主要是考虑其购买需要、发展趋势以及流行时尚的变化对市场销售的影响。而对潜在市场的预测，则是根据对消费者需要的预测推导已开发市场和待开发市场的销售情况及销售趋势。

二、广告决策

在完成市场调查和市场分析的任务之后，广告活动便依程序进入广告决策阶段。广告决策是根据市场调查和分析所提供的市场价格资料、产品组合情况和发展情况、销售条件、销售人员和销售渠道情况、市场发展趋势和市场竞争等详细资料，结合对市场环境的分析，做出适当的广告决策。

1. 广告决策的依据

在广告活动中，广告决策是重要的，它决定广告活动是否进行、怎样进行。然而，广告决策也不是凭空而来，而是通过市场调查和分析，在系统收集和整理了有关市场的各种信息、在对市场潜在可能性有了大致了解的情况下作出的，为了使广告达到最理想的宣传效果，也就是说，要求广告信息以最低代价、最大限度地传达给潜在消费者，在广告决策过程中，要求市场信息能够回答下列问题：

哪些人是广告产品的潜在买主，他们在哪里，属于什么社会阶层，他们喜欢产品的什么特点，以及什么信息最能刺激买主购买。同时，还需要回答有关广告策略的问题：应在何时做广告，怎样做广告，持续多长时间，最合适的媒介又是什么。

对这一系列问题的解答是进行广告决策的关键。因此，广告决策依据是市场调查所获得的信息。

2. 广告决策的注意事项

在广告决策中，起主要作用的是市场信息，因此，对市场信息的运用是广告决策必须注意的关键问题。

（1）在进行广告决策时，广告的目标必须集中于潜在销售市场。所谓潜在市场，即某一市场可能只吸收购买一定数量的某项产品，该市场即为该商品的潜在市场，它是由广告的市场调查确定的。因此，在准备对一项产品进行宣传时，应该肯定这项产品必须具有的一定特征，必须具有的明确吸引力，而且，通过对产品的广告宣传，也确实可以使其形象凸显出来。不仅如此，现在还应该加上一项条件，即该产品确实在目标市场上具有很大的潜在销售能力。这样，做广告宣传才是值得的。除此之外，还必须有其他原因可以将市场的潜在消费量推进成现实，如需要多少人推销，在什么地区活动，各自所承担的任务等，以便对市场细分。

（2）在广告决策中，还必须对市场调查资料的来源进行分析。主要考虑以下一些问题：这些资料是怎样得来的，准确性如何，谁提供的资料，可靠性如何，资料是何时搜集的，时效性如何，资料中的概念表达是否准确，是否有含糊不清的地方，资料中所列例证是否恰当，是否具有明确的代表性，等等。只有对资料进行广泛而周密的评价之后，所做出的广告决策才是合理的和符合事实的，才可能取得良好的广告功效。

三、广告计划

广告计划分广义的广告计划和狭义的广告计划两种。广义的广告计划，是指包括广告市场调查、广告目标计划、广告时间计划、广告对象、广告地区、广告媒介策略、广告预算和广告实施、广告效果测定在内的广告活动的决策。狭义的广告计划，则指广告目标、广告地区、广告时间和广告对象等的确定。在此，广告计划是指其广义的含义。

1. 广告计划的意义

广告计划是关于未来广告活动的规划。它是根据工商企业的生产目标、营销目标、营销策略和促销手段以及广告任务来制定的，是企业有计划地进行广告活动的规划，也是检验和总结广告效益的根据。

广告计划按其时间来划分，可以分为长期广告计划、年度广告计划和临时性广告计划。长期广告计划是一些大型工商企业依据市场营销的战略要求或原有产品开拓新市场的战略要求，以3~5年为年限的大型广告规划，具有长期性和系统性的特点。年度广告计划是企业在一年内按季分月制定的系列广告活动规划，大多是大中型企业所实施的广告活动规划。临时性广告计划是一些大中企业为当时的市场营销需要、针对市场情况所作出的补充性和机动性广告计划或者是小型工商企业的临时性广告计划。

如果将广告计划按内容来分，则可划分为专项广告计划和综合广告计划。专项广告计划是为单项产品或劳务而制定的广告计划。综合广告计划则是企业制定的各项产品或劳务的综合广告宣传计划。

企业在制定出广告计划后，在策划广告活动时就可以合理地安排广告预算，密切配合企业的营销活动，并为广告效果测定提供依据。广告计划可以使广告活动科学化、规范化。

2. 广告计划的内容

广告计划是广告计划期限内广告活动的整体规划。它有一套完整的内容，一般包括广告任务、广告预算、广告媒介策略、广告实施策略、广告设计方案、广告调查和广告效果测定等内容。

广告任务包括广告内容、广告对象、广告目标等主要内容。

（1）广告内容是明确广告的诉求范围和诉求重点。广告诉求范围主要分为商品广告诉求、劳务广告诉求、企业广告诉求、观念广告诉求和公共关系广告诉求等几大类。其目的是让消费者认识广告的内容信息，并通过广告来促使消费者产生印象。广告诉求的重点则是指在广告诉求范围内突出宣传的内容。一般而言，商品广告诉求的突出宣传重点或是商品的新功能、商品的使用利益，或是商品的优秀工艺和原材料等。明确广告内容是进一步确定广告目标、选择广告媒介、提出广告设计方案和确定广告策略的先决条件。

（2）广告对象是指对什么地区、什么阶层、什么集团实施广告宣传。不同的广告对象决定不同的诉求重点、选用不同的广告媒体，同时还要运用不同的广告策略。

（3）广告目标是指广告所要达到的目的，即通过广告宣传要得到什么结果。企业的目标、营销目标和广告目标是有机联系的。比如，企业的目标是赚得利润；营销目标是扩大市场占有率；广告目标是提高商品品牌的知名度。广告目标必须为企业的总目标和营销目标服务。因此，广告宣传的目标，是通过宣传在消费者中提高广告商品的知名度、树立品牌印象，促使消费者在购买同类商品时能够指牌认购和不断再消费，从而达到扩大产品的市场占有率的目的，使公司赚取更多的利益。这是广告的最终目标。

然而，不同企业在不同时期，由于广告任务的不同，还会制定出具体的广告目标。企业的广告目标一般分成三类：

第一类，创造品牌广告目标，其目的在于开发新产品和开拓新市场。它通过对产品的性能、特点和用途的宣传介绍，提高消费者对产品的认识程度，重点加强消费者对新产品的理解，加深品牌印象，创造名牌。

第二类，保牌广告目标，其目的在于巩固已有的产品市场，深入开发潜在市场和刺激购买需求，提高产品的市场占有份额。主要方式是通过连续广告，加深消费者对已有商品的认识和印象，使显在消费者养成消费习惯，使潜在消费者产生兴趣，并促成其购买行为。广告的诉求重点是保持消费者对广告产品的好感、偏爱，加强其信心。

第三类，竞争性广告目标，其目的在于加强产品的宣传竞争，提高产品的市场竞争能力。广告的诉求重点是宣传本产品比其他品牌同类产品的优异之处，使消费者认识到本产品的好处，以增强他们对广告产品的偏爱，指名购买，并争取使偏好其他产品的消费者转变偏好，转而购买和使用广告产品。原则上，广告目标应该规定具体的指标和要求，如视听率、知名度、理解率、记忆率和偏爱率等，以作为检查广告效果的依据。

3. 广告预算

广告预算是对广告活动费用的匡算，是广告活动的经费来源。它是广告计划的重要组成部分。广告预算提出广告宣传可以开支的费用和具体的分配方案。

4. 广告媒介策略

广告要经选定的媒介来传播经济信息。广告活动使用的媒介不同，广告费用、广告设计、广告策略和广告效果的内容也就不一样。不同广告媒介的配合运用，其广告效果也不同。因此，广告计划必须选定广告媒介，并制定媒介的使用策略，使其经济、准确地传达广告内容。

5. 广告实施策略

广告实施策略是规划广告和实施广告的基本手段，主要包括差别化策略、广告时间策略、系列广告策略等内容。广告策略的制定，是根据市场情况、企业营销策略和广告预算等广告计划内容的要求而明确制定的。有了正确的广告实施策略，才能正确地确立广告创作方针，提出广告设计方案，制定完整的广告活动步骤，这是广告活动具有计划性和科学性的基础和前提。

6. 广告设计制作

广告设计制作方案，是依照既定的广告任务、广告预算、广告媒介策略和广告实施策略的要求，确立广告创作方针和对广告设计制作的基本要求，并委托有关部门、人员设计和制作的具体方案。

7. 广告调查

广告调查包括广告的前期市场调查、媒介调查和广告实施后的广告效果调查。前者是为制定广告计划而进行的，后者是在广告活动中或广告活动后进行的。

此外，广告计划的内容还应该包括广告活动的组织和执行人员的规划。要明确规定广告活动是由企业自身还是委托广告公司来执行，是部分委托还是全部委托，委托哪一家广告公司等内容，并要做出分工明确的工作计划。

8. 广告计划的拟定

广告计划的拟定是指广告必须按一定的工作程序来完成。原则上，企业自己执行广告活动可以由企业自己制定，也可委托广告公司代为拟定，这得根据企业或广告公司的人员条件而定。

一般而言，拟定广告计划时，对人员组织有以下具体要求：具有市场调查机构和市场调查、市场分析人员；有设计制作广告作品的机构和人才；熟悉各种媒介，并同媒介单位有密切联系；具备策划决策的人才。这些条件只有大型企业才符合要求，因此，在国外，一些大型企业的广告计划多由自己企业的广告部门制定并付诸实施，而中小企业则委托具有以上条件的广告公司代为拟定。有些大型企业内设广告机构，具备广告人才，但是精明的企业往往将广告全部委托给广告公司。

广告计划的拟定程序大致可分为三个阶段：分析研究阶段，主要进行市场调查与分析，研究收集的资料；拟定计划纲要阶段，依据分析阶段的结果和所提建议，制定广告计划的基本内容；拟定具体执行计划阶段，依据计划纲要要求，分别制定出各媒介广告计划的细节和具体安排。

四、广告预算

1. 广告预算的意义

广告预算是企业广告计划对广告活动费用的匡算，是企业投入广告活动的资金费用使用计划。它规定在广告计划期内从事广告活动所需的经费总额、使用范围和使用方法，是企业广告活动得以顺利进行的保证。

编制广告预算，可以合理地解决广告费与企业利益的关系。对一个企业而言，广告费既不是越少越好，也不是多多益善。广告活动的规模的大小和广告费用的多少，应与企业的生产和流通规模相适应，在发展中求节约。在正常的情况下，商品的销售量与广告的相对费用是成反比的。由于广告促进了商品销售，也就促使生产成本和销售成本降低，也包括单位广告成本的降低，因此，广告宣传费用的投入是有利益产生的。但是从经济学的角度来考量，任何现实投入都存在着边际产出的问题。也就是说，广告的费用投入同样应该适度，过度的投入不但不会使投入产出比升高，相反会引起投入产出比的降低，使产品的生产和流通成本增加。因此，广告宣传也必须掌握适度原则。

把广告费用的支出当作一种浪费，这是一种浅见；而只管做广告，不问其经济效益，盲目投入广告费，也是一种愚蠢的行为。因此，科学地制定广告预算，是实施有效的广告宣传的必要策略。

2. 广告预算的内容

广告费的内容，主要包括广告活动中所需的各种费用，如市场调研费、广告设计费、广告制作费、广告媒介使用租金、广告机构办公费与人员工资等。依据其用途，可以把广告费划分为直接广告费和间接广告费、自营广告费和他营广告费、固定广告费和变动广告费。直接广告费是指直接用于广告活动的设计制作费用和媒介租金；间接广告费是企业广告部门的行政费用。在管理上，应当尽量压缩间接广告费，增加直接广告费的比例。自营广告费是指广告主本身所用的广告费，包括本企业的直接与间接广告费；他营广告费则是委托其他广告专业部门代理广告活动的一切费用。一般而言，他营广告费在财务上比自营广告费要节约，使用效益也更好。固定广告费是自营广告的人员组织费用及其他管理费，这些费用开支在一定时期内是相对固定的；变动广告费是因广告实施量的大小而起变化的费用，如随着数量、距离、面积、时间等各种因素的影响而变化的费用。变动广告费又因广告媒介不同，可分为递增变动和递减变动。比例广告费是随同广告实施量的增加而递增；递减广告费则相反，是反比例变化的，广告费用随广告实施量的增加而递减。

3. 广告预算与广告计划的关系

广告预算是广告计划的核心组成部分，广告计划的实施要以广告预算来支持。很多企业是根据广告预算来确定和制定广告计划的。但目前流行根据广告计划来确定广告预算，即在预计广告活动的规模之后，依据广告活动的费用要求来编制广告预算，可使企业能够主动地发动广告攻势，强有力地开拓市场与维持市场，进行产品的强有力推销。但在实际中，只有少数大型企业才这么做。

怎样编制广告预算，匡算出多少广告费总额才算合理，至今仍无科学的、为大家所接受的计算标准。广告预算多了，易造成浪费；少了，则会影响必要的广告宣传活动，甚至影响商品销售，在竞争中处于不利地位。为了使广告预算符合广告计划的需要，在编制广告预算时应从如下四个方面考虑：

（1）预测。通过对市场变化趋势的预测、消费者需求预测、市场竞争性发展预测和市场环境的变化预测，对广告任务和目标提出具体的要求，制定相应的策略，从而较合理地确定广告预算总额。

（2）协调。把广告活动和市场营销活动结合起来以取得更好的广告效果。同时，完善广告计划，实施媒介搭配组合，使各种广告活动紧密结合，有主有次，合理地分配广告费用。

（3）控制。根据广告计划的要求，合理控制广告费用的使用，及时检查广告活动的进度，发现问题，及时调整广告计划。

（4）效益。广告直接为商品销售服务，因此，要讲究广告效益，及时研究广告费的使用是否得当，有无浪费，及时调整广告预算计划，做到既合理地使用广告费，又保证广告效益。

4. 制定广告预算的方法

制定广告预算的方法目前为广告界所采用的有数十种之多。常见的有销售额百分比法、利润百分率法、销售单位法、目标达成法、竞争对抗法、支出可能额法和任意增减法。

（1）销售额百分比法。这种匡算方法是以一定期限内销售额的一定比率计算出广告费总额。由于执行标准不一，又可细分为计划销售额百分比法、上年销售额百分比法和两者的综合折中——平均折中销售额百分比法以及计划销售增加额百分比法。

销售额百分比计算法简单方便，但过于呆板，不能适应市场变化。比如销售额增加了，可以适当减少广告费；销售额减少了，也可以增加广告费，加强广告宣传。

（2）利润百分率法。利润额根据计算方法不同，可分为实现利润和纯利润两种百分率计算法。这种方法在计算上较简便，同时使广告费和利润直接挂钩，适合于不同产品间的广告费分配。但对新上市产品不适用，新产品上市要大量做广告，掀起广告攻势，广告开支比例自然就大。利润百分率法的计算和销售额百分率法相同，同样是一种计算方法。

（3）销售单位法。这是以每件产品的广告费摊分来计算广告预算的方法，以计划销售数为基数计算，方法简便，特别适合于薄利多销商品。运用这一方法，可掌握各种商品的广告费开支及其变化规律。同时，可方便地掌握广告效果。公式为：

$$广告预算 = \frac{上年广告费}{上年产品销售件数} \times 本年产品计划销售件数$$

（4）目标达成法。这种方法是根据企业的市场战略和销售目标，具体确立广告的目标，再根据广告目标要求所需要采取的广告策略，制定出广告计划，再进行广告预算。这一方法比较科学，尤其对新上市产品发动强力推销是很有益处的，可以灵活地适应市场营销的变化。广告阶段不同，广告攻势强弱不同，费用可自由调整。目标达成法是以广告计划来决定广告预算。广告目标明确也有利于检查广告效果，其公式为：

广告费＝目标人数×平均每人每次广告到达费用×广告次数

（5）竞争对抗法。这一方法是根据广告产品竞争对手的广告费开支来确定本企业广告预算。在这里，广告主明确地把广告当成了进行市场竞争的工具。其具体的计算方法又有两种，一是市场占有率法，二是增减百分比法。

市场占有率法的计算公式为：

$$广告预算 = \frac{对手广告费用}{对手市场占有率} × 本企业预期市场占有率$$

增减百分比法的计算公式为：

广告预算＝（1±竞争者广告费增减率）×上年广告费

（注：此法费用较大，采用时一定谨慎）

（6）支出可能额法。这是根据企业的财政状况可能支出多少广告费来设定预算的方法，适用于一般财力的企业。但此法还要考虑市场供求出现变化时的应变因素。

（7）任意增减法。以上年或前期广告费作为基数，根据财力和市场需要，对其进行增减，以匡算广告预算。此法无科学依据，多为一般小企业或临时性广告开支所采用。

此外，其他计算广告预算的方法还有很多，在此限于篇幅，不再详述。

5. 广告预算的分配

在广告预算确定之后，要针对广告计划各项细目的要求，将广告预算总额摊分到各个广告活动的项目。这是通过广告预算对广告活动进行组织、协调和控制广告计划实施的手段。

（1）广告预算的分配范围。媒介间分配。广告计划所选定的各种媒介间的广告费用分配，是根据广告的媒介策略来划块分配的，如报纸广告占多少、电视广告占多少。

媒介内分配。在媒介间分配后，同种媒介的划块分配结果在不同媒介单位间的再分配，如报纸项中各种报纸分配多少。

地域分配。广告计划规定广告对象在不同区域依据需要在各区域间摊分广告费，实行切块分配，如城乡间、国内外、南北方等。

时间分配。长期的广告计划有年度广告费的分配，年度广告计划则有季度、月度广告费分配。此外，还应留一部分作为机动费用。

商品分配。指广告计划中，不同广告产品间的广告费用分配。此外，公共关系、企业形象广告和观念广告也要分摊一部分费用。

广告对象分配。按照广告计划中的不同广告对象，如团体用户和企业用户、最终消费者等，分配广告费。团体和企业用户一般可少分，最终消费者应多分。

部门分配。这是指企业内外的广告费分配，如自营广告费与他营广告费的分配。在自营广告费中，还需依据各广告业务部门的费用进行细分，如创作部、管理部、制作部、媒介部等，把费用分配到位。该多则多，该少则少，保证执行广告计划的需要。

（2）影响广告费分配的因素。广告费的分配要受到许多因素的制约，如产品生命周期、利润率、销售量、市场覆盖大小、市场竞争状况、经济发展状况和各部门的任务等。

1）产品生命周期。产品间的广告费用分配，取决于产品所处生命周期的哪一个阶段。一般而言，处在引入期和成熟期的产品，其广告费应多于成长期、饱和期和衰退期的广告费。

2）利润率。利润率高的产品，广告费投入一般较多；反之，低利产品的广告费投入则较少。

3）销售量。销售量大的产品，一般广告费投入多；反之则少。

4）市场覆盖大小。全国性广告费＞区域性广告费＞地方性广告费。

5）市场竞争状况。竞争激烈，广告费投入多；反之则少。

6）经济发展状况。经济形势好，市场兴旺，商品畅销，供不应求，则广告费投入少；反之，则广告费投入多。

7）各部门的任务。各部门所负担的工作性质和工作量不一样，广告费的分配份额有所不同。具体比例视情况而调整，但购买媒体费占70%～90%的比例是无可非议的。

五、媒介选择

广告媒介的作用在于把产品的信息有效地传递到目标市场。广告的效用不仅与广告信息有关，也与广告主所选用的广告媒介有关。事实上，要使人们对某项产品产生好感，刺激人们决定购买，使产品的市场销售增加，这些职责是由广告信息、广告信息的表现方式（广告作品）和适当媒介共同承担的。同时，在广告宣传中，所运用的广告媒介不同，广告费用、广告设计、广告策略和广告效果等内容都是不同的。因此，在广告活动中要进行广告媒介的选择。

1. 媒介调查

采用何种媒介进行广告活动，是由广告人员根据媒介性质和功能特点来决定的，然而，在决定采用何种媒介进行广告之后，对于具体地采用哪一个媒介来发布广告，则需要根据媒介调查的结果来决定。

广告媒介调查的目的，是为了掌握各个广告媒介单位的经营状况和工作效能，以便根据广告的目的要求，运用适当的媒介，取得更好的广告效果。

根据媒介的不同种类，媒介调查的内容是有区别的。日常主要进行的媒介调查有报刊媒介调查、广播电视媒介调查以及其他类型媒介调查。

（1）报刊媒介调查的内容。

1）发行量。报刊的发行量越大，广告的接触传播面越广，同时，广告费用也相对降低。

2）发行区域分布。主要调查报刊发行区各细分区域内的报刊发行比例。其目的在于了解报刊在各地区的接触传播效果。

3）读者层构成。包括年龄、性别、职业、收入和文化程度等的不同构成情况。

4）阅读情况。指同一读者阅读两份以上报纸的情况，同时也指不同读者阅读同一份报纸的情况。

5）发行周期。指报刊发行日期的间隔期，如日报、双日报、周刊、旬刊、月刊、季刊等。

6）信誉。主要指该报刊在当地所享有的权威性以及社会大众对其的信任程度等内容。

（2）广播电视媒介调查的主要内容。

1）传播区域。广播电视传播所达到的地区范围，即其覆盖范围。

2）视听率。在覆盖范围内收听收视的人数或户数，一般用社会所拥有的电视机和收音机量来匡算。

3）视听者层。主要是根据人口统计情况和电视机、收音机拥有情况，匡算出有关视听者层的分布和构成。

（3）其他类型媒介调查。其他广告媒介调查包括交通广告、路牌、霓虹灯广告等，主要通过调查交通人流量、乘客人员来匡算、测定。邮寄广告则通过发信名单进行抽查即可。媒介调查的方法与市场调查方法基本相同。

2. 广告媒介与广告计划的配合

在广告活动中，要使媒介得到合理的运用，使广告活动取得更好的效果，必须把媒介的选择同广告计划相配合，围绕广告计划作好媒介的选择和运用。

（1）媒介的选择必须同广告计划中的广告任务联系在一起，用广告任务的要求来选择媒介。在进行媒介选择时，首先要考虑的问题是广告活动的对象是谁，属于哪一个地区、哪一个阶层，用什么方式才能有效地把信息传递到他那里。这就是所谓的明确媒介目标，即使用什么媒介。

（2）根据广告计划的要求，决定媒介的使用方式，包括使用时间、次数、频度以及决定各种不同媒介的配合。

（3）根据广告计划内容和广告预算，有针对性地考察各媒介的租用费用，综合考虑广告费在媒介上的开支及在不同媒介间的分配，明确广告预算对媒介选择和使用的限制，从而可以最终明确广告媒介的选择和运用。这一过程在实质上是一个优化组合过程，是直接以最低的广告成本费用把广告的信息有效地和最大限度地传递给消费者。

总之，媒介选择是关系到广告计划的执行和广告预算使用的大事，因此，一定要在各个方面考虑周全。同时，媒介选择和决定的作出一定要用媒介专业知识，并由同媒介单位有业务关系往来人员参加。

六、广告创作

企业在制定广告计划、编制好广告预算之后，便进入广告作品的创作阶段。

广告作品是广告的表现手段，是广告信息的表达形式，因此，广告作品设计和制作的好坏将直接对广告效果产生影响。

1. 广告创作的要素

广告活动通过广告作品的形式，把广告主的要求、意愿和信息用艺术、情感和直观的形式表达出来。广告作品的内容是策略性和信息性的，它包含着广告策略的运用和经济信息的传递，而广告作品则以艺术的和心理的形式把广告的信息内容表达出来。

广告作品一般是由主题、创意、语文、形象和衬托五个要素组成。广告创作即创造这五个要素，并使之有机地结合起来，成为一则完整的广告作品。

（1）主题是广告的中心思想，是广告为达到某种目的而要说明的基本概念。它是广告的核心和灵魂。广告作品的其他四个要素要为表现主题服务，主题贯穿其他要素并使之有机地组合成一则完整的广告作品。一则广告必须有鲜明和突出的广告主题，使人们在接触广告之后，很容易理解广告要告诉他们什么，要求他们做些什么。广告的主题必须能够体现广告策略，同时还必须反映广告的信息内涵，能够针对消费者的心理，这是对广告主题的基本要求。广告主题 = 广告决策 + 信息个性 + 消费心理。

（2）创意是表现广告主题的构思。广告的创意如果能引人入胜地表现主题，就会取得较好的广告效果。广告的创意不是凭空想象出来的，广告的创作过程是对现实进行抽象的过程。创意思考的原则，就是要摆脱旧的经验和意识的约束，从多方面去思考，革新自己的思维，并要抓住灵机一动的构思，发掘新的观念。

（3）语文是广告传递信息的必不可少的手段。没有语文的广告，就无法传递广告信息，不能让人知道广告所宣传的内容。语文包括语言和文字。任何广告语文都必须表现广告的主题。此外，还要求精练、准确、通俗易懂、要对消费者能产生吸引力。

（4）形象是展示广告主题的有效办法。广告有了形象，可以使广告更能引人注目，增加信任感，留下深刻印象。

（5）衬托也是表现广告主题的一种方法，以衬托来表现广告，可以突出主题的整体形象，强化广告的感染力，提高广告的注意度、理解度和记忆度。如在炎热的沙漠中有人拿着冰镇的饮料，就可以加强人们对饮料的渴望。在广告创造活动中，为了表现广告主题，必须有创造性。这其中包括语文的创造、形象的创造和广告气氛的创造，这一切都是通过创意对主题进行再造来达到的。

2. 广告创作与广告媒介的关系

广告创作有其基本的要求和原则，但是，对于不同的媒介，广告作品的表现形式是不同的。媒介的心理功能不同，对广告作品的形式就具有不同要求。

（1）视觉媒介，要求广告作品具有视觉刺激性，能对消费者产生刺激，吸引其注意，并使其留下印象。同时，还要求广告作品富于艺术创造，能够唤起消费者的美感，引发其联想，使其产生愉悦、欢乐的心理情感，这样便可以加深消费者对广告的记忆和理解。

（2）听觉媒介，则要求广告作品能够通过悦耳的声音和逼真的音响，刺激消费者的听觉器官，使之在享受艺术的同时加深对广告内容的理解和记忆。

（3）视听两用媒介，则要求广告作品通过活泼生动、富于戏剧性和富有人情味的广告情节，来刺激消费者的视觉器官和听觉器官，使其在产生身临其境感受的同时唤起他们的美感，引发其联想，使其处于一种娱乐性的、富于人情味的气氛之中，促使其产生愉悦、欢乐的情感，从而使广告在他们的心中留下深刻的印象。

3. 广告创作与广告预算的关系

最后一个值得注意的问题是广告创作与广告预算的关系。广告创作是一项需要付出艰苦劳动，同时也需要以充分的财政作为保障的工作。因此，对这一问题必须引起注意，并在广告创作的过程中予以妥善处理。

广告创作是一件费力又费钱的工作，是除了广告媒介费用以外的另一项大的开支，并且还直接关系到媒介费用的多少。尤其是电视广告和电影广告，由于创作程序复杂，工程浩大，广告制作费用极高，同时广告片的长短又直接关系到媒介使用租金的支出。因此，在广告创作中，如何量力而行，是值得注意的问题。在不影响广告艺术水平和广告效果的情况下，应该尽量在广告预算费用的范围内节约开支，以保证广告活动的顺利进行。

七、广告发布与广告效果测试

1. 广告发布

广告活动按照广告计划执行，到完成广告创作并形成广告作品之后，经过广告主的最后审核同意，即可送到预定的媒介发布刊播。这项工作一般由媒介部门有关专业人员负责，他们的任务就是专门负责与有关媒介单位接洽，安排有关广告的发播事宜，并对发播质量实施监督。

对于不同媒介，广告作品的发布形式是不同的，如印刷媒介是制成有关印刷品，把广告作品刊登出来，电视和无线电广播则是以电波信号的形式播放。因此，不同媒介要求有不同的作品，而广告机构的媒介部门人员对不同媒介的广告监督也具有不同内容。对印刷品，主要检查其印刷质量，图文是否清晰、整洁；而对电波媒介，则监督其播放质量、图像是否清晰、声音是否清新悦耳等。总之，广告的发布是广告活动的扫尾工序，余下的便是广告效果测试。因此，应对发布质量严格把关，力求使好的广告作品能有好的宣传效果。

2. 广告效果的测试

所谓广告效果测试，就是运用科学方法来鉴定广告效益。广告效益主要表现在三个方面：经济效益、社会效益和心理效益。广告的经济效益是指广告活动促进商品销售、劳务销售和利润增加的程度。广告的社会效益是指其社会教育作用。广告的心理效益主要是指广告在消费者心理上的反应程度，产品所树立的品牌印象，最终能否促成购买。

（1）广告效果测试的意义。

第一，可以检验广告目标是否正确，广告媒介是否运用得当，广告发布时间和频率是否合适，广告费用投入是否合理，以便提高制定广告计划的水平，争取取得更好的效益。

第二，通过收集消费者对广告作品的接受程度，可以鉴定广告主题是否突出，广告诉求是否针对消费者心理，创意是否感人，是否收到良好的效果，从而可以改进广告设计，制作出更好的广告作品。

第三，由于广告效果测试能客观地肯定广告所取得的效益，可以提高广告主的信心，使广告企业易于安排广告预算，广告公司容易争取广告客户，促进广告业务的发展。

（2）广告效果形成的特性。广告效果的形成是十分复杂的，具有许多明显的特性：时间推移性、积累效果性、间接效果性、广告竞争性和效果两面性等。

第一，时间推移性就是消费者在接受广告的影响时，由于时间、地点、经济条件等因素的限制，受影响的程度是不同的。从接受广告—产生需求—实施购买行为的过程来看，有些可能是连贯的和即效性的，而有些则可能是间断的，具有迟效性的特点，从而会出现广告生效时间的推移。所以，不能从短期的销售效果去判断广告效果。

第二，积累效果性是指广告的反复发布，每次都在加深消费者对广告产品的印象。因此，广告效果是多种媒介反复进行广告宣传的综合效果，很难测定单一某一次广告的效果。

第三，间接效果性则是指有的消费者是直接受广告宣传的影响而产生购买行为，而另外还有一些消费者之所以会去购买，则是因为其他受广告影响的人向其极力推荐之故，因此，这种效果是间接产生的。

第四，广告竞争性是指由于市场竞争激烈，同类商品间的广告战会使广告宣传的效果发生抵消效应，因此，难以确切肯定广告的好坏。

第五，效果两面性是指广告不仅具有促进商品销售的功能，同时还有延缓商品销售量下降的功能，特别是在市场不景气或产品进入衰退期阶段后，广告的作用主要是减缓商品销售量下降，因此，单从评估广告的促销功效去评价广告效果是不全面的。

（3）广告效果测试的原则。正因为广告效果具有以上特性，因此，在进行广告效果测试时，应该坚持几项原则：有效性原则、可靠性原则和相关性原则。

第一，有效性原则，是指测试工作一定要达到测试目的，要以具体结果而非空泛评语来证明广告的有效性。它要求在测试时必须选取真正有效、确有代表性的答案来作为衡量标准，否则，就失去了有效性。这就要求采用多种测试方法，多方面综合考察，广泛收集意见，得出客观的结论。

第二，可靠性原则，是指前后测试的结果应该有连续性，以证明其可靠。多次测试的结果如相同，其可靠程度就高，否则，此项测试必有问题。它还要求测试对象的条件和测试方法必须前后一致，这样才能得到正确的答案。

第三，相关性原则，是指测试的内容必须与所追求的目的相关，不可作空泛或无关的测试工作。倘若广告的目的在于推出一项新产品或是改进后的产品，测试的内容应针对广告中所提出的新闻价值去刺激消费者对品牌的印象。若广告的目的在于在已有市场上增加销售，则应将重点放在改变消费者的态度上。若广告的目的在于和同类产品竞争，抵消竞争压力，则广告测试内容应着重于产品号召力和消费者对产品的信任感。总之，广告测试的内容及其一切设计都应以解决问题为目标，而不应把问题加以改变来迎合测试。

此外，在测试工作正式开展前，必须做好充分的准备工作，这样可保证测试顺利进行。

3. 广告效果的测试方法

广告效果的测试方法依其测试内容的不同，可以分为三大类：意见与态度测试法、认知与回忆测试法、实地调查法。

实地调查是为了测试广告对产品销售产生的实际效果而进行的。然而，实地调查是一件很困难的工作，主要原因是难以隔离各种对消费者行为产生影响的因素。因此，针对这一情况，广告工作者也设计了不同的测试调查法。

（1）单一变量测试法。影响销售的因素很多，仅就广告的传播方式而言，就有广播、电视、报纸等几十种。为测试方便起见，可将变量因素尽量减少，在测试后再衡量广告所产生的效益。

单一变量测试法是一种分区比较法。例如，如果单以电视广告项作为测试目标，则可选定两个市场地区，一个地区播放这一则广告作为测试区，而另一地区则不播放，作为比较区。在预定试验期内测试其销售情况变化，并对两区进行比较，从而可以得出电视广告的促销效益。

在这种测试中，试验区的选择是至关重要的，直接关系到测试结果的准确与否。原则上，作为测验区和比较区的两个区域，在人口、地区大小、地理位置、社会经济发展水平上以及销售渠道和传播媒介的作用等各方面都应趋于一致。

（2）多种变量测试法。多种变量测试法和单一变量测试法大同小异，只是变量增加、项目较烦琐而已。以传播媒介为例，仅以报纸、广播、杂志、电视四大媒介为变量，即可组合出 16 种方式来。对这些不同组合的区域进行测试，即可反映出不同区域的广告促销作用与媒介的关系，从而可以对改进媒介策略提供意见。

但是，不管用单一变量测试法，还是用多种变量方法，其测试结果都不是绝对正确的，因此对广告效果的评定必须结合其他方法来进行。

思考题

1. 广义的广告和狭义的广告分别指什么？
2. 广告由哪些要素构成？
3. 广告有哪些不同的分类？试举例说明。
4. 广告服务的范围主要有哪些方面？

第五章
职业中介服务业

第一节　职业中介服务业的产生和发展

　　职业中介服务机构是人力资源市场的载体，职业中介服务在对促进劳动力供求均衡、减少劳动力市场摩擦、降低劳动力交易成本、促进劳动力合理流动等方面具有重要作用。其中的公共就业服务更能起到提高人力资源市场的透明度、保持人力资源市场的公平、帮助就业困难群体避免陷入不利地位的特殊作用。综观世界各国，职业中介服务在促进劳动者就业中发挥了重要的作用。

　　中国产业调研网发布的《中国职业中介服务行业现状调研分析及市场前景预测报告》（2015 年）认为：中国在改革开放和建立市场经济体制过程中，职业中介服务逐步建立和发展完善。经过 30 多年的努力，职业中介得到了迅速发展。中国职业中介机构的迅速发展得益于中国政府提供的法律和政策环境。这说明，中国职业中介在促进劳动者就业中发挥着重要作用。

　　随着自贸区的成立和发展，今后中国政府仍将大力鼓励发展私营职业中介机构，这是促进和保障劳动力市场的灵活性和提高市场效率的一个重要方面。以上海自贸区为例，在 2013 年 9 月 29 日揭牌后，上海自贸区对人才中介机构的条件放宽很多，外资猎头公司最受益。允许设立中外合资人才中介机构，外方合资者可以拥有不超过 70% 的股权；允许港澳服务提供者设立独资人才中介机构；外资猎头公司最低注册资本金要求由 30 万美元降低至 12.5 万美元。

一、职业中介服务业的产生及发展

职业中介服务业，顾名思义就是为社会提供中介服务的行业，简单地讲，中介服务行业是因商品经济不断发展、社会分工不断细化的要求而产生的，但产生和发展的过程并不是一蹴而就的。中介服务业产生发展的过程如下：

1. 简单的商品经济时代孕育了原始的中介服务业

中介服务业发展的初始阶段不能称作一个行业，那时仅仅是由较少的个人为满足简单的商品经济阶段卖者和买者之间商品与货币的实现，而提供供求和价格信息，在商品买卖人之间牵线搭桥，在这一阶段，由于交换的形式很简单，中介形式也非常单一，几乎与商人的行为相同。

2. 发达的商品经济时代促进了中介服务业的发展

随着商品经济的进一步发展，资本主义生产方式占据了统治地位，资本家手中的一部分货币变成追逐剩余价值的资本，资本逐利的本性使产业资本家生产出大量商品。这样市场交换活动日趋繁荣，交换在更大的范围和空间内展开。在这样扩展的时空范围内，买卖双方受时空限制表现得更为明显，就必须推动社会分工中能分离出更多的中间人来专门沟通，协调买卖双方的意向而促成交易，这成为促进中介服务业发展的动力之一。同时，这一阶段由于市场制度不断演进，从生产到生产、生产到消费比简单的商品经济时代包括了更多的环节，形成更多日益复杂的链条，这些环节和各个链条之间也需要有媒介的作用为处于链条两极的双方提供他们所需要的服务，保证交易顺利有序地进行。这样，伴随着市场范围的不断扩大及专业化分工的深化，从事中介服务业的个人或组织迅速发展，中介服务行业的形成初见端倪。

3. 高度发达的商品经济时代即市场经济时代中介服务业格外活跃

步入高度发达的商品经济时代，为适应商品生产和商品交换的高度发展，已经建立起完备的市场体系，一切资源的配置都通过市场来进行。市场的范围和空间更加扩大，专业化分工也更加细致，分工的深化使原有的产业结构也有了新的变化，出现了许多崭新的行业，经济活动日趋多元化，这样信息在行业与行业之间、企业与企业之间、企业与消费者之间的沟通就更是一个突出的问题，交易双方往往存在信息不对称。这时，对中介的要求不再像单一的经济活动阶段那样，仅仅依靠力量单薄的个人或简单的机构收集零星信息，就能解决行业与行业之间、企业与企业之间、企业与消费者之间交流的障碍，而是需要由高素质人才组成专业化的组织，依托知识、信息、信用、技能等才能解决这些交流中存在的障碍，减少交易费用，提高经济活动的效率。同时，由于在这一阶段一切资源的配置都通过市场来进行，政府只是对经济进行宏观调控，所以在政府、企业、市场之间也需要有这样的纽带和桥梁，它能以第三者身份为市场主体在市场进入、市场竞争、市场交易秩序、市场纠纷等方面提供验证、公证、评估、协调、仲裁等中介服务，以及从事事务代理、咨询服务、提供交易场所等专业服务，介于市场主体之间、市场主体与国家机关之间，它具有政府行政管理不可替代的服务、沟通、协调、监督等作用。中介服务业作为朝阳行业，市场经济赋予了该行业丰富的内涵和蓬勃的生命力。

二、促进中介服务业发展的主要因素

中介服务业在发展之初，只是由很少的个人在经济活动的中间阶段起过渡作用而已，中介服务的形式也只局限在较粗糙的介于生产与消费之间传递一些信息。但是随着经济的不断发展，社会分工的不断细化，由很少的个人从事的中介服务活动发展成为由专业化的组织机构来从事，特别是市场经济体制建立以后，专业化的中介组织机构迅速发展，使整个中介服务业呈现出生机勃勃之势。

1. 推动因素

随着经济发展的多元化，众多的经济主体利用专门的中介服务机构来为自己收集及时、准确的信息，以解决信息交流不对称的现象，这促使了专门化的中介机构的发展。在现实生活中，我们都能体会到，越是随着经济的发展、技术的进步，经济活动越多元化，信息就越成为突出的问题，从事经济活动的市场主体中，谁掌握了及时、准确的信息谁就取得了主动权，信息量拥有不足的市场主体在自身又不具备收集信息的优势之时就会委托专门从事信息生产的代理人或机构组织来进行信息的收集处理，谋求收集信息成本的最小化、提高交易的效率，而经济越发展、技术越进步、信息不对称问题就会越不断产生，这样专业化的经营、沟通交易双方信息的中介组织也就不断地产生和发展，正是在这一循环往复的过程中，中介服务行业不断拓展自己的生存空间。

随着经济的深化发展，众多具有专业性知识的人才逐渐从混合型的企业中分离出来为社会提供专门化的中介服务，这促进了中介服务业的不断发展。随着中国经济发展中的进步与改革，在一个混合性企业当中存在的专业化人才收益与风险的模糊性、未来的不确定性等问题迫切需要解决。企业的收益当中究竟有多少是由专业化人员提供的，具有专有性知识的个人是否能够有动力去深化其专有性知识为企业提供更高效的服务；而随着企业不断改革的需要，又对由专有性知识人才为其提供服务的需求越来越大，这样的一种矛盾只有通过将具有专有性知识的人从混合性企业中分离出，使其重新参加到能充分发挥其专业性知识的组织中去才能得到有效解决。因此，数量众多的具有不同专业性知识的专有化人才为满足社会各类需求，不断进行新的分工和重组，形成专门从事中介服务活动的组织、机构，逐渐地推动了一个行业的兴起——职业中介服务业。

在经济发展的过程中，某些经济主体为了克服主体利益的外部性，将一些业务或活动交给专门的组织来完成，这促进了中介服务机构的不断完善。在传统的计划体制下，企业的技术等创新往往发生于企业内部，这样使企业某些创新活动存在被搭便车行为，例如一项业务创新，很快被模仿，此时企业的收益发生了外部化，而企业为了研制开发这一创新项目所投入的大量成本却无人分担，成本与收益的不对称也会导致企业创新积极性下降。随着市场经济发展，企业逐步把它的一些创新活动从企业内部分离出来，交由外部的供给者，即由专业化的中介组织来提供，再通过技术服务或转让来为企业所用，这样大大地降低了企业的外部性。同时，将创新赋予市场专业化组织来完成也降低了企业的成本。

2. 制度因素

（1）货币、信用体系。货币的产生，大大地推动了交换的发展，可以说，没有货币就没有真正意义的市场经济。我们这里所讨论的市场及中介服务行业中的各专业化组织，也只有货币产生，真正意义上的市场经济建立之后，才有其产生和进一步发展的可能，我们也才重视和研究它。

（2）产权制度。社会分工的专业化是市场演进和中介服务行业产生发展的重要推动力。在市场经济条件下，依靠市场合理配置资源，各经济主体通过积极的市场交换行为追求自身利益的最大化，交换的深入使中介组织乃至中介服务行业得以产生并发展。

（3）法律制度。法律制度主要通过激励、配置、保险和约束四方面的作用，向人们提供这种旨在建立一种秩序的服务，有了法律的保障，市场才会有效、有序地运行，各个市场主体才会充分地运作，属于中介服务行业性质的组织或机构作为市场的主体，也只有在这样的环境下才会健康地发展。

第二节　职业中介服务业的概念和特点

一、职业中介服务业的概念

职业中介服务业有两个定义。第一个定义是根据经济合作发展组织（OECD）国家所运用的定义，可将市场中介服务狭义地定义为策略性的市场服务，它包括四个类型的服务：计算机软件与信息服务，研发（R&D）与技术检验服务，商业组织（包括管理咨询与劳动录用服务），人力资本发展服务（培训项目与在岗培训）。这一定义并未包括专职服务（法律事务所、会计事务所与审计服务等）。

由于专职服务无论从中国的全国范围来说，还是从地方的范围来说，都是国内许多关于规制的话题，又由于专职服务也是从事法律服务、会计与审计服务的专业人员与协会关注的话题，并且在策略性的市场服务与这种专职服务之间存在着某些相似之处，即在中国，凡是限制专职服务的各种壁垒也阻碍着市场服务业的扩展，所以，这类专职服务应该被包括进市场中介服务这一定义之中。出于这一原因，中介服务业采用广义的定义，该定义不仅包括策略性服务，而且包括专职服务，这就是关于市场服务业的第二个定义。市场中介服务包括以下内容：销售、广告与公关服务；企业构建的科学技术服务；法律服务；会计服务；计算机软件与信息过程服务；研发与技术服务；商业组织服务（管理咨询业与劳动就业人员的录用服务）；人力资源发展服务。

二、职业中介服务业的特点

职业中介服务行业作为为社会提供服务的行业，本身不直接从事有形商品的生产和经营活动，只是为市场主体提供服务或对市场主体进行监督，或沟通企业、政府、社会之间的联系。它不同于其他生产性行业，也不同于生活服务性行业，其以高智能、高技术服务于社会，服务面广、效率高，具有自身显著的特征。

1. 职业中介服务机构所从事的服务活动具有独立性

中介服务行业的机构组织是以第三者的身份从事咨询服务活动的，它不与委托它的用户及这些信息的使用者具有任何经济上的利益关系，也不依附于中介双方的任何一方或其他任何单位和组织，而是独立地从事审计、评估、验证、公证等活动。这是由市场中介机构组织的以下几个特点决定的。第一，法律地位独立。中介机构组织是独立的法律主体，享有民事权利，承担民事义务和民事责任，世界各国的民法或商法基本上都对中介机构组织独立的法律地位给予了确认。例如，德国民法就设有中介契约，《商法典》又专门规定有商业中介人，从而他们有权从事商品、有价证券、保险等多重商业交易活动。在日本，《商法典》第三编第五章也专门规定有固定营业场所，保护它们在法律核准业务范围内的商业活动在社会经济生活中具有独立的、超然的地位。第二，经济地位独立。中介机构组织的财产、经费不受制于其他单位和个人，而是像一般的企业一样，自主经营、自负盈亏、自担风险，经费的使用必须由中介机构组织自身来决定，按其自身的目的与需要进行合理支配。第三，中介机构人员独立。中介机构的设立与否不是由政府的意志决定，而是根据市场的需要决定，如行业协会作为一种社团型的民间组织，是由企业根据自己的需要自下而上自愿成立的。协会的筹备、组建机构的设置、章程的制定都由自愿参加的企业通过平等、民主的协商方式决定。一些经营性中介组织如注册会计师事务所、律师事务所则是根据市场的需要，由注册会计师或注册律师合伙发起，由合伙人出资创办，实行合伙制的组织形式，这些中介机构组织不受任何单位与组织的干预和影响，依法自愿成立，独立承接业务，人员大多实行聘任制。

2. 中介服务机构所从事的服务活动具有客观性

中介服务行业是接受用户的委托，为用户服务的，并按照服务的数量和质量向用户收取一定的费用。但是，它所提供的财产审核、资产评估、验证公证、调查咨询等服务却是面向社会公众的，必然会对社会经济活动各方面产生重要影响。例如，公司间的一切经济往来和结算都需要注册会计师出具审计证明才能得到双方的认可，业务方能进行，上市公司没有注册会计师的验资报告股票就无法交易；投资人根据有关信息了解企业的经营状况和资信情况才能决定是否投资；银行等金融机构根据有关信息了解债务人的信誉和偿债能力，才能进行正常的信贷业务；政府部门根据有关信息掌握企业的应缴税款和纳税能力，才能保证税负公平和税款如数上缴国库。这就要求中介性质必须是客观的，这是其得以存在的先决条件。中介机构组织提供客观真实的信息对于维护社会各方面权益、保持市场秩序的稳定有序、有效地监督市场主体的经济活动、促进企业的经营活动都起着重要作用。

3. 中介服务机构所从事的服务活动具有公正性

在充分竞争的市场经济条件下，作为社会经济活动的服务者与监督者，市场中介服务行业必须保持其公正性，保证执法公正、监督公正、仲裁公正，市场中介服务行业的公正性主要表现在以下两个方面：

第一，市场中介机构组织对所有客户高度负责，没有欺骗性，中介机构在开展业务的过程中必须公正无私、秉公办事、诚实可信、取信于民，不得弄虚作假、欺骗社会，因为中介人的生意取决于声誉的好坏。中介人坚持审慎、负责的原则，对自己的一切经济行为承担相应的经济责任和法律责任。第二，市场中介机构组织对客户一视同仁，没有偏袒性、不偏听偏信，更不能私下接受财物，为金钱所利诱，为权势所屈从，要坚持公正、公道、公允的原则。

三、中介服务业对国民经济发展的促进作用

研究中介服务业对促进国民经济的发展具有重要的意义，1993 年 11 月，党的十四届三中全会通过的《中共中央关于建立社会主义市场经济体制若干问题的决定》第十四条明确指出：发展市场中介组织，发挥其服务、沟通、公证、监督

作用，当前要着重发展会计师、审计师和律师事务所，公证和仲裁机构，计量和质量检验认证机构，信息咨询机构，资产和资信评估机构等，发挥行业协会、商会等组织的作用。要培育和发展社会中介组织充分体现了发展社会中介服务业的重要性。2001年3月15日，第九届全国人民代表大会第四次会议批准的《国民经济和社会发展第十个五年计划纲要》中也提到，实现中介机构脱钩改制，确保其独立、客观、公正地执业，规范发展会计、服务、法律服务、管理咨询、工程咨询等中介服务业。随后，著名经济学家吴敬琏指出：我国经济增长保持着相当高的速度，然而直到目前，我国中介组织的发展远远不能适应市场经济发展的需求，这种情况必须尽快改变，否则将会引致一系列的问题，可见中介服务业的发展与整个国民经济息息相关。

1. 中介服务行业的服务功能为经济的有效运行提供重要保障

市场经济是竞争性的经济，法制性的经济，要求市场主体在参与市场竞争过程中遵守各种法律、法规。但是，市场主体，例如大多数企业，特别是中小企业，由于人员较少，不可能拥有既懂市场竞争又懂市场运作法律规范的全面人才，因此需要中介机构的服务。很简单的一个事实，企业在市场竞争中，进入市场参与市场竞争，包括在市场中间进行各种交易，都要同其他企业签订各种合同。这些单靠企业本身的人员是不可能做到的，或者说不可能做得非常完善，这就需要各类型的中介机构为企业服务，发达国家及我国香港的实践证明，中介服务业充分发展了，各种服务到位了，就能使市场竞争有序，市场交易有效，大大促进整个经济的循环运作。中介服务行业的沟通、协调功能促进经济的顺利发展，市场经济是运用市场组织经济、配置资源的一种调节方式。在市场经济体制下，随着市场交易活动越来越频繁和活跃，市场活动主体如企业、消费者、国家之间的联系也越来越广泛，要想使多种多样、纷繁复杂的市场经济关系形成一个有序的、有效的、和谐的整体，就必须在各种关系中进行协调和衔接，而这仅靠企业、政府是做不到的。在这种条件下，市场中介服务业兴起，各类型中介机构以第三者身份在不同的利益主体之间进行协调、沟通、对话、谈判来促进它们相互的联系。中介机构在市场主体之间就好比桥梁和纽带，沟通和协调它们的经济活动，促进国民经济顺利发展。

2. 中介服务行业的公证、监督功能规范市场秩序，使国民经济健康发展

当经济的发展经历简单的商品经济阶段、超越发达的商品经济阶段进入到市

场经济阶段的时候，市场成为整个经济运行的主体，它在资源优化配置、组织经济活动、增强经济效益等方面都有重要的作用。但是市场机制也有自身的缺陷和弊端，例如有些企业为追逐利润而进行不正当竞争，唯利是图，制造、销售假冒伪劣商品坑害消费者；还有些部门在市场交易中，交易双方存在严重信息不对称问题，使掌握信息较少的一方往往在交易中处于劣势；等等。为了保障市场公平、有序、健康地发展和运行，在制定有关维护市场秩序的法律规范市场主体行为的同时，必须加强对市场主体各种活动和市场经济关系的公证和监督，在对市场主体的活动和市场经济关系进行公证和监督的过程中，中介服务行业发挥着不可替代的重要作用。

3. 中介服务行业所取得的增加值是 GDP 的重要组成部分

在市场经济条件下，凡是市场主体都有追求经济利益的权利和欲望，中介服务机构亦然，各个中介服务机构在为市场提供各类中介服务的同时追求的都是自身经济利益的最大化，而中介服务行业的众多机构都是具有服务性质的机构，应该隶属于国民经济中的第三产业部门。所以中介服务行业追求自身经济利益最大化其实质促进了整个第三产业产值的增长，而第三产业的培养和发育程度是衡量一个国家经济发展程度的重要标志。在我国目前中介服务行业正蓬勃发展，它不断地优化自身结构，通过提供更完善的服务种类和提高行业服务质量创造出了更多的增加值，这些增加值在整个第三产业所创造的增加值中占了越来越大的比重。这样的一种良好发展势头最终将会为我国 GDP 增长起到巨大作用。

第三节　职业中介服务业的分类

一、对市场中介服务业分类的目的

1. 为了更好地反映出市场中介的发展与国民经济各行业之间的联系

中介机构的最大特征是介于不同的市场主体之间为它们提供服务，随着市场经济的发展，会出现越来越多形式各异的市场主体，这样一些市场主体就需要更多的中介机构来为之提供不同类型的服务，所以了解中介机构的发展是非常必要的。而要了解中介机构的发展是否适应市场主体的需要，我们只有通过对中介机构进行分类，然后根据与其所媒介或者联系的产业来看该类中介的发展速度是否适应国民经济行业发展的需要。在我国随着专业化分工的细致，行业结构也发生了很大的变化，越来越多的行业异军突起，也出现了越来越多的市场主体，这样一些市场主体的发展迫不及待地需要市场中介的介入，因为那样可以最大程度地降低它们的交易成本，也就是说市场主体与市场主体之间的交易、联系会越来越多地依靠中介机构提供的服务，那么中介机构的形式、规模或者说质量是否满足了这样的要求，只有通过对中介机构进行分类分析才能够找到最终的答案。

2. 为了更清楚地把握市场中介的脉络

随着市场经济的发展和社会管理现代化步伐的加快，市场中介的触角已经延伸到了社会的各个层面，形成了相互分工、相互协作，包含了一系列子系统的庞大的市场中介系统，系统的构成复杂、要素众多、特征各异、功能齐全，在这样一个构成复杂的中介系统中必须划分出一个清晰的脉络。有了一个清晰的脉络，一方面，可以更好地把握中介机构与非中介机构之间的区别，了解中介机构作为介于非中介机构之间的载体，到底可以为非中介机构提供哪些服务，这样可以帮助非中介机构根据自身的目的找到能够有效地为之解决问题的中介机构；另一方面，在中介机构内部，按照不同的标准对其进行分类，可以将庞杂的系统条理化，如果不从市场中介的分类入手，不区分中介机构的性质、特征的相似性和差异性，后面我们所要做的一切研究工作都会陷入混乱。

3. 为了可以更好地反映市场中介的性质特征

市场中介在市场经济发展中的巨大作用，使得众多的学者提出了要了解和把握市场中介发展的全貌，以更好地促进市场中介的发展。通过对市场中介全貌的研究和进一步细分，可以让我们更明确地认识其作用，更清楚未来的发展方向。

4. 为了更好地管理市场中介服务业，促进市场中介服务业的发展

市场中介的发展与国民经济各行业之间有着密切的联系，所以我们要加强对

市场中介的管理，促进市场中介的发展，这也是为了满足国民经济发展的整体需要。面对众多的市场中介机构，提供众多的中介服务，要想对其进行同一规划管理显然是不科学的，我们必须通过对市场中介进行分类，通过开展统计调查所得到的数据资料来了解市场中介发展的现状，然后才能制定不同的监管措施；同时，在同类中对于各个具体的市场中介机构也应该区别对待。中介服务活动类型多样，更需要将其进行科学归类后再进行管理，假如对市场中介不进行分类研究，不反映中介服务业内部的差异和共性，那么相应的监管肯定是无力的，制定的促进中介服务业健康快速发展的措施肯定也是无效的。

二、对市场中介分类的基本原则

基于对市场中介分类的目的我们在对中介服务业进行分类时就必须遵循以下原则：

1. 科学性原则

即统计分类一定要从统计研究的目的出发，使类与类之间在某一方面具有显著的差异，而同类中各机构在该方面具有同质性，要实现这一原则，关键是正确选择分类标志和正确划分分类界限。

2. 完备性原则

是指任何一个总体单位或任何一个原始数据都能归属于某一类，而不会遗漏在外。

3. 互斥性原则（亦称不相容原则）

是指任何一个总体单位或任何一个原始数据，在一种统计分类中只能归属于某一个类，而不能归属于两个或两个以上的类，按照这样的原则才能完成对市场中介的科学分类。

4. 灵活性原则

对市场中介的分类并不是一成不变的，因为在对中介服务业进行分类的时候我们会面临这样两种情况，一种是某一个中介机构它从事了多种中介服务，我们该按何种标准来归类这样的中介机构，另一种情况是中介服务行业本身是一个新兴的行业，它会不断涌现出崭新的中介服务机构和形式多样的中介服务活动，我们必须根据具体的情况来作相应的处理。

三、按不同标准对市场中介进行分类

市场中介，可以按照其从事的业务或活动不同分类，也可以按照从事这些业务或活动的主体，即机构单位来分类，以下我们就将做具体的分类：

1. 按市场中介从事的不同业务，提供的不同服务来分类

按照我们对中介服务业进行统计界定的概念，可以很直观地将中介服务活动分为三类。第一类是提供策略性服务。例如信息咨询服务，研发、R&D 及综合技术服务，人力资源发展服务。第二类是提供专职服务。例如会计服务，审计服务，统计服务，法律服务，税务代理，金融、保险、证券服务，房地产服务，销售、广告服务，文化、教育、体育中介服务。如果提供的服务是为企业、公司或其他团体的员工进行培训、咨询等就应该算作策略性服务类。但如果是人才市场或猎头公司专为人才去向提供的服务，就应该属于专职服务，这应当具体问题具体分析。第三类是社会团体提供的中介服务。将社会团体单独列出来是因为其提供服务的性质，从理论上来讲应该是不具有营利性质的，故单独列出。

2. 按照中介服务活动涉及的领域和功能不同来分类

（1）评价、审查和监督型。这类中介机构提供的服务主要是为确保市场竞争的规范性、有序性、社会监督性职能，如会计师、审计师、事务所、税务师事务所资产评估机构、公证和仲裁机构等。在我国计划经济体制下，这些职能是由政府来直接行使的，随着向社会主义市场体制的转化，政府职能发生转变，原先的直接管理变为间接的宏观调控，上述评价、审查和监督功能从政府转移出来由市场中介来承担。

（2）信息咨询技术服务型。这类中介提供的服务主要是为市场主体收集信息或为市场主体推广信息，对市场的发展做出预测和规划等前瞻性的服务工作或通过技术转移推动企业技术创新，如信息公司、咨询策划公司、技术转移代理公司、技术监测局等。这些中介服务在很大程度上为市场主体节省了时间和资金，

降低了社会交易成本和外部性，深受企业的欢迎。

（3）金融服务型。在金融领域信息不对称，道德风险等问题尤为突出的经济环境下，交易双方的一方往往存在由于掌握消息的不准确或者滞后而导致交易混乱，严重的时候甚至会引发金融危机，而金融中介机构的出现在一定程度上使这些问题得以控制，风险得以化解，并能在资本、货币市场上迅速筹集资金，弥补资金不足的部门发展需要，这类中介机构的出现使我国金融体制改革得以顺利发展，所以大力培养高品质的金融中介组织是中介服务行业发展的一个重点。金融服务型的中介机构主要包括银行和非银行中介机构，非银行中介机构具体包括信托投资公司、国有资产投资公司、证券公司、投资基金公司、融资租赁公司、典当拍卖行、证券交易所、期货交易所、保险代理公司等，金融中介在我国近年来的发展尤为突出，这也是金融作为经济发展中心的有力证明。

（4）自律自治型。该类中介主要是指行会、协会、商会等，它们提供的服务主要是对行业内部进行自律性管理，制定行规和公约，约束行业内成员的市场行为，维护行业成员的合法利益，开展行业内部相互间的交流。另外，它们对外代表本行业与主管部门或政府机关沟通协调，结合行业特点向政府反映意见和建议，为政府制定政策和法律、法规提供依据。

（5）其他类型的中介服务。该类中介服务包括为市场主体实现某一具体的目标提供代理服务的，或者为了市场主体之间的交流交易等发挥媒介作用的。虽然说市场中介整体都是为了发挥媒介作用，但是如我们前面划分出来的评价、审查和监督型的中介服务，主要是为了维护市场主体的利益，站在很客观的角度来发挥中介作用，再如我们所说的信息咨询类中介服务，多少带有一点科技或者技术的性质，而单独列出的金融中介又是由于金融是经济发展的中心，该类中介是发展市场中介的重点。其他类型还有如为了房地产交易、人才交易或为商贸、投资、文化、教育、体育等发展提供中介服务的组织机构。

3. 将中介服务活动按照不同的特性作为标准来分类

（1）信息咨询类。该类别包括提供各类信息服务，比较丰富。例如有的提供商贸信息、投资经商信息、产品信息，或为企业管理、工程管理提供信息咨询服务，还包括提供各类策划服务等。

（2）研发 R&D 及综合技术服务类。它包括提供各类技术创新转移代理，孵化创新服务或专利商标等的代理服务，同时也包括提供各类技术监督服务等。

（3）人力资源发展服务类。其包括为人才交流、人才培训等提供的中介服务。

（4）会计服务、审计服务、统计服务、税务代理服务可归为一类。它们都是直接面向市场主体，为市场主体如企业、公司等参与市场竞争提供财务、资产核算，评估审核和咨询等中介服务的。

（5）法律、公证服务。它们都是为了保护市场主体的财产、权益等提供法律咨询、监督等中介服务的。

（6）金融、保险、证券服务。金融是经济发展的中心，单独将其列为一类，也是为了突出它在经济发展中的重要地位。

（7）房地产经纪及代理服务。房地产中介服务主要是为促进房产交易、房产估价等提供服务，建设部《关于修改城市房地产中介服务管理规定的决定》已经于 2001 年 7 月 23 日的建设部第 45 次常务会议审议通过，可见房地产中介服务的发展也是整个中介服务业发展的重点。

（8）销售、广告服务。广告服务在营销与企业组织过程中起着日益重要的作用。

（9）文化、教育、体育经纪或代理服务。经济发展将文化、教育、体育等作为产业来发展，这样的转变自然离不开媒介的作用。目前，在我国文化、教育、体育中中介服务日益增多，成为市场中介发展中的亮点。

（10）社会团体。这类中介服务多是应行业自律或应政府管理的需求而提供的，这些服务多不以营利为目的。

（11）其他类，随着中介服务的发展，必将出现越来越多的中介服务，同时由于还有地区差异的存在，上面设计的分类不一定涵盖实际中存在的所有中介服务类型，故应该有适当的调整和补充。

4. 对不同的中介机构按照机构的不同性质特征来分类

中介机构纷繁复杂，根据中介机构的定义，再参照国民经济行业分类与代码 GB/T 4754 94 里面的机构类别可知，如：信息公司，管理咨询公司，策划公司技术转移代理公司，孵化创新型公司，技术监测、质量监督局，专利、商标代理机构，职业介绍所，人才交流培训中心，猎头公司，会计师事务所，资产评估事务所，审计事务所，律师事务所，公证处，仲裁委员会，税务事务所，银行，信托投资公司，国有资产投资公司，证券公司，投资基金公司，融资租赁公司，典当拍卖行，证券交易所，期货交易所，保险代理公司，房地产交易所，房地产估价所，广告公司，文化经纪人公司，教育交流及中介人公司，体育经纪人公司，各种行会、协会、商会等都属于中介服务机构。如此庞杂的中介机构、组织，它们有不同的服务对象，不同的组织形式，承担的社会职能不同，运营的目的也各不相同，基于这些不同，我们将众多的中介机构做一个科学的归类。

（1）根据市场中介服务的对象来分类。

第一类是直接为市场主体提供各种服务的机构，主要有为企业参与市场竞争提供财务会计核算、评估、审计、咨询等服务的会计师、审计师、税务事务所及重点为企业股份制改造提供评估服务的资产评估机构；为企业和家庭提供法律咨询服务的律师事务所；为保护市场主体的财产、权益等提供公证服务的公证处；为房地产交易提供服务的土地、房屋估价机构；为促进市场发展的信息咨询机构；为调节市场纠纷的协调机构，如仲裁委员会；还有为监督市场活动服务的技术监测、质量监督局等。它们都直接受客户委托，为客户提供服务。

第二类是介于各种市场交易活动之间为市场主体提供服务的经纪人组织，分为自然人经纪人和法人经纪人。自然人经纪人是指单个人的经纪人，有商品交易、金融市场、期货市场、房地产、保险、旅游服务、科技成果转让以及文化、艺术、体育等不同领域的自然人经纪人。法人经纪人是经纪人的公司化或组织化，它起的是经纪人作用，但不是单个的人而是一个公司，法人经纪人在国际上最有代表性的是证券交易所和投资基金公司，在组织生产要素市场上，大的经纪人公司如证券公司、证券交易所、房地产交易公司、人才交流中心等既是市场活动走向高级化的结果，也具有处于生产要素交易中间，促进生产要素交易的中介组织的属性。

第三类是以某类商品、劳务的生产经营者为基础，由有关企业或个人自愿参加协商共事的组织，例如行业协会、同业公会和商会等，其服务的对象是行会的成员，宗旨是维护行会成员的共同利益，其主要功能和作用是制定行业内的规章制度，以维持本行业从事活动的正常秩序，推动行业的发展，协调行业内部成员的关系，并代表该行业加强和政府之间的沟通，是政府与企业联系的桥梁，该类中介服务机构在世界经济发达国家受到广泛重视和发展，在日本几乎所有行业都成立了各自的行会组织，各种行会纵横交错，在美国也有20多万个行业协会，其中近2万个是全国性或地区性的行业协会，行业协会是现代市场经济条件下对行业进行管理最重要的组织形式。

（2）根据市场中介的组织形式来分类。

第一类是官方或半官方性质的团体型组织。如各级工商联、各级公证处、劳动争议仲裁委员会等，这类组织的特点是依据有关法律成立或由政府发文组建，由政府任命机构的领导，政府授权从事专项的经济管理活动，其经费由政府资助，同时也为企业和公司从事一些中介性质的协调和服务，虽然我们在这里提出了半官方性质的团体型组织，实际上目前在我国半官方与官方是没有严格界限的，很多中介机构与政府都没有彻底脱钩，执行职责时也总是与政府机构有千丝万缕的联系，但随着市场经济的发展，要求代表着政府的半官方类型的中介组织独立来管理经济运行中的某些事务，协调经济运行，但如何使得那些具有浓厚官方色彩的中介机构得到改革，是研究中介服务机构发展的重要症结之一。

第二类是民间性的综合性商会、行业协会。这类中介组织是由民间自下而上自愿组织起来的，以工商企业为基础的组织，如各类型的行业协会、商会、个体劳动者协会、企业家协会等。这些行业协会、商会集中反映了工商界的愿望，代表了某一行业或某些集团的利益，从事专项服务，这类组织在机构上一般都实行会员制，其经费来源一部分是会费，另一部分是咨询服务费。

第三类是公司型的组织。凡是以提供服务来收取中介费，并以营利为目的的中介组织都应该算作公司型的组织。这类中介很多，业务范围很广，无论是在策略型服务还是在专项服务领域，都有很多机构是属于公司型的。它们向社会提供有偿服务，在国家法律和政策规定的范围内进行独立经营、自负盈亏、自我发展、自担风险，是具有独立经济利益的经济实体，例如金融类中介机构，信息咨询、技术服务类中介机构，广告公司，文、教、体经纪人公司等都是属于该类型的中介机构。

第四类是事务所型的组织。实际上这类组织也是属于公司型的，实行自主经营、自负盈亏，但这类机构的特点是组织名称上都冠以事务所，意在突出其从事专职性服务的特点，例如会计师事务所、审计事务所、律师事务所、资产评估事务所、税务事务所、房地产估价所等。它们工作的重点在评估、审核、监测、监督等方面。

（3）根据在市场经济运行中的社会职能分类。

第一类是公平维护型。这类机构的职能是依法为市场主体进入市场和公平交易提供资信验证、公证等，公正地评估、重估、估算市场主体的资信状况以及市场主体所有或占有资产的价值，为促进市场公平交易提供计价依据，如会计师事务所、资产评估事务所、房产评估事务所、律师事务所、公证处、技术质量监督认证机构等。

第二类是市场发展型。这类机构的职能是为市场主体的发展提供各类服务，如广告公司、商标公司对企业形象的推广起到很大的作用，技术转移代理和孵化创新型公司为推进企业技术创新服务，特别是孵化创新型公司，它是科技中介与风险投资相结合的产物，可为高科技企业提供资金信贷、厂房设备租赁、职员招募和技术培训、职业再教育、新产品鉴定、质量认证、经营管理咨询、市场开拓等多方面的服务。另外，信息咨询公司、策划公司主要是为企业收集、处理信息服务的，极大地降低了企业运作的交易成本。

第三类是公正仲裁型。这类组织按照仲裁法及有关规定，专门处理市场主体之间因交易产生的纠纷，保证市场正常运转，如劳动争议仲裁委员会、经济合同仲裁委员会、技术合同仲裁委员会等。

第四类是市场嵌入型。这类中介机构又分为两种类型：一类是为市场交易双方提供必要的服务，规范和监督交易行为，为各种生产要素的流通交易提供正当的合法的场所，平等的竞争环境以及必要的规则，为促进生产要素合理流动以及市场合理配置资源提供保证。如证券交易所、期货交易所、产权交易所、拍卖典当行、人才交流中心等，还有如国有资产投资公司，它介于政府和企业之间，对有关企业国有资产进行产权经营管理。另一类市场沟通型组织，是指那些在文化、教育、卫生、公共福利方面起中介作用的机构，包括各种学会、研究会等，为改善社会公益事业提供捐资集资渠道，这类中介活动范围广泛，还可以开展国际性的沟通协作。

第五类是市场代理型。这类机构通过其代理业务，一方面可以减轻市场主体的烦杂事务，在一定程度上使市场主体避免责任风险；另一方面也可以减轻政府机关直接处理具体事务的压力，缓解企业与政府部门之间的矛盾。如税务代理，专利、商标代理等，市场代理型的中介机构还包括那些在文化、体育、教育等领域从事代理或经纪事务的机构，这些代理公司或经纪公司在一定程度上使那些在体育、文娱方面具有潜质的资源得到更为优化的配置，这也是把文化体育办成产业的基础。在国外，文体经纪人或经纪公司发展得较早，对于推动他们国内文化体育事业发展起到了很大作用，我国在这方面起步较晚，出现的文体经纪人、经纪公司在很多方面都应该向国外成功的案例学习。

第六类是协商协调型。这类机构的职能主要是协调企业之间、行业之间的关系，沟通企业与政府之间的联系，并对本行业进行自律管理，如各类行会、协会等。该类机构在政府机构精简与职能转变的改革中扮演了重要的角色，政府把以前对企业直接行使的权力交给了这些行业协会来执行，行业协会是独立于企业、行业和政府的组织。

（4）根据市场中介的运营目的不同分类。

第一类是营利性的市场中介。这类中介组织具有一般企业的属性，实行独立核算、自主经营、自负盈亏，各类中介组织中凡是在工商部门登记注册的都应该属于该类性质的市场中介。正是由于它们属于营利性组织，才会为国民经济创造更多的增加值，市场中介属于第三产业的范畴，所以它们创造的增加值也归于第三产业的增加值中，而目前衡量一个国家经济发展水平的高低，第三产业的发达程度是一个十分重要的标志。

第二类是非营利性市场中介。这类组织包括前面我们所提到的半官方性质的团体型组织和民间性的综合性商会、行业协会，它们大多在民政部门登记注册，这些组织有应政府要求设置的，更多的是工商团体出于维护工商企业的利益而自愿成立的，其目的是从事一些对控制资助它们的工商集团互惠互利的活动，经常代表某集团进行公开的宣传活动，或向因某种原因陷于困境的成员提供咨询和帮助，并向政府反映本行业的一些意见和建议，同时也代表政府对本行业的发展进行监督，是联系政府和企业、行业的桥梁，其经费是由政府资助或者由会员单位缴纳、捐助的。

第四节　职业中介服务业的发展前景

党的十七大把自由贸易区建设上升为国家战略，党的十八大提出要加快实施自由贸易区战略。党的十八届三中全会提出要以周边为基础加快实施自由贸易区战略，形成面向全球的高标准自由贸易区网络。中国将进入服务消费的快速增长期。发展服务业和服务贸易，有利于优化我国的经济和贸易结构、促进经济发展方式的转变，是中国转方式、调结构的主攻方向之一。随着我国经济的发展和人民收入水平的提高，城镇化进程不断加快，进一步促进了企业、居民消费需求结构发生变化，服务消费已经成为拉动我国内需的重要动力。

自贸区战略的发展促进了职业中介的发展。以上海自贸区为例，从上海自贸区金融等六领域扩大开放总体方案中来看，在金融服务领域、航运服务领域、商贸服务领域、专业服务领域、人才中介服务领域、文化服务领域、社会服务领域七大领域都制定了新的开放措施，对职业中介的发展起到巨大的推进作用，可以得出，未来职业中介的发展面临巨大机遇。

一、职业中介服务业在我国的发展现状

改革开放以来，我国中介服务业呈现蓬勃发展之势，从无到有，从小到大，种类繁多，涉及全国国民经济和社会发展的各个领域，已经成为一个完整的服务体系。中介机构数及从业人员呈逐年增长之势。特别是党在十五大做出建设中国特色社会主义市场经济体制的决定后，对经济体制和政治体制进行了重大改革，政府对经济的干预手段发生了很大改变，从过去的直接管理企业转变到通过制定宏观经济政策来干预经济生活。政府管理职能中一部分直接涉及微观经济的职能被弱化，社会中介组织应运而生，这些社会中介组织承担了这部分从国家管理部门中分离出来的职能，在经济生活中起的作用越来越明显，发展的势头十分强劲。

1. 服务行业领域宽广

目前，我国中介服务机构包括会计师（审计）事务所、财会咨询公司、律师事务所、税务师事务所、资产评估机构、土地估价机构、房地产评估机构、房地产经纪咨询机构、价格事务所、工程造价咨询（审计、审核）机构、专利代理机构、科技咨询机构、质量检验机构、测试机构、职业（人才、劳动力）介绍机构及相关行业协会、工会和管理中心等。由此可见，中介服务机构不仅发展迅速，而且其服务领域十分宽广，已经涉及会计审计、法律服务、评估监理、技术咨询、招标、拍卖、房产、婚介、职介、广告设计服务等众多领域，成为经济生活中一个不可缺少的重要组成部分。

2. 民营成为主体

随着经济体制改革步伐的整体推进，国有企业、集体企业基本完成产权制度改革，民营企业经济得到长足发展。在中介服务行业领域同样如此，一方面，加快了中介结构与政府部门的脱钩工作，使其改制为民营；另一方面，大量民间资本进入中介服务领域，民营中介得到迅速的发展壮大。

3. 贡献作用巨大

作为政府职能部门和企业之间沟通桥梁的各类中介机构，不仅在维护正常的社会经济秩序、保证市场竞争的公平和公正、降低整个社会的交易成本、适应政府职能转变等方面发挥了重要的作用，而且在推动全国企业改革和增加就业方面贡献巨大。一是推动了国有企业、集体企业改革。在改革中中介服务机构功不可没，大量的中介机构参与了企业改革中财务审计、评估、效绩评估等工作，推动了企业改革步伐。二是民营中介机构的快速发展，不仅增加了就业岗位，而且在这些中介服务机构的服务下，不少国有企业、集体企业的下岗职工也实现了再就业，缓解了就业压力，为维护社会稳定做出了积极的贡献。

尽管如此，还是存在一些问题：我国的服务业发展得尽管迅速，为社会发展做出了贡献，但总的来说，中介服务业还不适应市场经济的发展要求，不仅自身结构性的矛盾十分突出，外部制约因素也不少。从行业内部来看，主要表现为以下几个方面：一是企业规模较小。二是人员素质差。少数地区经济鉴证类中介机构的人员素质较高，有80%以上的人员接受过专业知识的培训与教育，多数人员有大专以上的文凭，并取得了从业资格证书；多数的中介服务机构从业人员接受的教育水平则相对较低，基本上是初中或是高中毕业生，多数人没有接受过专业的业务培训，因此整体而言，中介服务业的从业人员的素质较低。三是服务水平低。由于人员的素质较低和经济实力不强，受服务手段落后等因素的制约影响，我国中介服务水平整体不高。主要集中在与老百姓日常生活相关的职介、房介、婚介等领域，而投资咨询、技术服务等服务水平还远远不能适应当前经济社会的发展需求。四是发展不协调。在我国东部地区服务业发展最快，相对服务的水平也就相应提高了；中部发展的速度就相对弱于东部发展，最缓慢的区域属于西部地区，还有待于进一步提高和改进。五是违规的现象多。在日趋激烈的市场竞争中，受经济利益的驱动，中介机构的经营行为不规范，低价竞争、虚假评估（验资、审计）、乱收费、利用合同欺诈等不规范行为时有发生。

二、我国职业中介服务业的发展机遇

经过二十年的发展，我国的中介服务业领域已经渗透到经济活动的各个方面，成为维护经济秩序和推动经济发展的重要手段之一。随着改革开放和现代化建设的加快，对中介服务业的需求也越来越大，中介服务业面临难得的发展机会。

首先，建立和完善社会主义市场经济体制需要加快中介服务业的发展。经济发展的体制环境和市场供求关系发生了重大的变化。商品短缺状况基本结束，迫切需要中介组织沟通协调好各生产要素的供给与需求，促进公平合法交易，为企业生产和发展提供便利。市场化改革使企业对中介服务的需求不断增加。

其次，中国应对加入WTO后的各种挑战，需要加快中介服务业的发展。加入WTO后，市场竞争化程度越来越高，各个领域均加快了融入国际产业化结构调整的过程。WTO是以市场经济、规则经济为基础的国际经济组织，要求建立有秩序、讲信誉的市场经济，这种市场经济是建立在信用基础上的契约经济。诚实守信对于市场主体的交易行为有重要的意义，是市场经济发展的动力和市场经济的基础。信用体系对国家经济的规模、水平和竞争力产生决定作用。良好的商业信誉是扩大市场份额、增强竞争力的重要前提。诚实守信会形成无形资产，所谓的品牌效应、名牌产品，不但其使用价值（质量、花色、款式、性能等）可靠，而且还是一种文化品位的标志。中国非常需要中介组织提供市场供求信息。当前中国经济活动中存在的许多问题都与中介组织发育不成熟，提供的中介服务不足有关。开放中介服务市场，允许外国中介服务组织进入中国市场，开展自由竞争，向国内企业与人员以及在华投资的外国企业与人员提供服务并获得收益，这将对我国中介组织、中介服务业产生前所未有的影响，既有不可错过的机遇，也有严峻的挑战。必须抓住机遇，及早应对，加速推进中介服务业的结构调整，培育和壮大骨干龙头中介服务业的规模，不断提升整体服务水平和竞争能力，否则，中介服务业将受到巨大的冲击，将无情地被市场所淘汰。我们需要借鉴国际先进的理念，改造、提升传统的中介服务业，大力发展新兴中介服务业，优化提升消费性中介服务业，培育发展生产性中介服务业，扩大开放，提高竞争能力，抓住我国服务领域对外开放的机遇，加快对外开放的步伐，大力引进并吸收国际知名中介服务机构的先进理念、管理经验和资本，提升整个行业的水平和档次。

培育人才，确保越做越好，积极实施人才强市战略，进一步完善用人、育人、引人三个环节的人才政策，下大力气、花大本钱构筑中介服务业的人才高地，形成具有高级职称、业务能力强、客户资源丰富的中介机构，使我国的中介服务业越做越强。

最后，中国实施自由贸易区战略后，进一步为职业中介发展带来巨大机遇。以中国（上海）自由贸易试验区为例，建立后服务业增加了开放措施。

1. 金融服务领域

（1）银行服务开放措施。第一，允许符合条件的外资金融机构设立外资银行，符合条件的民营资本与外资金融机构共同设立中外合资银行。在条件具备时，适时在试验区内试点设立有限牌照银行。第二，在完善相关管理办法、加强有效监管的前提下，允许试验区内符合条件的中资银行开办离岸业务。

（2）专业健康医疗保险开放措施。试点设立外资专业健康医疗保险机构。

（3）融资租赁开放措施。第一，融资租赁公司在试验区内设立的单机、单船子公司不设最低注册资本限制。第二，允许融资租赁公司兼营与主营业务有关的商业保理业务。

2. 航运服务领域

（1）远洋货物运输开放措施。第一，放宽中外合资、中外合作国际船舶运输企业的外资股比例限制，由国务院交通运输主管部门制定相关管理试行办法。第二，允许中资公司拥有或控股拥有的非五星旗船，先行先试外贸进出口集装箱在国内沿海港口和上海港之间的沿海捎带业务。

（2）国际船舶管理开放措施。允许设立外商独资国际船舶管理企业。

3. 商贸服务领域

（1）增值电信开放措施。在保障网络信息安全的前提下，允许外资企业经营特定形式的部分增值电信业务，如涉及突破行政法规，须经国务院批准同意。

（2）游戏机、游艺机销售及服务开放措施。允许外资企业从事游戏游艺设备的生产和销售，通过文化主管部门内容审查的游戏游艺设备可面向国内市场销售。

4. 专业服务领域

（1）律师服务开放措施。探索密切中国律师事务所与外国、中国港澳台地区的律师事务所业务合作的方式和机制。

（2）资信调查开放措施。允许设立外商投资资信调查公司。

（3）旅行社开放措施。允许在试验区内注册符合条件的中外合资旅行社从事除台湾地区以外的出境旅游业务。

（4）人才中介服务开放措施。第一，允许设立中外合资人才中介机构，外方合资者可以拥有不超过70%的股权；允许港澳服务提供者设立独资人才中介机构。第二，外资人才中介机构最低注册资本金要求由30万美元降低至12.5万美元。

（5）投资管理开放措施。允许设立股份制外资投资性公司。

（6）工程设计开放措施。对试验区内为上海市提供服务的外资工程设计（不包括工程勘察）企业，取消首次申请资质时对投资者的工程设计业绩要求。

（7）建筑服务开放措施。试验区内的外商独资建筑企业承揽上海市的中外联合建设项目时，不受建设项目的中外方投资比例限制。

5. 文化服务领域

（1）演出经纪开放措施。取消外资演出经纪机构的股比限制，允许设立外商独资演出经纪机构，为上海市提供服务。

（2）娱乐场所开放措施。允许设立外商独资的娱乐场所，在试验区内提供服务。

6. 社会服务领域

（1）教育培训、职业技能培训开放措施。允许举办中外合作经营性教育培训机构；允许举办中外合作经营性职业技能培训机构。

（2）医疗服务开放措施。允许设立外商独资医疗机构。

以上各项开放措施只适用于注册地在中国（上海）自由贸易试验区内的企业。由此可以看出，中国自贸区战略给职业中介带来的机遇是巨大的。

三、促进职业中介服务业发展的措施

1. 加快优化中介服务业结构

要以市场化和专业化作为方向，重点抓好对社会主义市场经济体制构建和经济发展有重大影响的中介机构的发展和规模工作。

大力发展信息、金融、保险及会计、咨询、法律服务、科技服务等中介服务行业，推动其上档次、上规模，提高企业竞争实力，各省市重点培育和发展上规模、服务质量较好、能参与市场内外竞争的社会中介服务机构，各区县要从当地中介机构需求的实际出发，侧重先发展那些急需的中介机构，逐步发展，不断完善。此外，加快发展和培育骨干中介服务企业。积极引导和支持中介机构采取联合、重组等方式进行优胜劣汰，优化人员配置，壮大企业规模，提高综合竞争力。对规模较小、人员老化、业务素质较差、执业资格单一的中介机构要促使其合并，减少数量，提高质量，改变中介机构"多、小、差"的状况。鼓励中介机构在自愿的基础上实行资产重组，优化资源配置，壮大规模，提高水平，做大做强，立足服务本地，放眼国际市场，加大招商引资，鼓励强强联合，整合市场资源，组建跨区域、跨行业的中介集团公司，创立具有国内竞争力的中介品牌公司参与市场竞争，进行扩张发展。

2. 规范执业资格审查制度

我国采取双重执业资格审查制度，建立各行业协会，由其负责个人执业资格的制定与审查。不仅要对从业人员的业务能力，还要对其职业道德标准做出明确的规定，尤其要加强对其信用史的考察。对合格人员颁发证书、证件，坚持从业人员持证上岗的基本原则。行业协会和职业资格审查委员会要进行沟通与协商，以保证制定的中介组织和个人的执业资格标准统一规范，而不相互矛盾和冲突。另外，行业协会还要担当起协助国家制定相关产业政策、对本行业进行宏观管理的重大任务，制定本行业的发展方针和规划，加强对本行业中介组织的业务指导和监督，促进本行业健康发展。

3. 完善法律体系与加强行业自律

首先，要制定一部中介行业的基本法。基本法要从宏观上对中介组织的地位、性质、功能、资格确认程序等做出明确规定，为中介行业的发展提供一个基本的法律框架。

其次，一方面，要明确中介组织及从业人员在市场中的法律地位、权利、义务，保证他们在执业过程中的独立性、公正性、权威性；另一方面，要用法律手段对中介组织及人员的执业行为进行规范，逐步把整个中介服务业的发展纳入法制化轨道。

最后，在行业自律方面，行业协会要承担起主要责任。要严把从业人员质量关，明确规定执业人员的学历、工作经历、诚信历史等。要制定本行业中介组织及执业人员的执业行为规范，明确本行业工作的指导思想和原则等。要对中介组织及执业人员定期进行审查，对违反相关规定的要予以严厉的制裁，甚至取消其执业资格。

4. 树立和强化诚信意识

为了从根本上消除目前的诚信危机可以从以下方面入手：

首先，政府部门及新闻媒体要大力宣传，努力营造一个倡导诚信、崇尚诚信的社会氛围，帮助人们树立诚信意识。

其次，政府部门要出面组建诚信管理委员会，建立中介组织及从业人员的诚信档案，加强对中介组织及从业人员行为的监督和审查，建立中介组织信用等级的评估体制，对其信用状况进行评估，并定期向社会公布。对于在诚信方面做得好的，要予以公开表扬，树立其典型形象；对于有失信行为的中介组织及个人，要予以严厉惩罚，如取消整个组织及个人的执业资格，给予失信中介组织及主要当事人由其失信行为所造成的经济损失数倍的罚款，甚至让其永远失去生存和发展的能力，使中介组织及从业人员不敢越雷池半步。

再次，在中介组织内部要逐步形成以诚信为核心的企业文化，使诚信成为企业及从业人员的基本价值观和行为指导准则。中介组织各项规章制度的制定也要以诚信为基本指导思想。

最后，要缩小公众对中介组织诚信度的期望值。通过宣传教育使他们认识到，中介组织也具有营利性目的，为了追求利润最大化，不可能完全按照道德标准去开展业务活动；另外，由于中介业务的复杂性，中介组织不可能做得尽善尽美，准确无误。

5. 积极拓宽业务领域

随着自贸区战略的实施，针对目前国际上中介组织多元化、集团化道路发展潮流，我国一些有条件的中介组织应根据实际情况进行合并与重组，建立综合性中介组织，努力向国际市场拓展业务，或采用自由连锁的方式组建连锁店，扩大组织规模、提高竞争力，如美国的"威茨特"经纪人组织有6000人，组成了跨洲的连锁店。

当然，也可采取其他方式，如北京出现的一家房屋中介超市——国东房屋中介超市就是一个很好的尝试。各个房地产经纪机构、经纪人或自然人以签约承包的形式入驻超市，他们可以自行开展房屋买卖、租赁等业务，但与客户签约、交个人房款都要以国东房屋超市的名义进行，超市只收取一定的管理费用，不参与他们的利润分成。这样可以大幅度降低市场运营成本。对于没有条件扩大规模的中介组织，则应充分发挥自身优势，集中发展自己市场竞争力比较强的业务，或进行更加细致的市场细分，打入大型中介组织不愿涉入的市场，开展新的业务，走专业化发展道路，逐渐做大做强。

6. 努力加强内部管理

在中介组织内部建立健全各职能部门，实施专业化分工，提高管理效率。制定和完善内部的各项规章制度，使各项活动有章可循。制定中介组织的长远发展战略，防止短视行为，并保证发展战略的连续性和稳定性。转变从业人员的思想观念，树立风险意识，提取风险基金或购买商业保险，建立健全风险预警机制和防范机制，加强风险管理。积极推进各种创新活动，如营销创新，加强客户关系管理，建立客户档案，为客户提供个性化服务。丰富服务手段，积极采用信息技术和网络技术，提高服务效率。大力推行ISO9001国际服务质量认证体系，实施全面质量控制，建立健全全面质量控制的方针政策和各项质量控制程序，规范服务标准，提高服务质量，树立良好形象和品牌意识，走品牌化发展道路，打造民族中介组织的世界品牌。加强中介组织的人力资源管理，提高人员素质。制定和完善人事任免制度、考评制度、奖惩制度和激励机制，充分调动员工的积极性。在人员的任用上不仅要看专业能力，还要考察职业道德水平。加大对人力资本的投入，注重员工的经验积累和知识更新，帮助员工提高自身素质。此外，还要加强行业协会及中介组织之间的业务交流与往来，提高从业人员的业务能力。

7. 自贸区战略促进作用

加快实施自由贸易区战略是我国新一轮对外开放的重要内容。党的十八大提出加快实施自由贸易区战略，十八届三中全会、五中全会进一步要求以周边为基础加快实施自由贸易区战略，形成面向全球的高标准自由贸易区网络。全球范围内自由贸易区的数量不断增加，自由贸易区谈判涵盖议题快速拓展，自由化水平显著提高。我国经济发展进入新常态，外贸发展机遇和挑战并存，"引进来""走出去"正面临新的发展形势。加快实施自由贸易区战略是我国适应经济全球化新趋势的客观要求，是全面深化改革、构建开放型经济新体制的必然选择。这些政策的实施将极大增加就业岗位，扩大劳动就业机会，增强地区就业率，为职业中介的专业化和国际化带来更大的发展机遇。

思考题

1. 什么是职业中介？
2. 自贸区战略对职业中介发展有何促进作用？

第六章
咨询与行业分析服务

第一节　咨询业概述

"咨询"一词，在汉语中有商量、询问、谋划和征求意见的含义。最初，"咨"和"询"为两个词，"咨"表商量，"询"表询问。"咨询"一词最早见于《诗经》，其中有"载驰载驱，周爱咨询"的诗句，意思是说，君遣使臣，要使臣悉心察访民间疾苦以告天下。古代为统治者出谋划策的谋士、谏臣、军师和食客等就是专门从事咨询活动的人员。当然，中国古代所从事的咨询活动以及对咨询一词的理解，都具有较大的随机性、随意性，跟现代咨询活动是不可同日而语的。

在英语中，与"咨询"相对应的是动词 consult 和名词 consultation，法文为 consulter，皆来源于拉丁文 consulto，意为磋商、顾问、评议、诊断、了解意见等。还有国外学者从行为学的观点出发，将咨询称作一种"介入"和"干预"。在日本，人们称咨询为"诊断"。1972 年英国出版的《牛津词典》给咨询人员所下的定义是"胜任提供专业建议和服务的人"。1982 年美国出版的《咨询工程师》一书为从事工程咨询的工程师所下的定义是"咨询工程师是在计费的基础上，为客户提供专业工程服务的独立的专业工程师"，"他们出卖的是服务、知识和判断"。

现代咨询业是人们对第三产业中以智力型服务为特点的新兴行业的总称。它以科技为依托，以信息为基础，综合运用科学知识、技术、经验、信息，按市场机制向用户提供各种有充分科学依据的可行性报告、规划、方案等创造性智力服务，为解决政府部门、企事业单位、各类社会组织面临的复杂问题提供帮助。作为一种智力密集型的知识服务性产业，咨询的现代意义是指来自个体和组织外部的专业化技能，它以专门的知识、信息、经验为资源，针对不同的用户需求，提供解决某一问题的方案或决策建议。为了有效促进我国自贸区建设、增强自贸区企业竞争力，有必要完善自贸区咨询服务体系，提供更加专业化的政策、信息、技术、管理等咨询服务。

一、咨询服务内容

咨询业的服务内容十分广泛，涉及社会、经济、科技各个领域，包括政治、经济、财政、金融、管理、法律、环境、生活等各个方面，它的发展对于提高决策和管理的科学化起着重要作用。结合我国咨询服务的实践以及自贸区的实际需求，咨询服务内容大体可分为如下几个方面：

1. 政策咨询

政策咨询又称综合咨询，主要是针对自贸区及相关企业的带有战略性、综合性的重大决策问题，包括编制自贸区发展规划和企业经营战略，组织多学科、跨行业的专家、学者就相关课题进行调查研究，探索发展趋势，制定相应对策，编制研究报告，为各级决策部门提供咨询服务。

2. 管理咨询

这类咨询主要以自贸区企业经营管理为主，目的是对自贸区企业经营管理作出评价、建议，为企业提供改善管理的手段，因此也称为"企业诊断"。自贸区企业管理咨询包括组织机构、企业制度、企业形象设计、企业信息化管理以及计划生产、市场、销售、技术、质量、财务、劳动、人事、设备、仓库、安全、信息等方面的管理咨询。

20 世纪 80 年代，我国政府开始创办咨询企业，主要集中在投资、科技和财务咨询领域。随着我国经济向市场化方向发展，90 年代初一批外资和私营"信息咨询""市场调查"公司开始涌现，并为企业提供规范化咨询服务，如"慧聪信息""零点调查""盖洛普咨询""浩辰商务"等脱颖而出。90 年代中期，国外管理咨询公司大批进入中国，如麦肯锡、安达信、罗兰·贝格、波士顿、盖洛普、普华永道等，从此管理咨询业进入专业化发展阶段。到 90 年代末，一些国内管理咨询公司崭露头角，出现了"派力营销""汉普管理""远卓管理""长城战略""北大纵横""时代瑞诚"等一批管理咨询企业。进入 21 世纪，管理咨询业已致力于将最先进的管理思想、管理模式与现代化的 IT 技术手段相结合，为企业提供全面而系统的服务。

管理咨询服务方式大体有以下几种，一般均属建议性咨询服务：

（1）综合诊断。一般由自贸区企业委托，并参与咨询活动，由咨询机构组织有关专家按企业诊断的程序和方法，进行全面诊断，然后提出综合治理方案或咨询诊断报告书，并帮助企业实施。

（2）专题诊断。一般由自贸区企业委托，由咨询机构组织有关专家针对企业当前存在的关键问题，按诊断的程序和方法，确定专题进行诊断，然后提出专题诊断报告书，并帮助企业实施。

（3）行业诊断。由咨询机构组织咨询人员与相关行业专家参加诊断，采取调查研究与培训讲课相结合、提出改进方案与具体落实措施相结合的办法，帮助解决整个行业企业管理中存在的共性问题。

（4）书面和口头诊断。由咨询机构派管理专家到自贸区企业进行调查研究后，提出书面或口头诊断建议，供企业参考。

3. 专业咨询

专业咨询是指针对某一专领域中具体问题所进行的咨询活动，这类咨询面较狭窄，专业性强，主要是针对自贸区企业所提出的特定问题进行咨询，主要包括法律咨询、金融投资咨询、财会咨询、审计咨询、信息咨询、信用评估、资产评估（如无形资产评估、土地资产评估、房地产估价和有形资产评估等）、人才咨询、广告策划、消费咨询、医疗保健咨询、心理咨询、保险咨询、旅游咨询和生活咨询等专业咨询服务。

4. 技术咨询

技术咨询主要是为促进自贸区企业科技进步和管理现代化，提高社会、经济效益，就特定技术项目提供评估、技术选择、技术预测、技术与工艺分析、技术调查、技术标准制定、事故分析与安全对策等咨询服务，既包括宏观的技术决策，也包括微观的技术方案论证和工业设计。例如，为企业进行新产品、新设备、新材料的设计和研制，解决生产中的技术难题，参与技术攻关，改进产品设计，改进生产工艺，节约能源和原材料，提高产品质量，提高劳动生产率，解决环境污染、"三废"治理和工程质量等问题；为技术引进和技术转让提供信息和创造条件，并协助谈判；为科研部门或科技人员提供科技资料文献服务；为企业某项技术经济活动提供技术经济情报；科技管理部门对科技成果进行鉴定和评价；等等。

技术咨询常常与技术转让、技术服务、技术培训、技术承包、技术开发相互交叉结合在一起，以其灵活的方式为用户服务。技术咨询不仅仅是针对单纯的技术问题，其咨询内容还涉及大量经济和社会问题。例如，社会消费结构分析、商品市场销售趋势调查、营销策略、广告策划，提供有关贸易国的外贸法规、政策，寻求贸易或投资合作伙伴，提供贸易国的有关产品市场行情、价格成本以及投资环境分析等。

5. 工程咨询

工程咨询是指对各种工程建设项目提供的咨询服务，内容包括承担基本建设项目或技术改造项目（含技术引进项目、利用外资项目）的项目建议书和可行性研究报告等的编制、评估以及建设项目管理；承担有关工厂、矿山、能源、交通、环保等方面的发展规划；建设项目的可行性论证、厂址选择、工程地质勘探、工程设计、设备选型采购、工程监理和工程招标文件的编制等。工程咨询的服务方式如下：

（1）编制有关工程咨询文件。如接受自贸区企业委托承担基本建设或技术改造工程项目建议书、可行性研究报告、发展规划、工程设计和工程招标文件等的编制工作。这类咨询服务属于建议性咨询服务。

（2）评议有关工程项目的文件。如接受自贸区企业的委托，对上述各类文件进行审查、评估，供决策部门审定。这类咨询服务属于审议性咨询服务。

（3）对工程项目实行全过程管理。如接受自贸区企业委托，承担建设项目的全过程工程咨询和承包服务，包括从可行性研究报告开始，到工程设计、材料设备采购、工程招标、项目管理、施工监督、工程质量管理、人员培训、竣工验收、工程造价审核以及生产调试等项目工作。这类咨询服务属于监理性咨询服务。

二、咨询服务的信息流分析

咨询服务是咨询受托方（咨询人员或咨询机构）根据委托方（客户）提出的要求，以专门的信息、知识、技能和经验，运用科学的方法和先进的手段，进行调查、研究、分析、预测，客观地提供最佳的或几种可供选择的方案或建议，帮助委托方解决各种疑难问题的一种高级智能型信息服务。下面以信息服务研究为基础，从信息流的维度对咨询业服务模式进行分析。

信息流是信息以各种方式，依附于一定的载体在发送者和接收者之间的流动，信息的收集、加工、存储、传播、利用、反馈活动构成信息流的形成和管理过程。信息流的主体是信息，信源、信道、信宿是构成信息流的三大要素。简而言之，信息流就是信息从信源经过信道达到信宿的传递过程。咨询公司的业务流程一般分成前期接洽、项目执行和协助实施三个阶段。

1. 前期接洽阶段

前期接洽阶段开始于客户与咨询公司首次联络，结束于双方达成合作协议或项目流失，其间包括初次沟通、初步研究、递交项目建议书（如果客户不同意项目解决方案，则再次沟通，并调整咨询项目建议书）、双方签订合同等步骤。

客户与咨询公司首次联络时，主要是客户向咨询公司提出项目需求信息。初次沟通则是咨询公司与客户在首次联络的基础上相互了解，进一步确定项目具体范围和内容的过程，存在客户与咨询公司的双向信息流：一方面客户把信息传递给咨询公司，咨询公司根据获取的信息了解客户公司背景、业务范围、项目需求等，并初步判断自身是否有能力承接项目；另一方面咨询公司把信息传递给客户，客户根据获取的信息了解咨询公司的业务范围、具体业务流程等，并初步判断是否将项目委托给该家咨询公司。初步研究阶段，信息从内外部各个渠道流向咨询公司。咨询公司会根据项目的具体范围和内容，从公司的内外部收集与项目相关的信息，并进行初步分析，为撰写项目建议书做好信息储备。

项目建议书是前期接洽阶段的重要信息成果，它明确咨询项目的目标、范围、内容、拟采用的解决方法、预期成果、进度安排和费用预算等，这一阶段的信息流主要发生在咨询公司内部。项目建议书递交给客户时，也存在双向的信息流。一方面，咨询公司会将初步研究的信息成果提交给客户。另一方面，客户会做出相应的信息反馈：客户同意咨询项目解决方案，双方签订合同，达成合作共识；客户不同意咨询项目解决方案，咨询公司需要和客户进行再次沟通，形成调整后的项目建议书。递交调整后的项目建议书，客户再次做出信息反馈，达成合作协议或失去咨询项目。

2. 项目执行阶段

项目执行阶段包括项目启动、内外部调研、形成中期报告、项目解决方案阐述与沟通、提交最终报告等步骤。

项目执行阶段主要是以咨询公司为主导的信息流过程。它开始于项目启动，咨询公司成立项目小组，向客户明确咨询工作的目标、内容、计划安排等，特别是使客户明确需要配合的事项。这一过程以项目组负责人为主导，信息流向客户。接着，咨询公司开始进行内外部调研，通过内外部信息收集、人员访谈、调研问卷等途径，大量信息从外部流向咨询公司，特别是从客户处获得的解决问题的一手资料。咨询公司对信息进行整理和初步分析，为形成中期报告做好信息储备。在内外部调研的基础上，咨询公司对获取的信息进行深入分析和处理，形成中期报告，诊断客户的问题所在，并提出相应的解决方案，这是形成信息成果的重要时期。咨询公司向客户提交中期报告，是咨询公司与客户信息交流的过程，客户获取项目进展信息，并对项目成果给予信息反馈，便于咨询公司更好地理解客户需求，有效开展后续工作。双方共同制定下一阶段的工作重点。最后，咨询公司将项目解决方案细化，向客户提交最终报告。

3. 协助实施阶段

协助实施阶段包括项目方案说明、实施辅导培训和客户回访三个步骤。

协助实施阶段主要是客户获取咨询公司项目信息并实践检验信息成果的过程。在协助客户实施项目时，咨询公司首先要进行项目方案说明，将与项目实施相关的信息传递给客户公司的高层领导，以获得高层的支持，保证实施效果。同时，面向客户公司全体员工进行必要的演讲，动员其积极地参与项目实施。在这一过程中，信息从咨询公司转移到客户公司的高层领导和全体员工。然后，咨询公司根据合同协定的内容对客户公司的相关人员进行辅导和培训。在这一阶段，大量与操作相关的信息流从咨询公司转移至客户，客户对信息的获取和掌握程度直接决定咨询公司撤出后独立实施项目的效果。在咨询项目完成后，咨询公司应定期进行客户回访，客户对项目的信息反馈有利于咨询公司不断积累实践经验，更好地开展同类咨询项目。

三、咨询质量管理的评价标准

1. 咨询系统评价指标

咨询系统主要是指开展咨询活动所必需的物理系统、组织系统和信息系统等条件要素。咨询系统的评价标准主要包括以下内容：

（1）文件质量，指咨询企业的质量手册等文件的完善程度，质量手册一般包括质量政策、质量组织、质量管理体系和承担任务等内容。

（2）质量成本，包括正质量成本和负质量成本，正质量成本是指为保持高质量所需要的成本（如招聘、人员培训、工作控制、档案保管等方面的投入），负质量成本是指咨询企业的投入没能使客户满意（如报告重写、提案无效、失掉回头客等）。

（3）灵活性，指咨询方案的弹性，或者说确定咨询方案时需要留有调整的余地。

（4）创新性，指咨询方案不同于已有的方案，在提出解决方案时要有创造性。

（5）咨询合同管理，指咨询企业与客户之间的法律关系管理，撰写咨询合同必须清楚、简洁，使用专业术语，要有针对性。

（6）沟通效果，指咨询企业应尽可能将有关消息发布给所有潜在客户，制定切实可行的公关计划，公布服务宗旨和服务内容，编制和散发介绍咨询企业的小册子及有关资料，针对咨询服务的特点，选择适当方式进行营销宣传，借以扩大咨询企业的影响和提高知名度。

2. 咨询服务评价指标

咨询服务是咨询企业为客户开展的增值活动。咨询服务的主要评价标准如下：

（1）应用效益，指咨询服务为客户带来的经济和社会效益，通常咨询服务质量与其应用效益成正比。

（2）需求强度，指客户对咨询服务需求的迫切程度，如果咨询企业服务质量高，那么客户对咨询服务的需求强度就高。

（3）服务声誉，指客户和外界对咨询企业服务质量的认可，服务质量越高，咨询企业在社会中的声誉就越高，其市场占有量就越大。

（4）服务方式，指咨询企业为客户提供的咨询业务种类和咨询服务方式的多寡与客户满意度有直接关联。

（5）咨询服务的及时性，指能否及时为客户提供咨询服务，在外界环境迅速变化的时代，客户对服务的及时性要求很高。

（6）咨询专家的权威性，指提供咨询服务的专家拥有的学科背景和知识水平，应依据咨询服务的深度来确定专家具备的知识水平，以确保咨询服务的权威性。

3. 咨询队伍水平评价指标

咨询队伍水平是指咨询服务人员的素质、能力及其组合。评价咨询队伍的主要标准如下：

（1）学科背景，指咨询人员须具有某一学科的高等教育背景，掌握必备的咨询知识和解决问题的方法论。

（2）咨询经验，指咨询人员必须有一定的咨询服务经验，并能熟练使用常用的检索工具，熟悉咨询服务的信息源。

（3）沟通能力，指咨询人员能够通过与客户交流发现他们真正的、潜在的需求，并提供解决问题的方案和建议。

（4）在职培训，指咨询人员须接受相应的培训，以扩充知识面并了解本企业的咨询服务政策和程序，逐渐成为咨询专家。

4. 客户满意度评价指标

客户满意度是咨询服务质量和咨询队伍水平的外在表现形式，客户满意度的评价主要标准如下：

（1）方便性，指客户获得咨询服务不受人为限制，客户可通过电话、网络提出咨询问题，并可方便地获得咨询服务及其相关信息。

（2）明确性，指客户对咨询企业和咨询服务的了解程度，一般应在正式开展咨询服务前明确告知客户有关服务情况，尽量减少客户对服务标准、服务范围产生的疑问。

（3）指导性，指咨询服务所提供的高质量的报告、方案、建议，能够为客户的管理和业务工作提供指导，能为客户单位的员工提供方法论支持。

（4）隐私保护，指咨询企业制定有保护客户隐私的相应条款，能够做到不透露客户的商业信息及咨询内容。

四、发达国家咨询业的发展

咨询业是适应社会信息化、科学化、现代化发展而兴起的现代产业，也是第三产业中发展势头最快的产业之一。现代咨询业的核心作用是提高人们决策和行为的科学化水平，对促进我国自贸区发展和提升自贸区企业的国际竞争优势等起着十分重要的作用。在目前的中国市场上，外资咨询公司占有垄断地位，要发展本土咨询业，有必要先了解国外咨询公司的发展特点和方向。

经过几十年的发展，国外的管理咨询业已经成为一个发展迅速的知识型产业部门，被列为高层次知识产权中的重要领域，成立了很多具有高水平和威望的咨询公司。美国75%的企业都要请教咨询公司，日本50%的企业要在咨询顾问的帮助下改善管理。市场的扩展带来收入的激增，20世纪60年代美国的管理咨询年收入为10亿美元，70年代增长到20亿美元，80年代达到50亿美元，至今已达到200亿美元。管理咨询年收入在西欧各国也呈现出稳定快速的增长。目前，中外咨询业在世界范围内发展很快。美国咨询公司的服务内容涵盖了管理、技术、工程、财务等方面；德国从事管理咨询的公司有近7000家；英国80%的大中型企业常年雇用咨询公司为其进行战略、组织、管理、生产和信息技术的咨询。由于咨询公司在信息系统、专业人才和技术分析等方面具有独特的优势，越来越多的企业已经离不开咨询业。

1. 英国

英国现有各种规模的咨询企业2000余家，服务范围按性质可分为工程咨询、产品与技术咨询、经营管理咨询三大类。工程咨询公司现有900余家，约90种专业；产品与技术咨询公司约有1000家，共200个专业；经营管理咨询公司数百家。英国的咨询业发展历来受到国家的重视，早在 1913 年就成立了"咨询工程师协会"，因其入会条件严格，会员的社会地位也较高。另外，英国咨询业的海外业务发达，发展也很快。其重要原因：①英联邦国家有发展海外咨询的有利条件；②政府对发展海外咨询业务的重视和支持；③国家规定对外援助项目都由本国咨询公司承担业务；④咨询机构具有较强的开拓精神。

2. 德国

德国的咨询业始于 20 世纪 50 年代，咨询机构发展迅速，并呈两极分化趋势。目前德国已有各种形式的咨询机构几千家，主要分为四类：第一类是政府决策咨询机构，这类机构能够为政府部门提出新兴技术和行业的发展方向和前景，如对咨询业的理论、技术方法进行深入研究，对重要课题进行技术经济论证，将科研部门的研究成果向企业推广、转让；等等。第二类是兼有投资功能的咨询机构，多以协会或科技部门作后盾。如柏林的工程师技术中心，工程咨询是德国发展最快也是世界上最领先的咨询项目。第三类是以将科研部门和大学最新研究成果及时有效地向企业推广为主的咨询机构。第四类是纯营利性的咨询机构。近年来，德国咨询业飞速发展，一些大型咨询机构通过兼并和业务渗透，形成了少数综合性"咨询巨头"。而小型咨询机构由于经营灵活、收费低、具有一定的专业特色，在咨询市场也颇具竞争力。德国是市场经济体系较为完善和发达的国家。在这样的环境下，德国的咨询业获得了快于经济增长的高速发展。这主要是源于市场经济发展的客观要求：第一，在市场经济发达的德国，企业决策完全是自主进行的。面对越来越激烈的市场竞争和越来越复杂多变的环境条件，无论是在经济景气还是不景气时，企业都需要咨询支持；第二，德国统一以及俄罗斯和东欧国家的经济转型大大增加了咨询市场的需求。德国统一后，大批原民主德国企业进行了私有化，不仅许多原来实力雄厚的咨询公司积极参与，而且几年间又涌现出一大批新的咨询公司，参与民主德国企业的改造咨询。近年来，不少德国咨询企业都把东欧市场作为重要目标进行开发。

3. 美国

美国是世界上咨询业最发达的国家。这既得益于"二战"以来美国经济和科学技术的迅速发展，也得益于美国敢于创新和领先的作风。科学管理理念和综合诊断方法都是在美国咨询公司首先应用的。另外美国咨询业不同于外国的特点就是有一批实力雄厚的大型公司，如以军事为主从事研究及咨询的兰德公司；以政府、企业、团体为服务对象的斯坦格国际咨询研究所；以经济、外交政策和政府活动为主的布鲁金斯研究所；以保护自由主义体制、发展经济和国内问题为中心的美国企业公共政策研究所。这些咨询公司机构庞大、研究人才集中、经费充足，有力量担负起一些全局性、战略性、综合性的研究课题，具有很强的国际竞争力，而且有助于国家政策的民主化、科学化，减少长官意志的作用。美国咨询业就是伴随着市场经济发展起来的，特别是产业分工后，专业性要求越来越强，社会结构日益复杂，为咨询业的发展提供了客观条件和市场需求；另外，从咨询业的行业起点来看，由于一些大工程项目的实施，培养了一批有丰富实践经验的专家，这些专家成为最早的咨询业从业人员。应当说美国现代咨询业是从工程咨询起步的，而且是从工程项目投标可行性论证分析开始的。目前美国咨询业已经相当发达，咨询领域除工程咨询外，还包括决策咨询、技术咨询、管理咨询、专业咨询（会计、法律、税务、医药等）等领域，咨询服务几乎涉及社会生活的各个方面，而且市场运作规范、专业化程度高、收费合理，已形成相对稳定的咨询行业与服务体系。

4. 日本

日本有咨询机构约1000多家，主要集中于东京等几个大城市，其特点：第一，官办咨询机构作用突出，有200多个由总理大臣及各省、厅管辖的专家学者为主要成员组成的审议会，提供决策咨询；第二，全国有100多个"脑库"，为地方的经济建设服务；第三，对企业诊断甚为重视，"二战"以后日本将从欧美等国引进的企业管理咨询称为"企业诊断"，在中小企业中最为流行。从20世纪50年代初期，政府先后颁布的《中小企业诊断实施基本纲要》《中小企业指导法》等法规法令，为企业诊断提供了法律保证。日本的咨询业起步较晚，但却能迅速崛起，得益于信息技术的突飞猛进，信息咨询和信息技术咨询市场的高速成长。日本政府为推动咨询业的发展发挥了重要作用。可以说，在西方经济发达国家中，由政府制定完善的政策，并采取强有力的措施，大力推动科技中介与信息咨询业的发展，日本政府的作用是最为突出的，其效果也是最为显著的。

五、我国咨询业的发展

1. 我国咨询业发展的外部影响因素分析

（1）政治环境分析。20世纪90年代以来，我国相继出台了一些咨询业的扶持政策和市场规范。2012年科技部印发了《现代服务业科技发展"十二五"专项规划》，提到"鼓励咨询机构依据区域空间特性、产业基础、资源禀赋等因素，为区域经济全面协调发展提供产业咨询服务"。2005年人事部颁布了《管理咨询人员职业水平评价暂行规定》，2008年山东省政府制定了《科技咨询服务质量规范》，但目前还没有一部完整的关于整个咨询业的法律规定。由此可见，我国咨询业出台的多是一些优惠政策、规划和地方性规定，缺乏有效的财政、税收、金融等具体支持政策，法律体系还不完善。

从发达国家咨询业的发展经验来看，政府对咨询业的扶持和引导非常重要。以美国为例，政府不仅积极参与咨询活动，同时还大力宣传提高全民咨询意识，规定超过100万人的城市都要建立关于区域发展的综合咨询机构；对非营利性咨询机构实施免税政策；在税收方面实行企业的咨询费用不征收个人所得税的方法来刺激企业咨询需求；每年都有数十亿美元用于对咨询机构的政府采购，此外政府还将咨询作为决策过程的法定程序，区域规划等重大决策出台前均要有两份以上详细的咨询报告。

（2）经济环境分析。改革开放30多年来，我国市场经济日趋成熟，国有企业改革、中小民营企业崛起、国外企业进入，政府职能转变和宏观经济政策制定过程中的咨询需求越来越大。受全球经济危机的影响，咨询公司业务量减少，面临市场缩水的困境，但同时由于一些企业经营出现问题，也更加需要咨询公司的帮助。2009年新华信中国管理咨询市场发展报告中的调研数据显示，62.6%的企业不会因为经济危机缩减对管理咨询的采购。可见，经济危机对咨询业来说既是挑战又是机会，咨询业应把握好市场需求，主动出击，开拓市场。

在市场经济的发展过程中，我国咨询业取得了一些进展，但还存在很多问题。首先，由于缺乏政策引导和宏观调控，缺乏行业标准及规范，咨询机构各自为营，整个行业是一盘散沙的局面。虽然设立了很多行业协会，但协会没有发挥推动行业发展的基本功能，缺乏对行业制定统一规范、宏观管理的能力，承担审批的工商部门不具备审核咨询机构的服务水平条件。其次，我国咨询业多种经营体制并存，有独立执业的咨询公司、政企分开的咨询机构、国有性质的咨询机构，许多咨询机构由于附属于政府、事业单位、高等院校，在政府部门提供的咨询项目竞争中占据重要信息和来源渠道，造成不公平竞争。

（3）技术环境分析。管理技术和信息技术的变革正推动着我国咨询业的发展。一方面，改革开放以后，我国在管理思想、管理技术、管理理论及高新技术方面与国际实现了很好的接轨，在高新技术产业发达的地区，咨询业也比较发达。另一方面，信息技术的应用加速了咨询业的发展，互联网拥有信息资源和信息服务两方面的优势，不仅可以为咨询业提供大量的信息资源，还促进了咨询企业的信息化；人工智能技术的应用为咨询服务过程中的信息分析提供了技术支持，使咨询过程更科学，提高了咨询产品的技术含量；数据库技术为咨询产业建立知识库，使大范围知识共享成为可能。

然而我国咨询业在技术应用实践方面却落后于发达国家。相比之下，国际知名咨询公司非常注重核心技术的投入，埃森哲每年投入 2.5 亿美元用于研发新咨询技术，波士顿公司研发了常见的咨询分析工具（如经验曲线、波士顿矩阵等），这些分析工具提高了咨询企业的信息分析能力，能够产出高质量的咨询产品，同时也证明了技术创新对咨询企业发展的重要性。对比国外咨询企业的技术实践，可以发现我国咨询企业在技术利用方面还落后于国际技术的发展水平，究其根本原因是我国缺乏知识产权保护的宏观环境，导致了企业创新意识不强的现状；另外，咨询企业整体规模较小，受资金和人才的限制，也使得技术创新投入难以实现。

（4）社会环境分析。中国社会的多元化趋势、国民素质的提高以及本土文化源远流长对咨询业的发展既是机遇又是挑战。首先，中国社会发展多元化导致市场多元化，企业在面对多元化的市场时没有固定的或可以模仿的发展之路，这促使企业借用外力、花钱买"头脑"；其次，21 世纪以来国民素质得到了很大的提高，管理思想与世界接轨，咨询业也逐渐得到了社会的认可；最后，几千年源远流长的中国文化对我国咨询业产生了很大影响，这使国外咨询企业和中国本土企业之间不能充分地沟通和交流，而我国本土咨询企业对本国的国情、历史、文化及国内企业的运作理解得更透彻、更全面。

尽管中国社会环境现状为咨询业的发展提供了良好契机，但是我国咨询企业定位不准，缺乏核心竞争力，尤其在外资咨询公司面前竞争力不足。国际知名咨询公司都有明确的企业定位，如麦肯锡核心业务为战略咨询，将客户群定位在企业领导决策层，而 AC 尼尔森以零售研究见长。国内咨询企业对自身定位往往不够清晰，以短期利益为导向，只要能够拿到项目，即便超出自身能力范围也来者不拒。这种行为往往会导致提供的服务质量无法得到保证，危及客户利益并败坏自身信誉，对企业长期发展极为不利。如深圳平安保险公司花 4000 万元请麦肯锡做咨询，而非选择国内咨询企业。

2. 我国咨询业发展的内部影响因素分析

（1）咨询业主体。2000 年中国加入 WTO 后，随着国外咨询机构进入，本土新注册咨询机构数量逐年递增，截至 2012 年，咨询与调查单位总数为 168698 家，足见产业的高速发展趋势。从咨询机构的性质来看，内资咨询企业数量占 94%，说明我国主要是以本土咨询机构为主，而限额以上（年销售额 500 万元）企业中，内资企业营业额占 81%，也是内资企业为主；在内资企业构成中，私营企业数量最多，占 85%，国有企业和集体企业比例相对较低；按照股东所占股份分类，股份责任有限公司仅占 9%，说明我国规模较大的咨询公司较少，大多为中小咨询公司；从我国不同地区注册的咨询机构数量来比较，数据显示咨询业发展有区域间的不平衡，咨询机构数量排名前六位的是北京市、广东省、上海市、江苏省、浙江省、山东省；限额以上企业全国仅有 33 家，这个比例相对于总的机构数是非常低的，限额以上企业从业人数 0.05 万人，营业收入仅有 2.38 亿元。

规模在一定程度上代表着企业的竞争力，所以规模是衡量咨询企业实力的一个重要指标。经过近年的发展，虽然我国咨询企业数量众多，但规模上与国际知名咨询企业存在着巨大差距。据中国企业联合会管理咨询委员会统计，2012 年中国管理咨询机构前 50 家共完成各类咨询项目 6788 个，总计业务收入 290317.6 万元，总雇员数量 9340 人；而 2012 年埃森哲公司业务年收入 279 亿美元，按当时汇率折算价值 17275542 万元，埃森哲全球员工 236000 人，为遍布 120 个国家的客户服务。2012 年中国管理咨询机构 50 家年度收入总和为埃森哲公司年度收入的 1.68%，从业人员总数不到埃森哲公司雇员数量的 4%。

（2）咨询业客体。我国咨询业客体大致可以分为五类：政府及事业单位、大型国企、大型民企、外企和中小型企业，这五类企业主要的咨询需求如表 6 - 1 所示。

表 6 – 1 我国咨询业客体及其需求

咨询业客体	主要咨询需求
政府及事业单位	改革转型过程中对社会重大问题的调研、科学预测、政府决策
大型国企	战略咨询、全球整合、业务创新、人力资源
大型民企	人力资源、薪酬制定、产品经营、竞争战略
外企	本土政策环境、文化环境、市场进入、市场研究、员工心理咨询
中小型企业	管理培训、质量认证培训、管理制度设计

资料来源：王建亚，张秀梅，王新. 我国咨询业发展的影响因素分析及对策研究［J］. 图书情报工作，2013（23）：69 – 77.

正因为我国咨询市场的需求日趋明显，咨询业才迅速崛起，但实际过程中咨询客户的咨询意识并没有跟上咨询业发展的步伐。一方面，咨询业市场显性需求不足，一些企事业单位仍然习惯于传统的经营管理和决策方式，对市场信息和咨询不够重视，借用"外脑"意识淡薄，还有些单位虽然请了咨询公司，但并不真是为咨询，只是拿国际著名咨询公司造势；另一方面，我国咨询业在崛起过程中模仿问题严重，难以向客户提供有创意的方案，客户未能收到明显效果，因此也失去对咨询企业的兴趣和信任。

（3）咨询人才。咨询工作是高度知识密集型工作，人才素质至关重要。在学历教育方面，没有对口的专业设置，相关的就是信息分析专业、统计专业、MBA 等。而我国的 MBA 教育 1997 年才开始全国联考，2010 年 234 所院校达到 3.15 万人，这为我国咨询人才教育打下了坚实的基础。在非学历教育方面，2004 年国家统计局教育中心组织了调查分析师证书考试，2005 年国家信息分析师认证获国家批准。据中华英才网统计，我国咨询人才比较热门，并且咨询行业分工细化趋势明显，但对咨询人才学历要求不高，一般只需本科以上学历，硕士以上更佳。

同国际知名咨询公司人才结构相比，我国咨询业人才整体素质不够高，人才标准不统一，人才流失严重。以美国兰德公司为例，在 720 名专业研究人员中，61% 拥有博士学位（其中 1% 法学博士、2% 医学博士）、28% 拥有硕士学位、10% 拥有本科学历。我国咨询业从业人员专业知识背景较为单一，多以经济、管理、MBA 等专业人员为主，缺乏复合型人才。在咨询业这种人才和知识高度密集型产业中，对人才的评定考核标准也是一个全行业问题。由于本土咨询产业的整体竞争力不足，在激烈的竞争中，我国咨询业人才流失日趋严重，优秀人才纷纷跳槽到国际咨询企业，也严重影响了本土咨询业的发展。

（4）咨询业营销。由于咨询业进入门槛低，国外咨询企业纷纷进入中国市场，且多为高端市场。从国内外咨询企业的营销体系差异可以窥见中国咨询业整体水平（如表6-2所示）。在产品上，本土咨询企业业务范围广泛，业务规范性差，专业程度低，缺少对信息的增值加工服务，缺乏一定的知识含量；在价格上，本土咨询产品的价格偏低，没有形成合理的价格体系，而在英国，非营利性咨询机构不受市场价格的影响，营利性咨询机构都会以成本加上利润出售产品；在营销渠道上，国内咨询公司较国外市场不明确，项目的取得主要取决于合伙人能否找到关系得到项目；在产品促销方面，国外咨询公司拥有成熟的品牌管理和定位，如麦肯锡、埃森哲、波士顿、罗兰贝格，而我国的咨询业起步较晚，还不成熟，公司数以万计，却少有具有国际竞争力的品牌，多以价格战方式开展促销，赢得市场。

表6-2　国内外咨询企业营销差异

	国外咨询企业	国内咨询企业
产品（Product）	产品集中度高，质量高，附加价值高	产品集中度低，知识含量低
价格（Price）	有固定的资费标准，价格高，降价空间有限	资费标准不统一，价格低，降价空间大
渠道（Place）	针对本土大客户，有不同的细分市场	客户范围不定，市场细分不明确，主要取决于合伙人的关系
促销（Promotion）	注重品牌宣传，拥有竞争力特长定位	缺乏核心竞争力，品牌少，主打价格战

资料来源：王建亚，张秀梅，王新. 我国咨询业发展的影响因素分析及对策研究［J］. 图书情报工作，2013（23）：69-77.

3. 自贸区咨询业发展对策

针对我国咨询业现存的主要问题，在自贸区咨询服务体系建设中应从以下几个方面加以完善。

（1）政府方面。其一，加大政府的扶持力度。尽快制定激励自贸区咨询业发展的财政、税收、金融等政策，向自贸区企业提供咨询补贴，变政府对企业的"资本支持"为"知本支持"。政府通过人、财、物、税等多方面优惠政策给予支持。如德国政府就制定了鼓励中小企业聘请管理咨询顾问的政策，并给予财政支持。在英国，政府更是直接支持咨询业的发展，咨询市场 1/3 的业务来自政府。此外，研究推进海外咨询的扶持措施，建立咨询业发展基金。在自贸区建设过程中，通过政府重点扶持，使我国咨询业尽快走出国门，与国际接轨。其二，积极转变政府的职能。从各级政府部门入手，倡导市场运作，公开咨询项目招标制聘请咨询公司。将咨询纳入决策过程，并保证咨询业务量。日本政府在这一方面有较为成功的经验，亚行的"中国政府聘请咨询顾问规则框架"项目也是朝这方面迈出的一步。在转变政府职能的同时，充分运用咨询手段实现决策的民主化和科学化，彻底改变项目可行性研究由政府部门或下属机构承担的局面，改变决策体制和决策权力与责任不对称的现状。

（2）外部环境方面。其一，制定和完善咨询行业的法律法规。咨询立法是咨询业健康快速发展的有力保障。日本政府在 20 世纪 50 年代初，先后颁布了《中小企业诊断实施纲要》和《中小企业法》，为管理咨询提供法律保障。1957年日本政府颁布了《技术士法》，规定必须经过国家考试才能取得"技术士"资格，才能接受政府和企业委托的工程和咨询委托项目，为日本工程咨询和技术咨询的发展奠定了基础。因此，我国应抓紧咨询行业的立法工作，使咨询业的管理和发展做到有法可依、有章可循。其二，大力开拓咨询市场，建立现代咨询体系。咨询业的发展是应市场需求而存在的，咨询市场是咨询服务产业化、市场化的关键。主要从事咨询业的机构要向企业化经营方向发展，增强自我发展和市场竞争能力，积极参与国内外市场竞争。另外，要充分利用网络技术、多媒体技术等现代技术手段，组建面向自贸区的现代咨询服务中心、网络中心或互联网络系统和数据信息库。

（3）客户方面。其一，增强咨询客体的咨询意识。发展咨询业，必须要增强自贸区相关机构的咨询意识。美国政府每年都向兰德公司、对外关系委员会、斯坦福国际研究所、布鲁金斯研究所等著名国际智囊机构寻求大量咨询服务。在美国《幸福》杂志公布的 1000 家美国大公司中，有 95% 聘用了咨询公司和咨询顾问，强烈的社会咨询服务意识促进了咨询业的繁荣。因此，我国应通过示范案例等方式，让人们更多地了解咨询的价值，强化社会咨询意识。其二，加强与客户间的理解与共识。由于咨询服务提供的是一种无形、动态的知识产品，而客户支付的咨询费用是有形的、静态的，这就需要供需双方相互理解、共同合作。咨询机构需要加强导入意识，增加自我宣传，将咨询成果积极地推向市场，得到客户的认可，并在全社会范围内形成一种接受咨询、科学管理的良好风气。通过对咨询客户展开培训，让客户充分理解咨询的作用，逐步与客户达成共识。

（4）自身方面。其一，专注核心业务，形成核心竞争力。我国咨询机构要想获得竞争优势，必须专注核心业务的发展，树立自己的品牌，最终形成核心竞争力。在竞争越来越激烈的咨询业，只有拥有核心竞争力、拥有品牌优势，才能在竞争中获得客户信赖，才能参与到高层次竞争中，赢得高回报的咨询项目。其二，增强服务规模，提高咨询服务质量。我国咨询业必须打破现有的不利局面，开展规模化经营，实现咨询战略联合化。通过与国外咨询公司合作开展业务，吸收先进技术和管理经验，形成优势互补。注重开发和利用电子化的信息资源，全面提高信息服务效率和质量。随着世界经济一体化进程的加快，我国咨询业将更多地参与国际市场竞争与合作，积极主动地为客户提供高层次、高质量的咨询服务。

（5）人才方面。其一，优化知识结构，提高综合素质。咨询业在西方被称为"智力服务业"，其成果是在知识、经验和智力基础上产生的，因此从业人员的素质至关重要。对现代咨询人员来说，有学者提出"飞机型"知识结构比较有效合理。所谓"飞机型"知识结构是指一个人的知识结构如同一架飞机：机头部分为哲学、政治经济学等宏观管理理论；机身部分为经营管理的实践经验；机尾部分为具体管理理论，如预测、决策、计划、组织、领导等；机翼部分为数学和外语。高素质咨询人才应具有良好的道德品质、渊博的知识、开阔的思路、专业的咨询技能等。其二，制定人才培养和吸引政策。对咨询机构而言，面临的最突出的困难是人才的招聘和培养。中国尚未形成完善的咨询人才培养体系，做好咨询人才的教育和培养工作，无疑是最紧迫、最重要的工作。培养咨询人才要有目标、有计划、多途径、多层次地进行，形成一套完整的咨询人员培养体系。咨询机构、高校和政府相关部门可以携手合作，通过设立专门课程、专门培训项目等多种方式，加强咨询人才的选拔、培养和利用，为咨询业的长远发展储备力量，源源不断地吸纳优秀的咨询人才。

第二节　行业分析

　　行业又称产业，是由一组生产具有高度可替代性产品的企业组成，它是企业获取或丧失竞争优势的主要场所。2011 年我国发布了《国民经济行业分类》（GB/T4754 - 2011）国家标准，采用经济活动的同质性原则划分国民经济行业，其中行业门类共 20 个：A. 农、林、牧、渔业；B. 采矿业；C. 制造业；D. 电力、热力、燃气及水生产和供应业；E. 建筑业；F. 批发和零售业；G. 交通运输、仓储和邮政业；H. 住宿和餐饮业；I. 信息传输、软件和信息技术服务业；J. 金融业；K. 房地产业；L. 租赁和商务服务业；M. 科学研究和技术服务业；N. 水利、环境和公共设施管理业；O. 居民服务、修理和其他服务业；P. 教育；Q. 卫生和社会工作；R. 文化、体育和娱乐业；S. 公共管理、社会保障和社会组织；T. 国际组织。

　　进行行业分析，可以帮助自贸区企业了解影响企业发展最直接、最重要的外部环境因素，有效参与国际化竞争。

一、行业分析的一般框架

1. 行业基本经济特性分析

　　行业基本经济变量是指刻画行业主要经济特性的指标，对其进行分析，是认识和了解一个行业整体情况的基础。表 6 - 3 中列出了通常情况下，行业分析的主要经济变量及其表现形式。

表 6 - 3　行业分析的主要经济变量及其表现形式

主要经济变量	表现形式
市场规模	主要产品年需求（或销售）总量的绝对值
市场增长率	市场增长率 =（当年市场需求总量 - 上年市场需求量）÷ 上年市场需求总量 × 100%

续表

主要经济变量	表现形式
生命周期阶段	分进入、早期增长、后期增长、成熟、衰退五个阶段
竞争范围	划分为全球性、全国性、地方性三档
竞争者数量及规模	绝对值或比较分析的相对值，分为大、中、小三档
消费者数量及规模	绝对值或比较分析的相对值，分为大、中、小三档
产品与技术更新速度	比较分析的相对值，分为快、一般、慢三档
产品差异化程度	比较分析的相对值，分为高、一般、低三档
规模经济程度	比较分析的相对值，分为高、一般、低三档
学习曲线强度	比较分析的相对值，分为强、一般、弱三档
进入/退出障碍	比较分析的相对值，分为高、一般、低三档

资料来源：苟海平，季茂力，信墨庆. 行业分析方法初步研究 [J]. 粮食科技与经济，2001，26 (6)：20 - 21.

通过对这些变量的分析可以帮助自贸区企业大致了解一个行业的整体情况。实际分析时应注意的是，不同行业可能会有其独特的经济变量，此时应根据实际情况添加到分析变量中。此外，上述主要经济变量在不同行业中的表现形式也可能不同，实际分析时应根据实际情况灵活确定，做出相应调整。

2. 行业演变及其驱动力分析

行业演变对自贸区企业经营战略的制定与调整非常重要，它能增加或减少某行业作为一种投资机会的吸引力，并且常常要求企业做战略调整。行业演变过程分析的出发点是产品生命周期理论，即行业发展通常要经历进入、增长、成熟、衰退四个典型阶段。在不同阶段，行业一些典型经济变量表现出不同的特性，如表6-4所示。

表6-4 行业典型经济变量在生命周期不同阶段的表征

经济变量	进入期	增长期	成熟期	衰退期
市场增长	较快	很快	很慢	下降
产品品种	较少	增多	稳定	减少
技术变量	大	渐稳定	稳定	—
竞争者数量	较少	增多	开始减少	大量减少

续表

经济变量	进入期	增长期	成熟期	衰退期
竞争规则	不确定	逐渐确定	确定	—
进入障碍	低	提高	很高	—
购买特点	不熟悉	逐渐清楚	非常清楚	—

资料来源：苟海平，季茂力，信墨庆．行业分析方法初步研究［J］．粮食科技与经济，2001，26 （6）：20－21．

通过对这些典型行业经济变量的特性变化分析，自贸区企业可以基本掌握行业演变所处的阶段和未来发展趋势。但需要说明的是，行业生命周期的实际演变并不一定总是按上述四个阶段顺序进行的。例如，有的行业可能在某一阶段所处的时间非常长，以至于人们很难分辨出行业发展的阶段；有的行业经过增长期后可能就直接进入了衰退期；有的行业在经历了一段衰退之后又重新进入了增长阶段；等等。行业发展的基本驱动因素有技术需求和市场需求两种。具体分析时应注意的是这两种因素常常综合发挥作用。如行业关键技术上的某点突破可能会首先导致市场需求发生变化，进而促进行业发展趋势的变化；某一个与本行业高度相关行业的技术或市场需求发生了重要变化，也可能对本行业技术或市场需求带来重要影响，从而影响本行业发展趋势的变化。

3. 行业竞争结构分析

企业竞争环境包含社会、经济等多种因素，其中行业竞争结构是影响行业竞争规则、企业竞争战略的关键因素。美国哈佛商学院迈克尔·波特教授提出的行业五种基本竞争力模型是分析行业竞争结构的经典模型，见图 6 - 1。

可以看出，供方议价能力、买方议价能力、新进入者的威胁、替代产品或服务的威胁、行业内企业间的竞争，这五种竞争力的强弱是决定行业经济水平（利润率）的关键因素。一个企业竞争战略的主要目标就在于使企业在行业中处于最佳位置，保护、壮大自己，抗击五种竞争力，或根据自己的需要影响五种竞争力。分析五种竞争力表象后的来源至关重要，表 6 - 5 为对五种竞争力主要决定因素进行的初步分析。

通过对上述主要决定因素的分析，自贸区企业可以基本了解五种竞争力的强弱，进而对行业竞争结构有一个基本完整的了解。

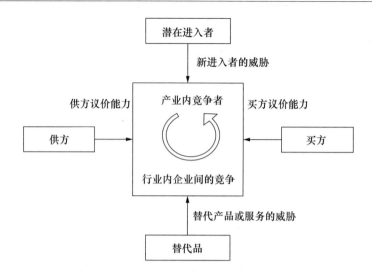

图6-1　行业五种基本竞争力的波特模型

表6-5　五种竞争力的主要决定因素

五种竞争力	主要决定因素
新进入者的威胁	规模经济程度、产品差异化程度、顾客的转换成本、技术障碍、销售渠道的控制程度
替代产品或服务的威胁	产品价格、产品性能、顾客的转换成本
供方议价能力	供方数量、供方产品差异化程度、企业后向延伸能力、供方产品的可替代性
买方议价能力	买方数量与集中程度、企业后向延伸能力、产品差异化程度
行业内企业间的竞争	行业市场增长率、竞争者数量及均衡程度、产品差异化程度与转换成本、行业退出障碍

资料来源：苟海平，季茂力，信墨庆．行业分析方法初步研究［J］．粮食科技与经济，2001，26（6）：20-21．

4. 战略集团分析

所谓战略集团，是指一个行业内执行同样或类似战略并具有类似战略特征的一组企业。在一个行业中，如果所有的企业都执行基本相同的战略，则该行业中只有一个战略集团。如果每个企业都奉行与众不同的战略，则该行业中有多少个企业便有多少个战略集团。当然，在正常情况下，一个行业中仅有几个战略集团，它们采用性质根本不同的战略。每个战略集团内的企业数目不等，但战略雷同。

在同一战略集团内的企业除了广义的战略外，还在许多方面彼此非常相近。它们在类似的战略影响下，会对外部环境做出类似的反应，采取类似的竞争行动，占有大致相同的市场份额。战略分析者可以根据行业的特点和需要，确定出不同重要程度的战略约束因素，以便更清楚地勾画出行业中不同类型的战略集团。通过战略集团的划分，可以帮助自贸区企业了解整个行业的竞争分布情况，确定自身所处的位置，并为企业分析行业发展变化趋势、制定或调整经营战略提供依据。

划分战略集团的一般步骤如下：预选战略变量，即分组指标，常用变量有规模、品牌、价格、质量等；选出最有区分力的第一变量；选出独立于第一变量的具有区分力的第二变量；绘出战略分组图；描述每一组的战略特征和收益性。

一个行业中如果出现两个或两个以上的战略集团，则可能出现战略集团之间的竞争。战略集团之间的竞争激烈程度不仅影响着整个行业的潜在利润，而且在应对潜在的行业竞争进入者、替代产品、供应商和销售商讨价还价能力方面表现出很大差异性。

一般来说，下列四个因素决定一个行业中战略集团之间的竞争激烈程度：

（1）战略集团间的市场相互牵连程度。所谓市场牵连程度，就是各战略集团对同一顾客进行争夺的程度，或者说是它们为争取不同细分市场中的顾客进行竞争的程度。当战略集团间的市场交叉很多时，将导致战略集团间激烈的竞争。例如，在化肥行业中，对所有战略集团来说顾客（农民）都相同。当战略集团将目标放在差别很大的细分市场上时，它们对他人的兴趣及相互影响就会小得多。当它们的销售对象区别很大时，其竞争就更像是在不同行业的集团间进行一样。

（2）战略集团数量以及它们的相对规模。一个行业中战略集团数量越多，且各个战略集团的市场份额越相近，则战略集团间的竞争越激烈。战略集团数量多就意味着集团离散，某一集团采取削价或其他战术攻击其他集团的机会多，从而激发集团间的竞争。反之，如果集团的规模极不平衡，如某一集团在行业中占有很小的份额，另一集团却有很大的份额，则战略的不同不大可能对战略集团之间的竞争方式造成很大的影响，因为小集团力量太弱，不大可能以其竞争战术来影响大集团。

（3）战略集团建立的产品差别化。如果各个战略集团采用各自不同的战略将顾客区分开来，并使他们各自偏爱某些商标，则战略集团间的竞争程度就会大大低于集团所销售的产品被视为可替代产品时的情况。

（4）各集团战略的差异。所谓战略差异，是指不同战略集团奉行的战略在关键战略方向上的离散程度，这些战略方向包括商标信誉、销售渠道、产品质量、技术领先程度、成本状况、服务质量、纵向一体化程度、价格、与母公司或东道国政府的关系等。如果其他条件相同，集团间的战略差异越大，集团间就越可能只发生小规模的摩擦。集团奉行不同的战略导致它们在竞争思想上有极大的判别，并使它们难以相互理解他人的行为，从而避免盲目的竞争行动。

5. 行业关键成功因素分析

关键成功因素是指企业在行业竞争中获取竞争优势的主要决定因素，如产品的属性、资源、竞争能力等。行业关键成功因素的分析对于自贸区企业了解核心竞争能力的内容，确定获取竞争优势的努力方向会带来帮助。

回答下面三个问题有助于确认行业的关键成功因素。

（1）顾客在行业内各个竞争产品之间选择的根据是什么？这需要详细地深入分析这个行业的顾客，并把他们看成行业得以存在的理由和利润的来源。公司必须识别谁是顾客，识别他们的需求，并找出行业内各个竞争产品之间顾客选择的优先级顺序是什么。

（2）行业内一个公司要想取得成功必须做什么？需要什么资源和竞争能力？这需要对整个行业的竞争进行分析，分析竞争激烈程度如何，分析竞争的关键维度（如产品档次、地区等）是什么，分析公司应该如何获得竞争优势。

（3）行业内一个公司要想拥有取得成功的竞争优势必须采取什么样的措施？这需要对公司内部的资源及竞争能力进行分析，分析公司在研发技术、生产制造、市场营销、管理、品牌等方面具有哪些优势。

每个行业通常有 3～4 个关键成功因素，需要说明的是，在行业发展的不同阶段，行业关键成功因素会表现出比较明显的动态性。

6. 行业吸引力分析

行业吸引力是指行业因其具有良好的经济性等原因，而对企业产生参与其中竞争的吸引能力。行业吸引力的大小既是决定行业竞争激烈程度的主要因素之一，也是决定自贸区企业经营战略导向的主要因素之一。在一般情况下，行业的吸引力越大，竞争的激烈程度也越高，企业的经营战略导向也越积极。在通常情况下，行业吸引力的主要影响因素及其作用如表6-6所示。

表6-6 行业吸引力的主要影响因素及其作用

主要因素	对行业吸引力的作用
行业增长潜力	潜力越大，吸引力越强（正相关）
行业发展主要驱动力	企业掌握越多，吸引力越强（正相关）
竞争者进入、退出障碍	障碍越小，吸引力越强（负相关）
行业市场需求	需求越大，吸引力越强（正相关）
行业竞争力情况	五种竞争力越弱，吸引力越强（负相关）
行业风险与不确定程度	风险和不确定性越低，吸引力越强（负相关）
行业总体利润水平	利润水平越高，吸引力越强（正相关）
行业的特殊影响因素	—

资料来源：苟海平，季茂力，信墨庆．行业分析方法初步研究［J］．粮食科技与经济，2001，26（6）：20-21.

实际分析时，根据具体行业的特点，对于影响其吸引力的主要因素也应进行相应的调整。

上述六个方面，仅仅是对一般情况下行业分析方法框架的理解和概括。实际应用时，应根据具体行业或自贸区企业实际情况，进行必要的调整和完善。行业分析的有效开展既需要实用的分析方法，也需要一定数量的行业信息数据来支持。在进入战略制定与调整、战略制定与控制阶段时，还需要决策树、决策矩阵、层次分析（AHP）、仿真等决策技术以及经济学、财务管理学等知识。

二、新兴阶段的行业分析

新兴行业是指由技术创新、相对成本关系、新的消费需求或者其他有可能催生新产品或服务商机的经济和社会变革推动的新成立或者重生的行业。新兴行业的本质特征是没有既定的游戏规则，缺乏规则不仅带来了风险，也带来了机遇。

1. 新兴行业结构特征分析

（1）技术不确定性。新兴行业中通常存在很高程度的技术不确定性。如哪种产品结构或者配置是最佳的，哪种生产技术经过事实证明是最有效的。

（2）战略不确定性。战略不确定性与技术不确定性相关，没有"正确"的战略被公认，企业在产品、市场定位、营销和服务等方面采用不同的方法。同时，企业对于竞争对手、顾客特点、行业条件等知之甚少。没有任何一个企业了解竞争者是谁，也没有现成的可靠的行业销售量和市场份额数据可供参考。

（3）成本不确定性。初始成本高，之后迅速下降。由于产品新、生产批量小，相比行业发展成熟时的产品成本，新兴行业的初始成本较高。但是随着生产流程、车间布局等方面的改良，新观点的出现，员工工作熟练程度的提高，生产效率会大幅度提高。销售额的增长大大提升了企业规模和企业累计总产量。随着行业增长，如果企业获得学习收益，且实现规模经济，那么成本下降的速度将更快。

（4）萌芽公司和另立门户的公司。行业的新兴阶段通常会出现很多新企业。新兴行业中没有确定的竞争规则，也没有规模经济来阻止企业进入，新企业很容易进入行业。

与新成立企业存在联系的是许多另立门户的企业，即由从该行业现有企业离职的人员创办的新公司。另立门户现象涉及许多因素：首先，在迅速发展、充满机遇的行业里，员工认为与工资收入相比，不如自立门户、拿股权回报；其次，由于新兴行业技术和战略的游移不定，行业内现有企业的员工往往有能力更好地看清形势，利用近水楼台先得月的优势来厘清行业发展思路。有时他们离开公司是为了更好地利用自己的优势，当他们羽翼丰满，成立公司就很正常，主要是他们不想继续在向老上司提出新观点的时候碰壁，因为变革很有可能危及企业之前所做的投资。如果行业结构无法创造较高的进入壁垒来阻止新进入的企业，那么另立门户在新兴行业中就很普遍。

（5）首次购买者。新兴行业产品或服务的购买者本质上是首次购买者。营销的首要任务是促使替代的发生，或者说让购买者购买新的产品或服务。买方必须获悉有关新产品或服务的性质和功能，确认新产品或者服务能够实现这些功能，并且相比使用这些产品或者服务获得的潜在收益更大，购买的风险更低。

（6）权宜之计。在许多新兴行业中，企业面临着开发客户、生产产品的巨大压力，以至于企业往往采用权宜之计，而不是着眼于行业未来的环境。与此同时，很多行业惯例经常是无心插柳的结果。比如，某家企业需要建立定价体系，营销经理就按照在过去企业的经验使用双层定价制度，而行业中其他企业就有可能追随模仿、直接照搬。

（7）补贴。在许多新兴行业，特别是技术发展迅速或着力解决社会问题的行业里，早入行的企业有可能获得补贴，补贴有可能来源于政府、非政府机构或者其他渠道。补贴可以按照津贴的形式直接奖励给企业，或通过税务激励、补贴买方等方式给行业发展创造价值。补贴通常会给企业造成一定程度的震荡，补贴的发放可能取决于政府决策，而这种决策很有可能瞬间被扭转或者修改。补贴在某些方面虽然对新兴行业的发展有益，但是也意味着政府涉足行业，祸福难料。

2. 制约新兴行业发展的问题分析

（1）缺乏原材料或生产部件。新兴行业的发展要求找到新的供应商或者扩展现有供应商的产能，甚至需要修正或者改良原材料和部件以满足行业的需要。在行业发展的过程中，原材料和部件的短缺在新兴行业中非常普遍。

（2）原材料价格不断上涨。行业面对不断攀升的需求和供不应求的情况，关键原材料的价格往往会在新兴行业的早期阶段大幅上涨。这种情况一部分是由供求关系的经济规律导致的，另一部分是因为供应商意识到了行业内奇货可居的情况。但是随着供应商扩展（或行业内的企业日益通过整合来克服"瓶颈"），原材料的价格会迅速下降。不过原材料的供应规模不会大幅度上升，短期内价格也不会发生迅速下降。比如在矿业中，土地和熟练劳动力的成本就一直居高不下。

（3）缺乏基础设施。新兴行业往往面临着因缺乏基础设施而导致的原材料供应困难问题，如分销渠道、服务设施、训练有素的机械工程师、互补产品等。

（4）缺乏产品或技术标准。没有统一的产品和技术标准加剧了原材料或互补产品供应的问题，这妨碍了行业改善自己的成本地位。由于新兴行业中产品和技术具有高度的不确定性，进而导致了行业标准的不一致。

（5）人们认定技术已经过时。如果买方认定第二代或第三代技术的出现会大幅度使当前存在的产品过时，新兴行业的发展就会受到阻碍。买方常常采取观望态度，等待技术进步或者成本下降的速度放缓。这种现象在当前很多行业内存在。

（6）客户不清楚具体情况。新兴行业的客户经常有困惑的时候，主要来源于行业存在众多的产品方案、技术变化以及各家企业所持有的看法前后矛盾。所有这些现象是技术不确定的表现，其根本原因是技术不确定、缺乏标准化，行业中企业无法就一般的技术问题达成一致。在这些问题的困扰下，买方强化了对购买风险的意识，从而限制了行业销售额的增长。

（7）产品质量不稳定。新兴行业存在许多新成立的企业，但由于行业缺乏统一标准，技术不确定，产品质量很不稳定。即使产品质量不稳定可能仅仅存在于几家企业中，但也会给整个行业的形象和可信度带来极大的负面影响。

（8）在金融界的形象和信誉。作为新兴行业，不确定因素较多，客户充满疑虑，产品质量不稳定，新兴行业在金融界的形象和可靠度较差。这种情况不仅削弱企业获得低成本融资的能力，而且还有可能影响买方获得信用的能力。虽然融资困难在新兴行业是普遍存在的情况，但有些行业（通常是高科技企业或概念企业）却是例外。

（9）监管许可。新兴行业为满足某种需求提供新的方法，且需要得到当局的批准，而在获得监管机构承认和批准时，就面临诸多的繁文缛节。另外，政府政策也可以让新兴行业一夜之间改头换面，就像曾强制使用烟雾报警器一样。有的新兴行业处于传统管制范围之外，但是行业发展促进了整体规模上升，就会引起有关监管机构的注意和介入。突如其来的政府监管有时会延缓行业的成长过程。

（10）高成本。由于诸多条件的限制，新兴行业往往要面临着高昂的成本，往往高于企业最初对最终成本的预测。在这种情况下，新兴行业往往要求企业低于成本进行定价，否则行业发展就会受阻。这其中的问题会引发成本和销售量的恶性循环。

3. 被威胁企业的反应

由于新兴行业的发展，某些企业或者行业主体必然受到威胁，如生产替代产品的行业、与老产品相关的工会组织、分销渠道。这些利益主体情愿在稳定的环境下和稳定的组织打交道。受到威胁的利益主体可能会从多个方面反对新兴行业的发展。其中一种是通过监管或者政治手段施压，另一种是邀请各方坐下来谈判。如果行业面临着替代威胁，其反应可能是降低价格、收缩利润（或增加营销成本），也有可能是为了提升被威胁产品或服务的竞争力而加大研发投资。如果受到威胁的行业选择提高质量、降低成本，那么新兴行业中的企业必须灵活地降低学习成本，并调整与规模有关的成本目标。如果受到威胁的行业退出壁垒过高，那么新兴行业的成长就可能面临着受威胁行业孤注一掷的抵制。

三、转型阶段的行业分析

很多行业从快速增长时期过渡到成熟期，这一阶段行业的增长不再迅猛。行业成熟不是发生于行业发展过程中某个固定的点上，它可以因为创新或者激励行业中企业发展的其他因素而被延迟。而且如果行业发展过程中出现了某种战略性突破，处于成熟阶段的行业会重新迅速增长，经历多次向成熟的转化。对于行业中的企业来说，行业向成熟转化是一个关键时期，这个阶段企业的竞争环境发生根本变化，要求企业做出非常困难的战略回应。

1. 转型阶段的行业竞争环境分析

（1）市场份额的争夺更加激烈。对于无法保持原有市场份额或历史增长率的企业，竞争注意力就转向行业内部，去争夺其他企业的市场份额。日益加剧的竞争要求企业重新定位基本战略，对竞争对手的特征及行为方式做出全新的假设和认定，必须反复分析竞争对手。不仅竞争者可能变得更有攻击性，企业对周围存在误解或者反应过大的可能性也大大提高。价格战、服务战、促销大战等在行业向成熟阶段过渡的时期屡见不鲜。

（2）买方日渐成熟，回头客增加。人们不再觉得产品新奇，因为产品已经被消费者认可。随着买方对产品了解的加深，购买经验变得日益丰富，有时候会重复购买。买方的重点从决定是否购买产品，转向在不同品牌之间进行选择。

（3）竞争重点转向成本和服务。由于行业增速放缓，买方信息越来越充足，技术水平也更为成熟，竞争趋于成本导向和服务导向。企业可能需要重新调整自己的经营方式，从而稳固自己的竞争基础。成本压力可能会增加资金需求，从而迫使企业配备现代设施设备。

（4）生产能力和人员增长放缓。随着行业逐渐习惯了增速放缓的节奏，产能的增速也必须减慢，否则就会出现产能过剩的现象。因此，企业对于增加产能和人员，要从观念上转变，不能停留于过去头脑发热的状态。企业需要密切关注竞争对手的产能增加情况，并准确把握产能增加的时机。

相对于需求而言，行业产能过剩的现象非常普遍，产能过剩延续一段时间，就会激化行业内的价格战。行业的效率规模越大，这个问题就越突出。如果扩招的人员都是高技能人才，需要长期的适应时间或者培训，那么这个问题也会被激化。

（5）制造、营销、批发、销售及研究方法面临变革。由于行业内市场份额的竞争强度越来越激烈，技术发展日益成熟，买方对产品知识的了解愈加深刻，导致这些领域内变革的发生。如果企业必须对这些职能做出政策变化，则需要投入资本和新技术，而采用新的制造方法又可能会凸显上述产能过剩的问题。

（6）新产品和应用很难获得。虽然行业增长阶段市场发现了大量的新产品和应用，但企业持续保持产品的能力日益受到限制，行业发展对应的成本或风险也在提高。这种变化要求其他条件的成熟，包括创新定位企业关于研究和新产品开发的态度。

（7）国际竞争加强。由于技术发展不断成熟，往往伴随着产品标准化，行业竞争日渐集中于成本领域，行业的转型往往伴随着国际化竞争。参与国际竞争的企业往往和国内的企业拥有不同的成本结构和目标，与本国市场相比，其市场情形也大不相同。

（8）行业利润通常下降，这种下降可能是暂时的，也有可能是永久性的。随着行业日渐成熟，其发展速度放慢，买方对产品知识更加了解，企业更强调市场份额，行业的短期利润会下降。有些企业可能会受到更深的影响，尤其是市场份额小的企业。利润下降，现金流就会减少，而企业在这个阶段恰恰是最需要现金的。对于上市公司而言，利润下降不仅意味着股价下跌，还表明举债融资的难度加大。

（9）经销商的利润率下降，但其议价能力却有所提高。由于行业利润下降，经销商的盈利水平也在下降。很多经销商在制造商利润受到负面影响之前就已经离开行业。在行业增长阶段很容易找到经销商，企业与经销商之间的关系也比较容易维护，但是到了行业成熟阶段，情况发生了巨大改变。因此，经销商的议价能力会大大提高。

2. 转型阶段的陷阱

（1）企业对自己或行业的认知存在偏差。企业对自身形象和相对能力的看法反映在企业制定战略的基本假设上，如"我们是质量领导者""我们提供卓越的客户服务"。这些自我认知随着行业转型的发生、买方看重事项的调整以及竞争对手对新的行业条件的反应会日渐模糊。同理，企业也会对行业、竞争对手、买方和供应商有一定的看法，但行业转型可能使这些看法失效。有时候企业改变从过去经验中积累的看法是非常困难的过程。

（2）进退两难。转型过程经常使得企业过去战略得以实施的宽松环境不再存在，如果企业表现得比较懒散，在转型期往往会被淘汰出局，因为它们过去实施的战略不再有效。

（3）现金陷阱。现金陷阱即在成熟的市场上确立市场份额所需要的投资。企业的现金投入目的是为了日后获得回报，收回最初的投资。在发展成熟、增速缓慢的行业中，要求投入新的资金来占有市场份额往往是逞能的表现。企业在当下投入资金，是希望在未来收回投资，获得回报，希望用企业的现值来换取将来的回报，但行业成熟阶段不利于长期提高或保持利润，因此成熟的业务有可能是资金陷阱。特别是一个企业的市场地位并不强，但试图在成熟的市场上占有大量市场份额，问题就一发不可收拾，因为企业已经完全丧失了盈利的机会。与此相关的陷阱是在成熟的市场上过分注重市场的收入而不是获利能力。这一战略在行业增长阶段比较可行，但在行业逐渐成熟时，回报率却是递减的。

（4）为了短期利润轻易放弃市场份额。面对转型时期的利润压力，有些企业在牺牲甚至放弃营销、研发或者其他必要的投资基础上，努力保持过去的盈利水平，这进一步影响了企业未来的市场地位。如果规模经济在成熟行业中非常重要，不愿接受较低利润是目光严重短浅的表现。随着行业合理化过程的推进，企业必然要经过一段时间的低利润，为了避免过度反应，企业一定要保持清醒的头脑。

（5）憎恨价格战（绝不开展价格战）。如果在行业发展的过程中，一直没有开展价格战，那么让企业突然接受价格战往往很难。因此，避免价格竞争似乎成了很多企业竞争的金科玉律。有些管理者甚至认定价格竞争绝非君子所为，有伤风雅。这是企业在行业转型期一个非常危险的反应。当企业愿意进行激烈的价格竞争时，这有可能是获得市场份额、确立自身长期低成本优势的必要之举。

（6）痛恨行业实践中的变化（这种做法毁了这个行业）。行业实践中的变化，如改变营销技巧、生产方法和分销商合约的实质，往往是行业转型不可避免的行为，它们对于行业保持长期潜力非常重要。机器代替手工的作业遭到抵制，此外，很多企业不愿意采用激进的营销方式，这些可能会让企业落伍，无法适应新的竞争环境。

（7）过于强调有创意的新产品，而不是大力推销现有产品。虽然在行业发展的早期和成长阶段，企业的成功是建立在研发新产品基础上的，行业走向成熟就表明很难进一步实现新产品和应用的创新。创新活动的焦点应该适时发生改变，在行业成熟阶段应该把行业的标准化当作发展的重点，而非产品的新奇或者适当的改良。但是对于某些企业来说，这种变化不符合它们的意愿，因此往往受到强烈的抵制。

（8）把恪守高品质作为不回应竞争对手激烈的价格战或实施有效举措的借口。高品质可以是企业的核心优势，但随着行业的成熟，质量差异化可能会弱化。即使在行业成熟阶段能够保持质量的差异化，具有丰富产品知识的买方可能愿意以低价格接受质量不错的产品，而并不苛求高档品质。但是很多企业很难接受自己不再生产最高品质产品的事实，有些企业产品的质量相对于消费者的购买力来说过高了。

（9）产能过剩很快发生。行业产能超过了行业需求，或者产能增加会引发在成熟行业的企业进行车间现代化，都会导致一些企业的产能过剩。产能过剩的存在给企业造成了无形的压力，利用企业多余产能可能会损害企业战略的实施效果。企业管理层也有可能做出让企业陷入资金陷阱的决策。最理想的状况是企业能够出售或者清除多余产能。当然，企业不可能将自己多余的产能出售给竞争对手，而给对手增加打击自己的机会。

四、衰退阶段的行业分析

行业衰退期是指在某个特定的时间内，某个行业的单位净销售量的下降。这种下降不是因为经济周期或者其他短期内的突发情况（如原材料短缺等），而是表明了企业必须要制定终局博弈战略的真实情景。在各个行业的衰退期，企业的反应不尽相同。有些企业从容不迫，优雅隐退；有些行业硝烟弥漫，各家企业殊死搏斗，企业产能普遍过剩，遭受巨大运营损失。

1. 行业衰退期竞争的结构化因素

（1）需求状况。

第一，不确定性。如果企业相信需求可以反弹或止跌回稳，就有可能继续坚守阵地，留在行业内。虽然销售量大幅缩水会让竞争大战不可避免，但是这些企业依然会努力保持自己的竞争地位。相反，如果所有企业都坚信行业需求会继续下降，就会推动企业井然有序地退场。企业对行业未来需求的看法往往仁者见仁、智者见智，有些企业认定未来行业复兴有望，于是坚守到底。另外，从诸多有关行业衰退的历史数据来看，企业对未来行业发展态势的看法受其行业地位和面临的退出壁垒影响，企业在行业中的地位越高，面临的退出壁垒越高，它们对行业未来的看法就越乐观。

第二，衰退的速度和模式。行业衰退速度越慢，企业就越有可能被短期因素所迷惑。不确定性大大提升了行业衰退期的不稳定。如果需求突然大幅度下降，企业很有可能摒弃厂房不用，甚至全面撤资，这就可能进一步加快行业产能的下降。另外如果行业的销售额本来就不稳定，企业将很难分辨行业衰退期的下降趋势与周期性的波动。

行业衰退的速度部分取决于企业从业务领域抽身出来的模式。在工业企业中，其产品是客户投入要素中非常重要的一部分，如果有一两个主要生产厂家决定退出，那么行业需求就会骤降。由于担心关键的投入要素难以为继，客户企业就会加快使用替代品的进程。因此，很早宣布退出的企业可能会对行业衰退的深度产生重大影响。行业衰退的速度也有可能加速行业需求的减少，因为随着行业销售量的下降，企业成本会上升，产品的价格也会上升。

第三，剩余需求板块的结构。随着需求的下降，剩余需求的性质对于行业衰退期留守企业的盈利能力起着重要作用。例如，在雪茄烟行业，高价雪茄细分领域就是一个剩余需求板块，这部分需求被替代的可能性不大，其中买方对价格的敏感度较低，愿意接受建立在高度产品差异化基础上的产品创新。在这个细分领域有优势地位的企业有着得天独厚的条件获得高于平均水平的利润，就算行业衰退了，企业也能捍卫自己的竞争地位，免受竞争力量的负面影响。

通常情况下，如果剩余需求板块涉及对价格不敏感的买方，而这些竞争企业因为具有较高的转换成本或者其他因素而议价能力太低，终局博弈将有利于行业留守者。终局博弈的盈利能力还取决于剩余板块需求相对替代者和有实力供应商的实力以及移动壁垒的限制，这些都有可能保护、服务于剩余细分领域的企业，使这些企业避免在行业衰退期遭到力图弥补销售损失的企业的进攻。

（2）退出壁垒。退出壁垒使企业在行业衰退期继续竞争，即使只能从投资中获得低于正常标准的收益。退出壁垒越高，对于行业衰退期的驻留企业越不利。退出壁垒起源于以下几个基本原因：

第一，耐用的和专用化的资产。如果企业的资产，包括固定资产或运营资产，在业务领域、企业或使用地点方面出现高度专业化的特征，企业这类资产的清算价值就会降低，这个行业的退出壁垒也会相应提升。专业化的资产只能出售给那些有意图在同一业务领域使用的人员，购买专业化资产的人就有可能在同一业务领域的同一地点使用；如果无人购买，其价值就大打折扣，而且很有可能被弃用。愿意在同一业务领域使用这些资产的买方数量很少。也因为同样原因，在行业衰退期，当企业意图出售这些资产时，潜在的买方因行业情况会对其望而却步。这些生产设备只好大幅度折价出售给投机者或者近乎绝望的员工群体。并且在行业衰退期的存货价值也很低，尤其是在存货周转率很低的情况下。

如果企业资产的清算价值很低，从经济的角度来看，企业最好保留这项业务，哪怕该业务领域的预期现金流很低。如果资产比较耐用，其面值可能会大大超过其清算价值，企业有可能遭受价值损失，即企业现在马上撤资可能的收益，会低于投资资金的机会成本。不管情况如何，只要账面价值超过了清算价值，企业选择停止某项业务，其资产价值会被冲销，那么企业的退出行为就会受到遏制。

在评价特定的行业因资产专业化导致的退出壁垒时，人们时刻关注的问题是接纳这类资产的市场是否存在。有时候资产在国内市场一文不值，但可以出售到国外市场，这些国外市场所处的发展阶段与国内发展阶段不同。这一举动提升了资产的清算价值，降低了退出壁垒。但不管是否存在接受这类资产的海外市场，专业化资产的价值都会逐渐降低，因为人们日益清醒地认识到行业衰退不可避免。

第二，退出的固定成本。通常情况下，企业存在退出的固定成本，这个成本降低了业务的清算价值，由此提升了行业的退出壁垒。企业必须面对相当高的劳动力安置成本，管理人员或者员工需要花时间安置或者再次培训。在退出后，企业还必须遵守规定，提供条件给老客户。中长期的生产要素采购合约或者销售合约可能要支付高额违约金，有些合约则根本不可能停止。

第三，战略退出壁垒。以整体战略的观点来看，如果某项业务对多元化企业至关重要，它也可能面临战略退出壁垒。

其一，关联壁垒。某项业务可能是开展多种业务的企业整体战略的一部分，放弃这种业务可能会减弱整体战略的成效。这项业务可能是公司的身份或者形象的核心。退出该业务可能会损害企业与关键营销渠道的合作关系，也有可能降低企业在采购过程中的总体影响力。退出可能意味着某些共享设施或者其他资产闲置。是否出现这种闲置，主要取决于共享设施或者资产能否用作其他用途，或者是否在公开市场上出租。企业停止和某个客户的独家供应关系不仅掐断了向这家客户销售其他产品的供应链，也损害了依赖于这类关键原材料或者部件供应的企业业务。企业将资源从衰退行业转移到新市场的能力决定了关联壁垒的高度。

其二，进入金融市场。退出可能降低金融市场对企业的信心，或者弱化企业吸引潜在收购者或买方的能力。如果被放弃的业务在整体业务中所占比重较大，就可能大大降低企业的金融信誉。虽然从业务本身来看，冲销账目并无经济层面的影响，但是它会对企业的盈利能力增长产生负面影响，也有可能提高资本成本。

其三，垂直一体化。如果某项业务与企业其他业务存在一体化联系，这种关系对退出壁垒的影响取决于导致行业衰退的因素是影响整个垂直链还是只影响部分环节。

第四，信息壁垒。某项业务与企业中其他业务联系越紧密，比如存在共享资产或者买卖关系，企业精确判断这项业务的真正绩效就越困难。业务表现不理想可能被相关业务的成功所掩盖，而企业可能最终无法找到退出决定的经济学根据。

第五，管理者和情感壁垒。企业从某个业务领域退出，不仅受制于经济壁垒，还受制于情感壁垒。管理者对某种业务的情感投入以及对自己能力和成就的自尊和恐惧会影响他们对未来的判断。在单业务企业中，退出行业意味着管理者失业。因此从个人的角度来看，退出并不是一件让人高兴的事。退出会造成以下几种后果：打击管理者的自尊，他们会被贴上半途而废的标签；隔断了与某项业务的关联；给管理者履历上加上了不光彩的一页，对其未来求职有影响。企业的历史和传统越悠久，高层管理人员转移到其他公司或行业的概率就越低，这些因素对退出的阻挠作用就越明显。

第六，政府和社会壁垒。如果政府特别关注就业及业务对当地经济的影响，那么舍弃某项业务几乎不太可能。哪怕政府没有直接参与业务运作，当地经济压力和隐形的政府压力所构成的退出壁垒也可能很高，这主要取决于企业所处的行业环境。与此类似的是管理人员和企业员工对当地社区的责任，这未必可以直接用金钱来衡量，但确实存在。业务舍弃通常意味着员工失业，这有可能损害整个地区的经济。

由于众多壁垒的存在，使企业在财务表现不佳的情况下依然苦守着某个行业。企业产能下降却不能退出行业；企业为求生存，彼此展开无情的攻击。在具有较高退出壁垒的衰退行业中，哪怕是最健康、最强大的企业，也很难保证在其中毫发无损。

（3）处置资产的机制。企业资产的处理方式影响着衰退行业潜在的盈利能力。退出企业把资产贱价出售给他人，新企业的投资门槛较低，其定价和其他方面的战略决策会有所调整，但留守行业的企业却受到了重创。在衰退行业中，如果企业的资产在行业内处理而非报废，会使后续的竞争态势比一开始拥有这些资产的企业留存更加恶劣。

政府提供补贴帮助一些无法生存的企业苟延残喘，这种情况也好不到哪里去。一方面产能无法撤出市场，另一方面当企业接受补贴时，潜在的利润水平可能进一步恶化，因为企业做出决策的经济基础不同。

（4）企业竞争状态的波动。行业衰退期的销售量锐减，企业之间争夺份额的价格战也很激烈。在下列情况下，企业之间的竞争很激烈：产品被视为差异性不大的商品；固定成本很高；很多企业受到行业退出壁垒的制约；很多企业认定保持行业的竞争地位具有重要的战略意义；留守行业的企业相对优势比较平均，以至于单个或者几个企业不能轻易打赢竞争之战；企业不太确定彼此的相对竞争力，很多企业不顾后果，只想着改变自己的竞争地位。

供应商和分销渠道的因素会激化行业衰退期企业竞争的不稳定性。随着行业衰退，客户对其供应商的作用减弱，这有可能会影响价格和服务。同理，同时服务多家企业、控制货架空间和定位的分销渠道力量会随着行业衰退而加强，甚至有可能影响客户的最终采购决定。

从行业较量角度来看，在衰退期发生的最糟糕的情况是一两家战略地位较低的企业掌握着绝大多数重要公司的资源，而且打定主意留在行业里。它们的劣势让其孤注一掷地提升在行业内的地位，包括采用有可能威胁整个行业的降价措施，它们留守行业的能力逼迫其他行业对之做出反应。

2. 行业衰退期的战略陷阱

（1）无法认识到行业衰退。由于行业的不确定性存在，我们不可能提前预知行业的衰退。总有一些企业没法真正客观地观察行业衰退的实质，这有可能是因为企业长期以来非常认同行业或者对替代品的预见过于短视。存在较高的退出壁垒有可能对管理者如何评价环境产生影响，他们总是在寻找乐观信号，因为悲观情绪会让企业苦不堪言。

（2）消耗战。与竞争对手在具有较高退出壁垒的行业开展消耗战往往会导致灾难的发生。这类竞争对手被迫对企业的行动做出激烈的回应，在没有大力投入的情况下，它们根本不可能赢得一点竞争地位。

（3）实力不足却依然实施收割战略。除非行业结构在衰退阶段非常有利，否则企业若无明显实力，实施收割战略则是不明智的。一旦企业的营销或者服务水平下降或者价格升高，客户会很快转向其他地方完成业务。在收割的过程中，业务的重置价格可能无从知晓。

思考题

1. 咨询服务主要包括哪些内容？
2. 如何完善自贸区咨询服务体系？
3. 行业分析主要包括哪些内容？
4. 行业新兴阶段、转型阶段、衰退阶段各自存在怎样的行业竞争特征？

第七章
知识产权服务

改革开放以来，我国逐渐形成了一套完整的知识产权法律体系。知识产权制度在鼓励人们从事创造性的脑力劳动，促进科学技术的进步方面起到了非常重要的作用。目前，中国已经成了世界第二大经济实体国家，在建立创新型国家的号召下，加强知识产权的保护，促进科技成果的推广和运用就显得尤为重要。

第一节　知识产权法概述

一、知识产权的概念和特点

1. 知识产权的概念和范围

知识产权，亦称智力成果权，是指民事主体基于创造性劳动所产生的，对其所创造的知识产品（或智力成果）依法享有的一种民事权利。广义的知识产权，是指一切在保护期限之内的人类智力创造的成果。在《建立世界知识产权组织公约》第二条中知识产权包括以下内容：有关文学、艺术和科学作品的权利；有关表演艺术家的演出、录音和广播的权利；有关人们在一切领域中的发明权利；有关科学发现的权利；有关工业品外观设计的权利；有关商标、服务标志、厂商名称和标记的权利；有关制止不正当竞争的权利；在工业、科学、文学和艺术中一切其他源自智力活动的权利。在世界贸易组织（WTO）的《与贸易有关的知识产权协议》中，规定的知识产权的范围是著作权与邻接权、商标权、地理标记权、工业品外观设计权、专利权、集成电路布图设计权以及未披露过的信息专有权。

由此可见，从广义上讲，知识产权的范围广泛并且有不同的划分。但是，目前世界上大多数国家都参加了《建立世界知识产权组织公约》，同时也是世界贸易组织的成员，我国也是如此。因此，无论是《建立世界知识产权组织公约》的规定，还是《与贸易有关的知识产权协议》的规定，都是大多数国家承认的，也为我国所承认。狭义的知识产权，则是指工业产权和著作权两部分。其中，工业产权主要是指专利权和商标权。

2. 知识产权的特点

知识产权首要的也是最重要的特点就是"无形"。这一特点将它们同一切有形财产以及人们就有形财产享有的权利区分开来。从"无形"这一首要特点出发，并与它相关，产生出知识产权的其他特点，其主要特征有以下五个：

（1）专有性。知识产权具有独占性和排他性，在知识产权保护期限内，非经权利人同意或法律规定，他人不得享有该项权利，使用该智力成果。

（2）地域性。知识产权作为一种专有权在空间上的效力并不是无限的，要受到地域的限制，其效力仅限于授权国境内。根据国家主权原则，一国法律确认和保护的知识产权，原则上只能在该国领域内发生法律效力，如要在其他国家发生法律效力，在其他国家取得法律保护，必须获得该国法律的确认或参加知识产权国际公约与双边互惠协定。

（3）时间性。知识产权作为一种专有权在时间上的效力也不是无限的，其效力仅限于法定有效期限内。超过法律规定的有效期限，专有权就会丧失，知识产品（或）智力成果即成为全社会的共同财富。

（4）依法确认性。知识产权是一种无形财产权，其在取得程序上与有形财产权不同。有形财产权一般可根据一定的法律事实设定或取得，不需要由国家主管机关认可。知识产权中除去著作权，一般情况下都需要国家主管机关依法定程序予以正式确认。如专利权需经过申请和审查批准后，才由国家发给专利证书加以确认。这种情况同样适用于商标权。

（5）人身权和财产权的双重性质。知识产权具有人身权和财产权的双重内容。人身权是基于一定身份而产生，不具备财产内容的一种权利，如作品上的署名权、发明人在专利文件中写明自己是发明人的权利等。人身权利一经成立，即与特定的人身不可分离。财产权则来源于知识产品（或智力成果）所具有的商品属性，权利人可以通过对其所有的知识产品（或智力成果）使用或转让获得经济利益。财产权可以为权利主体所享有，亦可依法转让或由继承人继承。

二、知识产权法的概念和调整对象

1. 知识产权法的概念

知识产权法是调整知识产权在取得、利用、管理和保护过程中发生的社会关系的法律规范的总称。我国的知识产权法除了包括《专利法》《商标法》《著作权法》等专门性的法律外，还包括以下一些内容：①其他法律中关于知识产权的规定。例如，《民法通则》在"民事权利"中对知识产权的规定。②行政法规和规章中关于知识产权的规定。例如，《专利法实施细则》《商标法实施细则》《著作权法实施细则》等。③关于知识产权法律适用的司法解释。例如，2001年6月19日，最高人民法院审判委员会第1180次会议通过《最高人民法院关于审理专利纠纷案件适用法律问题的若干规定》（自2001年7月1日起施行）等。④我国加入有关知识产权方面的国际公约和条约。我国已经加入了一批国际公约和条约，按照国际法规则和我国的立法程序，除了我国声明保留的条款外，这些公约和条约自动构成我国国内法的一部分。

2. 知识产权法的调整对象

知识产权法的调整对象，是指知识产权法律规范所调整的社会关系。

（1）知识产权取得过程中发生的社会关系。知识产权的取得过程是智力成果取得专有权利的过程。在这一过程中发生的社会关系是法律调整知识产权的起点和前提，关系到知识产权能否依法取得。这类社会关系具体包括以下内容：申请人之间的关系，行政主管部门与申请人之间的关系，申请人与社会公众的关系。

（2）知识产权利用过程中发生的社会关系。知识产权作为一种无形财产权，权利人可以利用该权利去实现自己的物质利益。同时，国家出于公共利益等的需要，也会在一定条件下对知识产权强制利用。知识产权利用过程中发生的社会关系具体包括以下内容：知识产权在自愿利用过程中，权利人与受让人、被许可人之间的关系；知识产权在强制利用过程中，权利人与利用人之间的关系。

（3）知识产权保护过程中发生的社会关系。知识产权是一种民事权利，而且是一种无形财产权，更容易受到侵犯，并且受到侵犯还不容易被发现。因此，知识产权保护过程中发生的社会关系必须由法律进行调整。这类社会关系具体包括行政保护中发生的关系和司法保护中发生的关系。

（4）知识产权管理过程中发生的社会关系。与其他民事权利相比较，知识产权的行政管理更为突出。知识产权管理过程中发生的社会关系，主要是指知识产权主管部门与申请人、权利人等的关系。

三、知识产权保护的国际化

国际科技、经济交往的日益频繁和国际技术市场的不断发展，使知识产权保护的国际化越来越重要。从 19 世纪末开始，随着资本主义经济和国际贸易的发展，各国间先后签订了一系列保护知识产权的公约、条约和协定，形成了较为完备的国际知识产权保护制度。国际保护知识产权制度可以分为两大类。

第一大类是保护工业产权的制度：1883 年的《保护工业产权巴黎公约》、1891 年的《制裁商品来源虚假或欺骗性标记马德里协定》和《商标国际注册马德里协定》、1925 年的《工业品外观设计国际备案海牙协定》、1957 年的《国际注册用商品与劳务国际分类尼斯协定》、1958 年的《保护原产地名称及其国际注册里斯本协定》、1961 年的《保护植物新品种巴黎公约》、1968 年的《建立工业品外观设计国际分类洛迦诺协定》、1970 年的《专利合作条约》、1971 年的《专利国际分类协定》、1973 年的《商标注册条约》、1977 年的《国际承认用于专利程序的微生物保护布达佩斯条约》等。

第二大类是保护著作权的制度：1886 年的《保护文学艺术作品伯尔尼公约》、1952 年的《世界版权公约》、1961 年的《保护表演者、唱片录制者和广播组织国际公约》、1971 年的《保护唱片录制者防止其唱片被擅自复制的公约》、1974 年的《播送由人造卫星传播载有节目信号的布鲁塞尔公约》以及 1982 年的《避免对版权提成费双重征税的马德里多边条约》等。此外，1967 年的《世界知识产权组织公约》也是国际保护知识产权制度中的一个重要文件。

1. 《保护工业产权巴黎公约》

保护工业产权的国际条约中最重要而且最早的是《保护工业产权巴黎公约》（以下简称《巴黎公约》）。1883 年，法国、比利时、意大利、巴西、荷兰、瑞士等 11 个国家，在巴黎正式召开外交会议，签订了该公约，并成立了保护工业产权巴黎联盟。一百多年来，《巴黎公约》曾几经修订，参加的国家和地区亦达百个。从 1985 年 3 月 19 日起，中国成为《巴黎公约》成员国。

《巴黎公约》适用于最广义的工业产权，包括专利、商标、服务标记、厂商名称、货源标记或原产地名称，以及不正当竞争的制止等。就保护工业产权而言，《巴黎公约》并不是统一的专利和商标法或专利和商标标准，而是规定了各缔约国都必须遵守的互惠原则，其在实质问题上有以下主要内容，构成了国际工业产权保护制度的主要原则：

（1）国民待遇原则。《巴黎公约》要求各成员国在保护工业产权方面必须相互给予其他成员国国民待遇，平等享受该国国民能够获得的保护和待遇。即对《巴黎公约》的成员国而言，外国申请人申请和取得工业产权的权利与国内申请人完全相同，不受任何歧视。

（2）优先权原则。《巴黎公约》要求缔约国有义务给予其他缔约国的国民以优先权待遇。各缔约国的国民在首次向一个成员国为一项工业产权提出正式申请的基础上，在一定期限内就相同内容又向其他成员国提出相同申请的，可以要求获得优先权，即以首次的申请日作为后一次的申请日。这样，申请人在首次提交正式申请后的规定期限内，可以根据情况从容地决定再向其他国家提出申请，不必担心因在此期间有人提出同样的申请而使自己的申请失效。

（3）独立性原则。《巴黎公约》的各成员国之间，对同一发明或者商标批准授予的专利或者商标专用权是彼此独立的，是按各自法律进行审查和批准的，互不影响。也就是说，在一个成员国对某项发明或商标授予专利权或者商标专用权后，其他成员国没有义务一定要就该项发明或商标授予专利权或者商标专用权；同样，某项发明或商标的专利权或者专用权在某一成员国被撤销或废止时，并不要求其他成员国也采取同样举动。

（4）强制许可原则。在《巴黎公约》成员国取得专利权的人，必须于一定期限内在该国境内实施其专利发明，否则该成员国的专利主管机关有权根据请求，颁布实施该项专利的强制许可，或者依法撤销专利权。

2. 《专利合作条约》

《专利合作条约》是在《巴黎公约》的基础上制定的，"旨在减少多申请人和专利局任何一方重复审查"的合作条约。1970 年有 35 个国家于华盛顿签订，1978 年 1 月生效。现有 40 多个国家和地区加入该条约。从 1994 年 1 月 1 日起，中国成为该条约成员国。该条约明显简化了申请手续。申请人只需在一个成员国按照规定的方式提出一份专利申请后，由知识产权联合国际局确定的国际检索单位，在 18 个月后，将申请和检索报告一起公告。申请人可以根据检索，一次指定在哪些成员国申请专利，由知识产权联合国际局向申请人指定国的专利局进行通告。然后，根据申请人的请求，由专利合作条约联盟指定的国际初步审查单位在申请日（或优先权日）起 28 个月后提出国际审查报告书。这个国际审查报告只说明专利是否满足新颖性、创造性和实用性的标准，对申请人指定的有关国家的专利局并无法律上的约束力。是否授予专利权，最后还是由各指定国的专利局自行决定。

3. 《商标国际注册马德里协定》和《商标注册条约》

《商标国际注册马德里协定》是 1891 年 4 月在西班牙马德里签订的，1892 年 7 月 15 日生效，是关于商标国际注册的协定，先后进行过 6 次修订，已有 20 多个成员国。该协定的基本精神是，参加该协定的必须是《巴黎公约》成员国；任何缔约国的国民，可以通过原属国的注册当局，向世界知识产权组织国际局提出商标注册申请，以便在一切其他该协定参加国取得其已在所属国注册的用于商标或服务项目的标记的保护。1989 年 7 月 4 日，中国政府向世界知识产权组织递交了《商标国际注册马德里协定》的加入书，从 1989 年 10 月 4 日起，中国成为该协定成员。

《商标注册条约》是 1973 年 6 月在维也纳召开的工业产权外交会议上签订的，于 1980 年 8 月 7 日生效。该条约是比《商标国际注册马德里协定》更进一步使商标注册相互独立的国际化商标注册制度。这一条约与《商标国际注册马德里协定》的不同之处，主要在于商标的国际注册完全摆脱了商标在本国注册的依赖性。根据《商标注册条约》的规定，商标的国际注册不必以在本国先注册为前提，商标国际注册的效力，不受其在本国注册效力的影响而独立存在。

4.《保护文学艺术作品伯尔尼公约》

1886 年 9 月由 10 个国家共同签署了《保护文学艺术作品伯尔尼公约》（简称《伯尔尼公约》），我国从 1992 年 10 月 15 日起成为该公约的成员国。该公约规定了著作权国际保护制度的下述几项主要原则：

（1）双国籍的国民待遇原则。双国籍，即作者的国籍和作品的国籍。凡某缔约国作者的作品，或在某缔约国内首次出版的作品，在其他的任何缔约国内，都享受国民待遇原则，即享有该缔约国法律给予本国作者作品的同等保护。

（2）最低限度保护原则。该公约中规定了一些最低保护标准，各缔约国著作权法中提供的保护水平不能低于公约中规定的这些标准。

（3）独立保护原则。各成员国按照本国的著作权法保护其他成员国的作品，而不管该作品在本国是否受保护。

（4）国内法律保证公约实施原则。各成员国必须以其国内法形式保证公约的实施。中国的知识产权法律制度是在改革开放过程中建立起来的，从一开始就显示了面向世界、面向国际保护水平的高起点。主要表现如下：第一，在制定中国知识产权保护法律的时候，既注意中国国情，也注意知识产权保护国际化的需要，努力使知识产权保护向国际标准靠拢；第二，中国积极参加了相关国际组织的活动，加强了与世界各国在知识产权领域的交往和合作。

第二节　专利法

一、专利法概述

1. 专利的历史沿革

"专利"一词来自拉丁文 Litterae Patents，含有公开之意，原指盖有国玺印鉴不必拆封即可打开阅读的一种文件。国家颁发专利证书授予专利权的所有者，使其在法律规定的期限内，对制造、使用、销售（有些国家还包括进口该项专利发明或设计）享有专有权（又称垄断权或独占权）。其他人必须经过专利权人同意才能有上述行为，否则即为侵权。专利期限届满后，专利权即消失。任何人皆可无偿地使用该项发明或设计。一般认为，国家颁布和实施专利法的目的，是为了促进市场资源向有利于发明创造不断产生的方向进行积极投入，推动经济发展。为此，国家以法律程序赋予发明人一定期限内的垄断权利，同时要求其将发明内容向全社会公开，以此在提高市场个体进行发明创造意愿的同时，促进社会整体技术水平快速积累和发展。关于这一点，我国专利法对立法目的的描述为"为了保护专利权人的合法权益，鼓励发明创造，推动发明创造的应用，提高创新能力，促进科学技术进步和经济社会发展，制定本法"。

在西方国家，一般认为最早的一项专利是英王亨利三世于 1236 年授予波尔多一个市民以制作各色布 15 年的垄断权。实际上这是封建特权的一种形式，并非现代意义上的专利。第一个建立专利制度的国家威尼斯，于 1474 年颁布了第一部具有近代特征的专利法，1476 年 2 月 20 日即批准了第一项有记载的专利。一般认为，英国 1624 年制定的《垄断法规》是现代专利法的开始，对以后各国的专利法影响很大，德国法学家 J. 柯勒曾称之为"发明人权利的大宪章"。从18 世纪末到 19 世纪末，美国（1790）、法国（1791）、西班牙（1820）、德国（1877）、日本（1826）等西方工业国家陆续制定了专利法。到了 20 世纪，特别是第二次世界大战结束以后，工业发达国家的专利法陆续进行了修订，许多发展中国家也都制定了专利法。《中华人民共和国专利法》在 1984 年 3 月 12 日第六届全国人民代表大会常务委员会第四次会议通过，之后进行了三次修订：根据1992 年 9 月 4 日第七届全国人民代表大会常务委员会第二十七次会议《关于修改〈中华人民共和国专利法〉的决定》第一次修正；根据 2000 年 8 月 25 日第九届全国人民代表大会常务委员会第十七次会议《关于修改〈中华人民共和国专利法〉的决定》第二次修正；根据 2008 年 12 月 27 日第十一届全国人民代表大会常务委员会第六次会议《关于修改〈中华人民共和国专利法〉的决定》第三次修正，自 2009 年 10 月 1 日起施行。目前，世界上有自己专利制度的国家和地区已有 150 多个。同时专利法也日益国际化，如 1884 年生效的《巴黎公约》，1970 年签订的《专利合作条约》，1971 年签订的《专利国际分类协定》，1973 年签订的《欧洲专利条约》，1975 年订立的《欧洲共同体专利公约》，1975 年签订的《卢森堡公约》以及 1977 年签订的《非洲专利组织》等。

2. 专利和专利权

从我国专利理论和实践两方面来看，"专利"有三种不同的含义：第一种，在某些情况下，"专利"即专利权的简称；第二种，在另一些情况下，以"专利"表示记载发明创造内容的文献，即"专利文献"的简称；第三种，"专利"的准确含义，是指经国务院专利行政部门依照专利法进行审查，认定为符合专利条件，即具有专利性（Patentability）的发明创造。

在一般情况下，专利是指"符合专利条件的发明创造"或者是"具有专利性的发明创造"。当然，未经国务院专利行政部门依法审查批准为专利的发明创造，即使具有专利性，符合专利条件，也不是专利。专利具有以下几个特征：第一，专利是特殊的发明创造，这是产生专利权的基础；第二，专利是符合专利条件或者具有专利性的发明创造；第三，发明创造是否具有专利性，必须经国务院专利行政部门依照法定程序审查确定。《中华人民共和国专利法》规定了三种专利：发明专利，实用新型专利和外观设计专利。专利制度的核心或者说专利制度的本质特征，是授予发明人或者设计人对其发明创造依法享有的垄断权。在专利权的有效期内，未经专利权人许可，任何人不得为生产经营目的实施其专利。

二、专利的授予范围

1. 综合各国专利法的有关规定

（1）违反公共秩序和道德的发明，一般都规定不授予专利。不过这项规定的应用是与每个国家的阶级实质及对公共秩序和道德的界定密切相关的。

（2）科学发现和自然科学基础原理，因不能在工农业生产上直接应用，不授予专利。许多国家都依据专门法律给予奖励。但美国专利法明文规定其适用范围包括"发明"和"发现"，其观点是"凡是太阳底下的新东西都可以申请专利"。

（3）某些物质发明，如以化学方法获得的物质，以原子核变换的方法获得的物质以及食品、饮品专利。

（4）动植物新品种，许多国家不给专利，少数国家规定授予专利。

（5）诊断医疗方法和药品，也是少数国家授予专利。

（6）计算机程序（软件），极少数国家授予专利。

2. 中国专利法的相关规定

《中华人民共和国专利法》第二十五条规定，对下列各项，不授予专利权：科学发现；智力活动的规则和方法；疾病的诊断和治疗方法；动物和植物品种；用原子核变换方法获得的物质；对平面印刷品的图案、色彩或者二者的结合作出的主要起标识作用的设计。对前款第（四）项所列产品的生产方法，可以依照本法规定授予专利权。

三、专利的授予条件

各国专利法规定不同，中国和多数国家都要求被授予专利权的发明应具备新颖性、先进性和工业实用性。《中华人民共和国专利法》第二十二条：授予专利权的发明和实用新型，应当具备新颖性、创造性和实用性。第二十三条：授予专利权的外观设计，应当不属于现有设计；也没有任何单位或者个人就同样的外观设计在申请日以前向国务院专利行政部门提出过申请，并记载在申请日以后公告的专利文件中。授予专利权的外观设计与现有设计或者现有设计特征的组合相比，应当具有明显区别。授予专利权的外观设计不得与他人在申请日以前已经取得的合法权利相冲突。本法所称现有设计，是指申请日以前在国内外为公众所知的设计。新颖性指在提出专利申请之日或优先权日，该项发明是现有技术中所没有的，即未被公知或公用的。凡以书面、磁带、唱片、照相、口头或使用等方式已经公开的发明，即丧失其新颖性。有些国家采用世界新颖性，有些国家采用国内新颖性，也有些国家"公众所知"以世界范围为标准，"公开使用"以本国范围为标准。新颖性的丧失有其例外，例如，在一些知名的国际展会上首次披露发明的，不一定丧失其新颖性，法律允许发明人在展会后一定期间内提出专利申请。先进性也称创造性，指发明在申请专利时比现有技术先进，其程度对所属技术领域的普通专业人员不是显而易见的。虽然与现有技术相比有所改良，但对于该技术领域的普通专业人员而言属于显而易见范畴的，则不能授予专利权。实用性指发明能够在产业上制造和使用，并且能够产生有意义的效果。例如，任何声称可以制造出永动机的发明，因其不可能具有实用性而无法在多数国家得到专利授权。上面所称的现有技术，在中国专利法中，是指申请日以前在国内外为公众所知的技术。

四、专利审批

1. 登记制

专利局对专利申请案只进行形式审查，如果手续、文件齐备即给予登记，授予专利权，而不进行实质审查。采用登记制的，其专利往往质量不高。我国现行专利法对实用新型专利及外观设计专利采取的就是这种方式，这在减轻审批压力的同时，也在实践中引发了专利数量泛滥、质量却普遍低下的问题。《中华人民共和国专利法》第四十条规定，实用新型和外观设计专利申请经初步审查没有发现驳回理由的，由国务院专利行政部门作出授予实用新型专利权或者外观设计专利权的决定，发给相应的专利证书，同时予以登记和公告。实用新型专利权和外观设计专利权自公告之日起生效。由此可见，我国实用新型和外观设计采用了形式审查制度。

2. 实质审查制

即不仅进行形式审查，还要审查发明的新颖性、先进性和实用性。实质审查能够保证专利的质量，但需有大批高水平的审查人员，且容易造成大量积压。

3. 延期审查制

对形式审查合格的申请案，自提出申请之日起满一定期限（如 18 个月）即予以公布，给予临时保护；在公布后一定年限内经申请人要求专利局进行实质审查，逾期未要求实质审查的，则视为撤回申请。采用延期审查制可减轻审查工作的负担。中国对发明专利的审批采用延期审查制。

五、专利权的内容

专利权的内容是指专利权人依法享有的权利和应当承担的义务。

1. 专利权人的权利

专利权人享有的权利就是专利权。它主要表现为专利权人对获得专利的发明创造的独占权。

（1）独占实施权。独占实施权，是指专利权人对其专利产品或者专利方法依法享有的进行制造、销售或者使用的专有权利。

（2）进口权。进口权，是指专利权人在专利权的有效期内依法享有的禁止他人未经许可，以生产经营为目的进口专利产品的权利。

（3）转让权。转让权是指专利权人将其专利权转让给他人的权利。《中华人民共和国专利法》第十条规定，专利权可以转让。中国单位或个人向外国人转让专利权的，必须经国务院有关主管部门批准。转让专利权，当事人应当订立书面合同，并向国务院专利行政部门登记，由国务院专利行政部门予以公告。

（4）实施许可权。实施许可权是指专利权人通过实施许可合同的方式，许可他人实施专利并收取专利使用费的权利。

（5）放弃权。放弃权是指专利权人可以在专利权保护期限届满前的任何时候，以书面形式声明或者以不交年费的方式放弃其专利权的权利。

（6）标记权。标记权是指专利权人享有在专利产品或者该产品的包装上、容器上、说明书上、产品广告中标明专利标记的权利。

除专利法规定专利权人享有的上述权利外，《中华人民共和国担保法》还规定专利权人依法享有将其专利权质押的权利。

2. 专利权人的义务

专利权人的主要义务是缴纳年费和各种规定的费用。

六、专利权的限制

为了维护国家和社会公共利益，专利法对专利权人享有的专利权做了一些限制规定。

1. 国家指定实施许可

《中华人民共和国专利法》第十四条：国有企业事业单位的发明专利，对国家利益或者公共利益具有重大意义的，国务院有关主管部门和省、自治区、直辖市人民政府报经国务院批准，可以决定在批准的范围内推广应用，允许指定的单位实施，由实施单位按照国家规定向专利权人支付使用费，无须经专利权人许可。中国集体所有制单位和个人的发明专利，对国家利益或者公共利益具有重大意义，需要推广应用的，也可参照指定实施方式办理。本条是关于发明专利指定许可，即过去所称的"计划许可"的规定。这里需要注意两点：

（1）指定许可是我国专利制度中的一个特有制度，体现了"中国特色"。本条第一款关于专利实施的"指定许可"的规定，包含以下几层意思。第一，可成为"指定许可"客体的专利，只限于发明专利，不包括实用新型专利和外观设计专利。因为一般来说，发明专利是专利法所保护的三种发明创造客体中技术进步意义最大，技术难度最大，往往也是社会、经济价值最大的一种。因此，与实用新型专利和外观设计专利相比，通常只有发明专利可能会对国家利益或公共利益产生较大影响，具有重大意义，因而有必要通过法定的指定许可来推广实施。由于指定许可是对专利权人专有权的一种限制，除非确有必要，才可允许采用。而实用新型和外观设计专利没有必要一定要采取指定许可的办法。因此，本条将指定许可客体仅限于发明专利。第二，可作为指定许可客体的发明专利，原则是只限于国有企业事业单位作为专利权人的发明专利。国有企业事业单位财产的最终所有者是国家，国有企业事业单位享有法人财产权。而专利权作为财产权的表现与存在形式之一，国有企业事业单位的专利权的最终所有者也是国家，国家有权根据其所代表的国家利益与公共利益的需要，决定其作为终极所有人的发明专利权的实施。第三，国家对国有企业事业单位发明专利的指定许可，只能是国有企业事业单位作为专利权人应当享有的自愿许可权的一种例外。这种指定许可必须具有明确的合理性，必须考虑作为专利权人的国有单位的自身利益，并且必须履行法定的程序。

为此，本条第一款规定了指定许可的如下法定条件：其一，被采取指定许可的专利，必须是对国家利益或者公共利益具有重大意义的发明专利。对国家利益或者公共利益不具有重大意义的发明专利，不采取指定许可的实施方式。其二，指定许可的决定权，只能由国务院有关主管部门和省、自治区、直辖市人民政府在报经国务院批准后行使。其他任何国家机关都无权决定指定许可。其三，指定许可的实施范围，只限于在批准推广应用的范围内，由指定实施的单位实施。个人不能作为指定许可的被许可人。在实际推广与实施过程中不得超出批准的范围。这里所说的范围，应当做广义的理解，包括时间范围、地域范围和行业或专业领域范围等。非指定实施单位，不得擅自实施该发明专利。其四，被指定的实施单位的专利实施权不是无偿取得的，实施单位应当按照国家规定向专利权人支付使用费。

（2）根据本条规定的精神，专利实施指定许可的对象，原则上限于国有企业事业单位的发明专利。考虑到我国集体所有制单位或个人的有些发明专利，对国家利益或者公共利益也会有重大意义，也需要在一定范围内推广应用。因此，本条第二款规定，对我国集体所有制单位和个人的发明专利，对国家利益或者公共利益具有重大意义，需要推广应用的，参照本条第一款对国有单位发明专利指定许可的规定办理。

2. 强制许可

强制许可是指专利局依专利法规定的条件和程序推广实施专利的一种许可方式。

（1）防止专利权滥用的强制许可。根据专利制度基本理论，专利权人可以根据自己的意愿决定是否许可他人实施其专利。但是，当专利权人为了追求自己的最大利益时，有时可能会滥用这种独占权，阻止他人实施其专利。为了防止专利权人滥用其独占权，法律规定可以对符合条件的实施人发放强制许可证。《中华人民共和国专利法》第四十八条规定，具备实施条件的单位以合理的条件请求发明或者实用新型专利权人许可实施其专利，而未能在合理长的时间内获得这种许可时，国务院专利行政部门根据该单位的申请，可以给予实施该发明专利或者实用新型专利的强制许可。适用这种强制许可，应当具备以下几个基本条件：①申请实施强制许可的人只能是单位，不能是个人；②申请实施强制许可的时间必须在自专利权被授予之日起满三年后；③申请实施强制许可的对象只能是发明专利或者实用新型专利，不能是外观设计专利；④申请人必须向专利行政部门提交其已以合理的条件在合理长的时间内未能与专利权人达成实施许可协议的证明。

（2）为公共利益目的的强制许可。《巴黎公约》和《知识产权协议》都允许为公共利益目的的实施实行强制许可，《中华人民共和国专利法》第四十九条规定，在国家出现紧急状态或者非常情况时，或者为了公共利益的目的，国务院专利部门可以给予实施发明专利或者实用新型专利的强制许可。

（3）交叉强制许可。一项取得专利权的发明或者实用新型比之前已经取得专利权的发明或者实用新型具有显著经济意义的重大技术进步，其实施又有赖于前一发明或者实用新型实施的，国务院专利部门根据后一专利权人的申请，可以给予实施前一发明或者实用新型的强制许可。在给予第二专利权人实施第一专利的强制许可的情况下，专利行政部门根据第一专利权人的请求，也可以给予实施第二专利的强制许可。

3. 不视为侵犯专利权的行为

（1）专利权的穷竭。专利权人自己或者许可他人制造进口的专利产品或者依照专利方法直接获得产品被合法地投放市场后，任何人对该产品进行销售或者使用，不再需要得到专利权人的许可或者授权，且不构成侵权。

（2）先用权人的实施。在专利申请日前已经制造相同产品、使用相同方法或者已经做好制造、使用的必要准备，并且仅在原有范围内继续制造、使用的，不视为侵权。

（3）临时过境。临时通过我国领陆、领水或领空的外国运输工具，依照其所属国与我国签订的协议或者共同参加的国际条约，或者依互惠原则，需要使用在我国享用专利权的机械装置和零部件的，无须得到我国专利权人许可，也不构成侵权。

（4）以科学研究和实验为目的的使用。他人仅为科学研究或者实验目的而使用专利产品或者专利方法的，不构成侵权。

（5）善意使用或销售行为。为生产经营目的的使用或者销售不知道是未经专利权人许可而制造并售出的专利产品或者依照专利方法直接获得的产品，能证明其产品合法来源的，不承担赔偿责任。

七、保护期限

各国专利法的规定不同。最短有 5 年以下的，如伊朗、委内瑞拉等。大部分国家规定在 10~20 年，如英国为 16 年，美国为 17 年，联邦德国为 18 年，法国为 20 年。还有的国家规定了几个期限，申请人可以自行选择，如阿根廷、智利等。期限开始的时间，有的国家规定从提出申请之日起算，有的国家规定从授予专利权之日起算。《中华人民共和国专利法》规定，我国发明专利权的期限为 20

年，实用新型和外观设计专利权的期限为 10 年，都自申请日起计算。

八、专利实施

有些国家（如美国）专利法并不要求专利必须实施，但多数国家，特别是许多发展中国家，法律上要求专利权人有义务在该国实施其发明。实施通常理解为，产品专利指制造该项发明产品，方法专利则指在生产制造上使用该项发明方法。专利只有通过实施才能对该国工业与技术的发展起切实的积极作用。一般认为，专利权人允许他人实施其专利发明的也算是实施，但进口不算实施。许多国家的专利法规定，取得专利权的发明自申请之日起满 4 年，或自批准之日起满 3 年，无正当理由而没有实施或没有充分实施的，主管机构可以根据申请给予实施该项发明的强制许可，即被许可人向专利权人支付一定的报酬后实施该项专利。如果两项发明互相依存，一项发明的实施有赖于另一项发明的实施，而又不能得到该项发明的专利权人的同意时，有些国家专利法规定可以根据一项发明的专利权人的申请，给予其实施另一项发明的强制许可。如果专利发明与国家的国防、国民经济或公共卫生有重大关系，还可以规定准许其他人有偿使用其发明，甚至由国家付给一定报酬予以征用。《中华人民共和国专利法》第六章对专利实施的强制许可做了专门规定。

九、专利保护

专利法一般对专利方面的侵权、诉讼等问题也都有规定。对专利法的实施，许多国家还制定有实施细则。为避免在国际上发生对专利权的侵权行为，19 世纪以来还制定了一些国际公约。《中华人民共和国专利法》规定对专利权实行保护，侵权人要赔偿损失，情节严重的要依法追究刑事责任。

1. 专利权的保护范围

根据《中华人民共和国专利法》第五十九条的规定，发明或者实用新型专利权的保护范围以其权利要求的内容为准，说明书及附图可以用于解释权利要求的内容。外观设计专利权的保护范围以表示在图片或者照片中的该产品的外观设计为准，简要说明可以用于解释图片或者照片所表示的该产品的外观设计。

2. 专利权的行政保护

专利权的行政保护是指通过行政程序，由国家专利行政管理机关运用行政手段，对专利权实行法律保护。根据《中华人民共和国专利法》第六十条和第六十三条规定，对于专利侵权行为，专利权人或者利害关系人可以请求管理专利工作的部门处理。管理专利工作的部门处理时，认定侵权行为成立的，可以责令侵权人立即停止侵权行为，当事人不服的，可以自收到处理通知之日起十五日内依照《中华人民共和国行政诉讼法》向人民法院起诉；侵权人期满不起诉又不停止侵权行为的，管理专利工作的部门可以申请人民法院强制执行。进行处理的管理专利工作的部门应当事人的请求，可以就侵犯专利权的赔偿数额进行调解。假冒专利的，除依法承担民事责任外，由管理专利工作的部门责令改正并予以公告，没收违法所得，可以并处违法所得四倍以下的罚款；没有违法所得的，可以处二十万元以下的罚款。

3. 专利权的行政诉讼保护

当专利权人对专利复审委员会或专利管理行政机关做出的决定、裁决不服时，可以向法院提起行政诉讼，通过行政诉讼程序来保护专利权。

4. 专利权的民事诉讼保护

专利权的民事诉讼保护是指通过民事诉讼程序，对侵权者追究民事责任实现对专利权的法律保护。根据《中华人民共和国专利法》规定，对于专利侵权行为，专利权人或者利害关系人可以直接向人民法院起诉。人民法院经过调查和开庭审理，在确认专利侵权行为成立后，可根据不同情况采取以下民事救济措施：

第一，责令停止侵权行为。

第二，赔偿损失。《中华人民共和国专利法》第六十五条：侵犯专利权的赔偿数额按照权利人因被侵权所受到的实际损失确定；实际损失难以确定的，可以按照侵权人因侵权所获得的利益确定。权利人的损失或者侵权人获得的利益难以确定的，参照该专利许可使用费的倍数合理确定。赔偿数额还应当包括权利人为制止侵权行为所支付的合理开支。权利人的损失、侵权人获得的利益和专利许可使用费均难以确定的，人民法院可以根据专利权的类型、侵权行为的性质和情节等因素，确定给予一万元以上一百万元以下的赔偿。

第三，临时性禁令。《中华人民共和国专利法》第六十六条：专利权人或者利害关系人有证据证明他人正在实施或者即将实施侵犯专利权的行为，如不及时制止将会使其合法权益受到难以弥补的损害的，可以在起诉前向人民法院申请采取责令停止有关行为的措施。申请有错误的，申请人应当赔偿被申请人因停止有关行为所遭受的损失。

第四，证据保全。《中华人民共和国专利法》第六十七条：为了制止专利侵权行为，在证据可能灭失或者以后难以取得的情况下，专利权人或者利害关系人可以在起诉前向人民法院申请保全证据。

5. 专利权的刑事诉讼保护

根据《中华人民共和国刑法》的规定，假冒他人专利，情节严重的，处三年以下有期徒刑或拘役，并处或者单处罚金。

第三节　商标法

一、商标和商标法概述

1. 商标的起源和发展历史

商标的起源，最远可追溯到远古时代，据资料记载，这种在物体上加标记的做法曾发现于公元前 3500 年埃及古墓出土的陶器。有的研究者认为，商标起源于农夫烙印在牲畜身上的烙记，英语单词"品牌"（Brand）在盎格鲁—撒克逊语言中即为"烧焦"（Burn）的意思。我国有关商标权的教材认为商标与专利一样，是由特权逐步发展而来，但与专利不同的是，商标的出现是行会为加强控制而有意为之的。在中世纪，手工业者要从事商业活动，必须加入各种行会，行会的规则要求产品上必须标记行会标记以及制作者的标记。这有两个目的：其一，标注行会标记，意味着该产品是在行会控制下制作的，而非所谓的"私货"（Contraband）；其二，标注制作者的标记，是为了找到残次品的责任承担者，以方便行会对其进行惩罚。这种方式对产品的质量控制非常必要，而且有助于维护行会的声誉。1347 年，一个生产盔甲的行会组织要求禁止一帮外国人从事该行业，理由是"这个国家的许多伟大人物及其他一些人已经因为他们的过错而被残杀"。因为未在行会控制下生产的盔甲，一则产品质量无法保证，二则如果战士们因为这一过错而付出生命，则其遗孀和近亲也无法找到承担责任的人。无论是埃及、罗马、中国等制陶工在陶器上做的标注，还是中世纪手工业者在行会要求下在产品上做的标注，虽然被认为主要是一种义务，但已经具有了商标的雏形。

虽然商标的萌芽如此之早，但是在近代早期的商业活动中，商标的作用并不突出，甚至可有可无。西方国家在工业革命之前，人们大多生活在当地社区，只从当地购买商品，并且知道生产者和销售者，商标基本没什么作用。而且商家并不需要做广告；即使做，也不过用小字体做个简单的信息通告，不做任何过多的说明或者使用引人注目的商业标语。工业革命之后，产品以工业化的规模大批量生产，而且技术创新提高了产品的品质，增加了产品的种类，并随着运河与铁路运输到全国各地。人口增长使人们开始从农村涌向城市，人均收入的增加也增强了购买力；而消费者的需求也使更多竞争者进入市场，竞争加剧。因此，广告业与大规模的商品零售业迅速发展。广告会暗示消费者通过记住商标或厂商名称的方式来区分不同产品，而商家为了打击竞争对手，也往往需要在自己的商品上标注商标或自己的名称，以使其与其他商家的产品相区别，并吸引消费者。这样，商标和厂商名称就成为市场竞争的基石。

商家市场营销策略的改变也使商标作用开始彰显。在成本难以控制和单独包装出现之前，生产者要依靠批发商销售商品，后者经常将前者的商标去掉，所以商标的作用并不明显或者根本没什么作用；在单独包装出现之后，生产者可以越过批发商直接面对消费者，并宣传自己的商标；而在商标为消费者所熟知之后，批发商也不再轻易换掉生产者的商标了。这样一来，商标用来指示商品来源的作用也开始越发突出了。

商标作为商业使用，在其出现时便发挥着作用，但是被法律认可和保护，则不到200 年的历史。实物财产的法律保护，是以《中华人民共和国物权法》为依托的，对于商标这种主要以符号为表现形式的无形财产，则是以《中华人民共和国商标法》为依托的。世界上最早的包含商标保护规定的法律是 1803 年法国制定的《关于工厂、制造厂和作坊的法律》，在该法中，把假冒商标比照私自伪造文件罪处理。不过这个法律文件并不是关于商标的专门立法，也未在法国全境通行。1857 年 6 月，法国制定了《关于以使用原则和不审查原则为内容的制造标记和商标的法律》，首次确立了主要以使用为产生商标权基础的商标法律制度，这是世界上第一部单行的具有现代意义的成文商标法。它的意义在于标志了商标成文立法的开端，并率先将使用和注册引入了商标法律视野，但这部商标法并没有确定商标注册的法定地位，使用仍然是授权的基础。1964 年 12 月 31 日，法国废除实施了一百多年的 1857 年的商标法，制定新商标法并正式采用注册原则确定商标权利的归属。1991 年，法国按照欧共体商标一号指令的要求全面修改了 1964 年的商标法；次年 7 月 1 日，法国制定了世界上第一部知识产权法典，商标法位列其第二部分第七卷"制造、商业及服务商标和其他显著性标记"。英国于 1862 年颁布了世界上第一部比较完备的《商品标记法》，主要用于规制欺骗性标识。该法并没有引入注册制度，所以并不是注册商标法。1875 年的《商标注册法案》，建立商标注册制度，对于已注册商标给予成文法的保护。商标权人在任何情况下，只要其商标被非法使用，无论是被假冒，还是其他情况，例如在广告中使用、未经许可而进口带其商标的商品等，都有权起诉；而对于未注册的商标，仍旧靠禁止假冒商品来保护，即只有当别人假冒它的商品时才有权起诉。德国第一部商标法是 1874 年德意志帝国时期颁布的《商标保护法》，采用的是不审查原则，后来又在 1894 年颁布了以审查原则为内容的《注册商标法》。1870 年，美国制定了第一部商标法《美利坚合众国联邦商标条例》，该条例是在判例法的基础上发展而成的。该法施行八年后，由于错误地将宪法中的"版权和专利条款"作为商标法的立法基础，被联邦最高法院判决为违反宪法而予以废止，代替它的是 1881 年的新商标法。1946 年 7 月 5 日，美国通过《兰哈姆法》（Lanham Act），该法整合了以往的司法实践，并正式引入服务商标的注册。这在世界商标立法史上还是第一次以注册形式实现对服务商标的保护。后历经修改，目前仍在适用。日本自 1868 年明治维新后，受德国和英国商标法的影响，于 1884 年制定了以注册原则为基本方针的《商标条例》，这是日本的第一部商标法。

2. 我国商标和商标法的发展历史

商业经营模式总是与特定的社会经济发展水平相适应，所以在后者大致相当的情况下，前者也大致相同。因而，在中国古代的商业活动中，也因为商家经营地点的固定性以及服务对象的特定性，使商标几乎没有存在的必要，这也是所谓"重招幌、轻商标"的原因。除了对"招幌"的重视，还有对商业"字号"的重视和维护，尤其是在商品经济较发达的宋代。根据同时代的孟元老在其《东京梦华录》中所载，当时汴梁城的街巷坊市遍布店铺酒楼、茶馆药铺，仅酒楼"正店七十二处，其余遍不能数"。而《宋会要辑稿》中仁宗五年有"在京脚店酒户内拨定三千户"的记载，说明当时东京城里的酒肆不少于三千家，所有大小店铺几乎皆有名号。但禁止使用他人已经使用的商品标识，或"已申上司"，不许他人再用的地方榜文或中央政府敕令，直到清代才有记载，已经落后西方国家很多年了。这也是中国长期以来奉行"重农抑商"政策的必然结果。

虽然从我国西周时期开始便有了商标的雏形，后来随着商品交换发展商标的使用越来越广泛，但在我国长期的奴隶社会和封建社会中并没有商标法律制度。直到 1904 年（光绪三十年）6 月，清政府为了迎合外国人贸易需要批准并颁发《商标注册试办章程》，这是中国历史上第一部商标规范性文件，实行商标注册原则和申请在先原则。1923 年颁布的《商标法》和《商标法实施细则》，也实行商标注册原则和申请在先原则，并设立了商标局。1927 年延用北洋政府的《商标法》，1930 年颁布自己的《商标法》和《商标法实施细则》，几经修改后现在仍为我国台湾地区所用。1950 年政务院颁布《商标注册暂行条例》，同年批准《商标注册暂行条例施行细则》，实行自愿注册和申请在先原则。1957 年，国家工商行政管理局发布《关于实行商标全面注册的意见》，决定对商标实行全面注册。1963 年国务院颁布《商标管理条例》，同年国家工商行政管理局发布《商标管理条例实施细则》，仍然沿用全面注册的规定。"文化大革命"期间，商标法律制度基本被破坏。1982 年全国人大常委会颁布了《中华人民共和国商标法》，次年国务院颁布了《商标法实施细则》。2013 年 8 月 30 日十二届全国人大常委会第四次会议《关于修改〈中华人民共和国商标法〉的决定》第三次修正。

3. 商标法的作用

（1）强化商标管理。通过商标法的实施加强商标注册、商标使用、商标交易等各个环节的管理，维护良好的商标秩序。

（2）保护商标专用权。这是商标法的核心任务，通过确认和保护商标专用权的方式来达到其他目的。

（3）保证商品和服务质量。通过给商标使用人施加质量保证义务的方式来确保各种商品和服务的质量。

（4）维护商标信誉。通过商标法的实施，使商标具有良好的形象，特别是通过商标法来维护知名度较高的商标所应有的信誉。

（5）维护竞争秩序。通过商标法的实施打击各种假冒注册商标的行为、搭便车的行为和恶意抢注行为，创造良好的竞争风气，鼓励经营者通过自己的努力去树立商品形象。

（6）促进国际贸易。通过商标法的实施吸引国外好的商品进入中国市场，推动中国商品出口海外。

4. 商标的种类

（1）依商标区别对象分类，可分为商品商标和服务商标。

（2）依商标构成要素分类，可分为：①文字商标（含一般文字、数字、字母），如特仑苏牛奶、555 香烟、松下电器等商品的商标。②图形商标（含一般图形和颜色组合），如别克、奔驰、标致等汽车商标，耐克运动商品商标，微软开机时的颜色组合商标，狐狸服饰商标等，如图 7 - 1 所示。③组合商标，如宝马、丰田等汽车商标。④立体商标，如费列罗巧克力商标。⑤非形象商标，如气味商标，音响商标。

图 7 - 1　图形商标

（3）依据商标作用的分类可分为一般商标和特殊商标。

1）一般商标：区别商标。

2）备用商标：储藏商标。

3）证明商标：又称为保证商标，指由对某种商品或服务具有检测和监督能力的组织所控制，而由其以外的人使用在商品或服务上，用以证明该商品或服务的原产地、原料、制造方法、质量、精确度或其他特定品质的商品商标或服务商标。如图7-2所示。

图7-2　证明商标

4）集体商标。又称为团体商标，指由工商业团体、协会或其他集体组织的成员所使用的商品商标或服务商标，用以表明商品的经营者或服务的提供者属于同一组织。如图7-3所示。

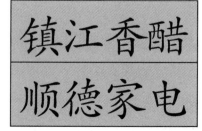

图7-3　集体商标

注意：含有地理标志的集体商标拥有人无权禁止非成员企业在该地理标志指示的地点生产的商品上使用。

5）联合商标和防御商标。

联合商标。商标所有人在同一种或类似商品上注册的与主商标相近似的一系列商标，如主商标为"娃哈哈"，同时注册"娃娃哈""哈哈娃"等。

防御商标。商标所有人在与注册商标所指定的商品和服务不同的其他类别的商品或服务上注册的同一商标，如在鞋袜、领带上注册"益新"商标，同时又将该商标注册于拉链上。

注册原因：由于存在着"类似商品"和"近似商标"判断的难题，有时通过国家机关商标权不一定得到满意的保护（"金龙鱼"和"金皇鱼"之争，"诸葛亮"和"诸葛酿"之争，"白象"维权之路等）。

注册情况：受到较多经营者重视（中国知识产权报展示的商标）。

（4）依商标法律地位的分类可分为享有专用权的商标和不享有专用权的商标。

（5）依商标知名度的分类可分为驰名商标和非驰名商标。

二、商标权的取得方式

1. 原始取得

原始取得指不以他人的商标权为基础而取得商标权的方式。通过这种方式取得的商标权是第一次产生的。原始取得可通过使用而取得或通过注册而取得。我国只能采取后者。

2. 继受取得

继受取得也称传来取得，指以原商标所有人的意志为依据而取得商标权。通过这种方式取得的商标权不是最初产生的，而是在此前已经存在的。继受取得可通过继承、赠与、转让、合并等方式取得。

三、商标注册制度

1. 商标注册原则

（1）自愿注册原则。又称任意注册原则，相对于强制注册原则（全面注册原则），指商标所有人自行决定是否申请商标注册，法律不予强制。商标无论是否注册都可使用，仅仅是注册商标和未注册商标的法律地位不同，注册商标受法律保护，未注册商标不受法律保护。我国实行商标自愿注册原则的同时，法律、行政法规又规定某些商品（如人用药品和烟草制品）所使用的商标必须注册，未经核准注册的不得在市场上销售。

（2）先申请原则。对于两个或两个以上的申请人，在同一种或类似商品上申请注册相同或近似的商标的，准予最先申请者注册，驳回后申请者的申请，申请顺序依申请日确定。同日申请的，准予先使用者注册；同日使用或均未使用的，当事人可以协商确定，如果不愿协商或者协商不成的，商标局通知各申请人以抽签方式确定。

（3）优先权原则。申请人在规定的展览会上首次展出使用或在国外第一次提出申请后一定期限内（6个月之内）在我国提出商标注册申请的，以首次展出日或在国外申请日为其在我国的申请日，该日期为优先权日。需要提出书面声明并提供证明材料。如甲企业于2016年11月15日向美国第一次就某商标提出注册申请，乙企业则于2017年1月10日就同样的商标在中国提出注册申请，甲企业知道后又于2017年3月1日在中国提出同样的申请，则最终核准甲企业的注册申请（假如甲企业在2017年7月15日才在中国提出同样的注册申请，则最终核准乙企业的注册申请）。

2. 商标注册条件

（1）主体符合要求。申请人通常应当为从事商品生产经营活动的自然人、法人或其他组织，证明商标和集体商标除外。

（2）商品符合要求。使用商标的商品一般应当为法律允许经营的商品，申请人对于该商品应当具有经营权。

（3）构成要素符合要求。

1）使用法定的构成要素。商标须使用可视性标志，包括文字、图形、字母、数字、三维标志和颜色组合以及上述要素的组合。

2）未使用法律禁用的标志。法律禁止所有商标使用的标志，主要有以下内容：国家和国际组织的标志，即同中华人民共和国的国家名称、国旗、国徽、军旗、勋章相同或者近似的标志，同中央国家机关所在地特定地点的名称或者标志性建筑物的名称、图形相同的标志，同外国的国家名称、国旗、国徽、军旗相同或者近似的标志，同政府间国际组织的名称、旗帜、徽记相同或者近似的标志；"中华"香烟、牙膏、中国建设银行、中国日报等商标的使用问题；红十字和红新月的标志；进行控制、予以保证的官方标志，如政府公章、检验检疫标志等；带有民族歧视性的标志，如曾经的黑人牌牙膏；夸大宣传并带有欺骗性的标志，如"国酒""极品""Best Buy"等；县级以上行政区划的名称及公众知晓的外国地名，允许使用的两种情况（已经注册、其他含义）除外；有害于社会主义道德风尚（如"金钱万岁"，"屁颠儿"，"七匹狼"和"七色狼"之争等）或有其他不良影响的标志（如领导人名、黑社会组织或恐怖组织名称，宗教、种族，党政机关名称及职务，货币名称，有影响的人名）。

法律禁止注册商标使用的标志，主要有以下内容：仅有本商品的通用名称、图形、型号的标志（如"解百纳""逗捞"商标注册之争，"XXL"牌服装）；仅仅直接表示商品的质量、主要原料、功能、用途、重量、数量及其他特点的标志（如"面粉"牌挂面，两面针牙膏注册之路）；缺乏显著特征的标志（如单一数字、字母，日常用语等）；两种显著特征，标志本身比较独特、醒目；具有第二含义（如黑又亮鞋油、两面针牙膏等）；不符合要求的三维标志，不能使用仅由商品自身的性质产生的形状和使商品具有实质性价值的形状；含有地理标志、容易引人误解的标志，即商标中含有某地理标志，但商品并非在该地生产。

3）未侵犯他人的在先权。不与他人的注册商标相混同，不侵犯他人的著作权、专利权、企业名称专用权、驰名商标人的权利、姓名权、肖像权、正当竞争权等。

3. 商标注册程序

（1）一般步骤。注册申请→商标局的审查→初步审定并公告→（商标局异议审理）→（商标评审委员会争议审理）→核准注册。

（2）申请方式。亲自申请或委托代理机构申请。

（3）特别注意。法律对于商标主管部门在各个环节的工作未规定时间限制，故最终获得注册的时间可能较长（如某企业曾经花了 10 年时间才使其商标获准注册）。

四、注册商标的使用

1. 注册商标的使用方式

商标注册人将其注册商标附加在商品、商品的包装或营业场所上，直接用来标示其商品与其他生产经营者提供的同类商品的区别。商标注册人可以将其注册商标用于产品说明书、广告宣传等方面。

2. 注册商标的使用要求

（1）不得自行改变注册事项。商标构成的改变需重新注册申请；商标注册人名义和地址的改变需变更注册申请。

（2）不得自行转让注册商标。转让注册商标的，转让人和受让人应该向商标局提交转让申请书，转让注册商标申请手续由受让人办理。

（3）不得长时间停止使用注册商标。连续三年停止使用注册商标的，商标局可以撤销该注册商标。

3. 注册标记的使用

注册商标所有人有权在其商品、商品包装上或其他相关附着物上标示注册标记（注册商标、注和®等）。注册标记应当标注在商标的右上角或右下角。

4.《商标注册证》的使用

商标注册人在办理商标注册事项、印制商标标识、订立注册商标使用许可合同或转让合同时需要使用《商标注册证》。禁止伪造和变造《商标注册证》（可能构成伪造、变造国家机关证件罪）。《商标注册证》遗失或者破损的，应当向商标局申请补发。

5. 注册商标的使用许可

注册商标可许可他人使用，其意义：直接增加商标权人的经济收益；扩大商标权人商标的影响；便于双方当事人拓展销售渠道；有利于保护消费者的合法权益；有利于拯救面临危机的企业；有利于对外贸易合作的开展。许可他人使用有三种方式：独占使用许可，只有被许可人可以使用，被许可人可以独立对抗第三人；独家使用许可（排他使用许可），只有被许可人和商标权人自己可以使用，被许可人可以独立对抗第三人；普通使用许可，不仅商标权人和被许可人可以使用，商标权人还可以许可其他人在相同范围内使用，被许可人无权独立对抗第三人。

五、注册商标的转让

1. 转让原因和类型

注册商标的转让可以基于商标的更换、转产、债务清偿、牟利、投资或重组等多种原因。转让类型：有偿转让，如直接买卖和通过投资等方式间接转让；无偿转让，如赠与。

2. 转让的程序

转让人和受让人应当共同向商标局提交转让注册商标申请书，由商标局核准；转让注册商标申请手续由受让人办理。未经核准的，转让合同无效。

3. 对被许可人的保障

注册商标的转让不影响转让前已经生效的商标使用许可合同的效力，但商标使用许可合同另有约定的除外。如甲公司就其注册商标与乙公司于 2011 年 10 月 20 日订立使用许可合同，规定有效期限为 3 年；2012 年 9 月 20 日，甲公司与丙公司订立转让合同；2011 年 10 月 21 日至 2013 年 10 月 19 日乙公司仍然享有使用权。使用许可合同可以约定合同自商标权转让之日起失效。

六、注册商标的印制

依法登记从事商标印制业务的企业或个体工商户才能承接注册商标标识印制业务。在印制时，须提供相关证明材料：营业执照副本或者合法的营业证明或身份证明，《商标注册证》或复印件（注册人所在地县级工商行政管理机关签章）、商标使用许可合同等。承印人应当严格遵守商标印制管理制度，履行业务审查义务、业务登记要求、造册存档要求、出入库制度、存档备查制度。

七、商标权的保护

1. 侵犯注册商标专用权行为

《中华人民共和国商标法》和《商标法实施条例》规定，有下列行为之一的，均属侵犯注册商标专用权：未经商标注册人的许可，在同一种商品或者类似商品上使用与其注册商标相同或者近似的商标的；销售侵犯注册商标专用权的商品的；伪造、擅自制造他人注册商标标识或者销售伪造、擅自制造的注册商标标识的；未经商标注册人同意，更换其注册商标并将该更换商标的商品又投入市场的；给他人的注册商标专用权造成其他损害的。《最高人民法院关于审理商标民事纠纷案件适用法律若干问题的解释》第一条规定，下列行为属于《商标法》第五十二条第（五）项规定的给他人注册商标专用权造成其他损害的行为：将与他人注册商标相同或者相近似的文字作为企业字号在相同或者类似商品上突出使用，容易使相关公众产生误认的；复制、模仿、翻译他人注册的驰名商标或将其主要部分在不相同或者不相类似商品上作为商标使用，误导公众，致使该驰名商标注册人的利益可能受到损害的；将与他人注册商标相同或者相近似的文字注册为域名，并且通过该域名进行相关商品交易的电子商务，容易使相关公众产生误认的。

2. 商标侵权行为的责任

（1）民事责任。《中华人民共和国商标法》第六十三条规定：侵犯商标专用权的赔偿数额，按照权利人因被侵权所受到的实际损失确定；实际损失难以确定的，可以按照侵权人因侵权所获得的利益确定；权利人的损失或者侵权人获得的利益难以确定的，参照该商标许可使用费的倍数合理确定。对恶意侵犯商标专用权情节严重的，可以在按照上述方法确定数额的一倍以上三倍以下确定赔偿数额。赔偿数额应当包括权利人为制止侵权行为所支付的合理开支。

人民法院为确定赔偿数额，在权利人已经尽力举证，而与侵权行为相关的账簿、资料主要由侵权人掌握的情况下，可以责令侵权人提供与侵权行为相关的账簿、资料；侵权人不提供或者提供虚假的账簿、资料的，人民法院可以参考权利人的主张和提供的证据判定赔偿数额。

权利人因被侵权所受到的实际损失、侵权人因侵权所获得的利益、注册商标许可使用费难以确定的，由人民法院根据侵权行为的情节判决给予三百万元以下的赔偿。

（2）行政责任。《中华人民共和国商标法》第六十条第二款规定：工商行政管理部门处理时，认定侵权行为成立的，责令立即停止侵权行为，没收、销毁侵权商品和主要用于制造侵权商品、伪造注册商标标识的工具，违法经营额五万元以上的，可以处违法经营额五倍以下的罚款，没有违法经营额或者违法经营额不足五万元的，可以处二十五万元以下的罚款。对五年内实施两次以上商标侵权行为或者有其他严重情节的，应当从重处罚。销售不知道是侵犯注册商标专用权的商品，能证明该商品是自己合法取得并说明提供者的，由工商行政管理部门责令停止销售。

（3）刑事责任。对于假冒注册商标，伪造、擅自制造他人注册商标标识或销售伪造、擅自制造的注册商标标识，销售明知是假冒注册商标的商品，伪造、变造《商标注册证》等行为，可以依刑法追究刑事责任。

3. 商标权的保护程序

（1）行政程序。对于他人申请注册的商标，如果商标权人认为该商标侵犯了自己的商标权，可以自商标局初步审定予以公告之日起 3 个月内向商标局提出异议申请；对于商标局就异议申请作出的裁定不服的，可以自收到裁定通知之日起 15 日内向商标评审委员会申请复审。

商标权人认为已经注册的商标侵犯了自己商标权的，可以自该商标注册之日起 5 年内请求商标评审委员会裁定撤销该注册商标；对恶意注册的，驰名商标所有人不受 5 年时间的限制。

对于其他商标侵权行为，商标权人可以请求当地工商行政管理机关依商标法和行政处罚法的规定进行处理；进行处理的工商行政管理部门也可以根据当事人的请求，可以就侵犯商标专用权的赔偿数额进行调解。

（2）司法程序。

1）民事诉讼程序。①诉权权利。对于侵犯商标权的行为，商标权人可以依民事诉讼法的规定向人民法院起诉，寻求保护。②诉前保全。商标注册人或者利害关系人有证据证明他人正在实施或者即将实施侵犯其注册商标专用权的行为，如不及时制止，将会使其合法权益受到难以弥补损害的，可以在起诉前向人民法院申请采取责令停止有关行为和财产保全的措施。③证据保全。为制止侵权行为，在证据可能灭失或者以后难以取得的情况下，商标注册人或者利害关系人可以在起诉前向人民法院申请保全证据。

2）行政诉讼程序。对于商标评审委员会就商标注册异议和注册商标争议所做出的裁定商标权人不服的，可以自接到通知之日起30日内向人民法院提起行政诉讼。

3）刑事诉讼程序。如果商标侵权行为构成犯罪的，商标权人可以依据刑事诉讼法的规定寻求司法机关打击这类商标侵权行为。

八、驰名商标的特殊保护

1. 驰名商标的认定

（1）认定机构。

1）商标主管机关。对于商标注册异议过程中提出的驰名商标认定申请，由商标局审理；对于日常商标管理过程中提出的驰名商标认定申请，由设区的地市工商行政管理机关逐级上报给商标局审理；对于在注册商标争议过程中提出的驰名商标认定申请，由商标评审委员会审理。

2）人民法院。当事人在商标民事诉讼过程中可以提出驰名商标认定申请，有权认定驰名商标的法院仅限于省、自治区人民政府所在地的市中级人民法院、直辖市的中级人民法院、计划单列市的中级人民法院、最高人民法院批准的其他中级人民法院。

（2）认定方式。

1）个案认定。在审理具体案件时进行认定，认定结果也只对该案有效。

2）被动认定。在商标所有人主张权利时，即存在实际权利纠纷的情况下，应商标所有人的请求，有关部门对其商标是否驰名，能否给予扩大范围的保护进行的认定。

（3）认定标准。

1）公众知晓程度。指相关公众对该商标的知晓程度；相关公众包括与使用商标所标示的某类商品或者服务有关的消费者，生产前述商品或者提供服务的其他经营者以及经销渠道中所涉及的销售者和相关人员等。

2）持续使用时间。该商标被持续使用的时间长短。

3）宣传情况。通常要考虑到商标宣传的时间、宣传的方式、宣传的程度和宣传的地理范围等。

4）受保护记录。指该商标此前被作为驰名商标予以保护的记录和成功案例。

5）其他情况。如商标所含的经济价值，商标注册时间的长短，注册的地域范围，使用该商标的主要商品近三年的产量、销售量、销售收入、利税、销售区域，国内外同行业的评价，使用商标的商品质量等。

2. 驰名商标的特殊待遇

（1）在非类似商品上的保护。就不相同或者不相类似商品申请注册的商标是复制、模仿或者翻译他人已经在中国注册的驰名商标，误导公众，致使该驰名商标注册人的利益可能受到损害的，不予注册并禁止使用（如在卫生纸上申请注册"快克"商标、"SKⅡ"化妆品与"SKⅡ"服装之争）。

（2）在企业名称方面的保护。当事人认为他人将其驰名商标作为企业名称登记，可能欺骗公众或者对公众造成误解的，可以向企业名称登记主管机关申请撤销该企业名称登记，企业名称登记主管机关应当依照《企业名称登记管理规定》处理（如天津电动车公司与"米其林"侵权案、福建"利郎"服饰起诉北京"利郎"公司案）。

（3）在域名方面的保护。在经营不相类似的商品的网络上将他人的驰名商标注册为域名，足以造成相关公众误认的。如北京市第一中级人民法院就曾因美国杜邦公司的诉求判决被告北京国网信息有限公司注销其"dupont. com. cn"的域名。

第四节　著作权法

著作权是知识产权法律制度的三大支柱之一。它与商标法、专利法一起构成鼓励创作和发明的法律体系。著作权既给文学、艺术、科学作品创作的智慧之火增添了利益之薪，同时又为保护作品创作者的合法权益提供了法律保障。本节主要讲述著作权法的一般原理，著作权的主体、客体、内容、邻接权以及著作权的限制和利用等制度。

一、著作权与著作权法概述

1. 著作权的概念

著作权，也称版权，本意是作者的权利。国外有些国家直接将著作权称为"作者权"，即作者因创作了文学、艺术作品而享有的权利。在我国称为"著作权"，这与著作权的概念直接自日本引进有关。"版权"一词也来自日本，后因在日语中已成不再使用的"死词"，在我国民法界也被"著作权"一词代替，但在我国历史上确实有两词交替使用的情况，故我国著作权法及其修订本都明文规定著作权与版权系同义词。

著作权有广义与狭义之分，广义著作权不仅指作者的权利，还包括与著作权有关的权利，即作品传播者依法享有的与著作权相邻的权利，主要指艺术表演者、录音录像制作者、广播电视组织、图书报刊出版者享有的权利；狭义著作权仅指作者的权利。不同于专利权和商标权，著作权是依法自动产生的，即作品一经完成，不论是否发表均依法取得著作权。

2. 著作权法的概念

著作权法是调整著作权及相关权利的产生、行使和法律保护过程中所产生的社会关系的法律规范的总称。《中华人民共和国著作权法》于1990年9月7日第七届全国人民代表大会常务委员会第15次会议通过。2001年10月27日，第九届全国人民代表大会常务委员会第24次会议《关于修改〈中华人民共和国著作权法〉的决定》第一次修正；2010年2月《关于修改〈中华人民共和国著作权法〉的决定》第二次修正；2012年3月《中华人民共和国著作权法》的第三次修改草案发布，目的在于征集法律界专家、学者的意见。我国著作权法不仅指《中华人民共和国著作权法》，还包括国务院颁布的《著作权法实施条例》《计算机软件条例》《集成电路布图设计保护条例》《保护文学艺术作品的伯尔尼公约》

《世界版权公约》和 TRIPS 等。

二、著作权的主体和对象

1. 著作权的主体

著作权的主体是指享有著作权的人，即著作权人，包括：

（1）作者。作者即创作作品的人，是著作权的原始主体。创作是指直接产生文学、艺术和科学作品的智力活动，仅为他人创作进行组织工作，提供咨询意见、物质条件或者进行其他辅助活动，不视为创作。作者包括创作作品的公民和视为作者的法人和非法人单位。一般情况下，在作品上署名的公民、法人、非法人单位就是作者，有相反证据的除外。

（2）其他依照本法享有著作权的公民、法人或者其他组织。指通过赠与、继承、遗赠等方式取得著作权的主体。

2. 著作权的对象

著作权的对象是指受著作权法依法保护的文学、艺术和自然科学、社会科学、工程技术等作品。作品应符合下列条件，才能取得著作权：

第一，作品须具有独创性。独创性是作品取得版权的必要条件，这是世界各国版权法的共同性要求。对于独创性，各国法律均未作明确规定，比较一致的看法是，作品的独创性是指作者独立创作完成的创造性劳动成果，这里的创造性并不要求作品所表达的思想内容以及作品的文学艺术形式是前所未有的，只要求作品是作者自己独立创作完成的，而不是抄袭、剽窃他人之作。

第二，作品必须以法律允许的客观形式表现出来或固定下来，以便他人能够直接或通过仪器设备间接看到、听到或触到，仅仅是头脑中的构思不能享有著作权。

第三，作品的思想内容不得违反宪法和国家法律及社会公共利益。依法禁止出版、传播的作品不受法律保护。按照《中华人民共和国著作权法》第三条和第六条的规定，我国的作品有文字作品，口述作品，音乐、戏剧、曲艺、舞蹈、杂技艺术作品，美术、建筑作品，摄影作品，电影作品和以类似摄制电影的方法创作的作品，工程设计图、产品设计图、地图、示意图等图形作品和模型作品，计算机软件，民间文学艺术作品，法律、行政法规规定的其他作品。

三、著作权的内容和保护期限

1. 著作权的内容

著作权由著作人身权和著作财产权组成。

（1）著作人身权。又称精神权利，指作者对其作品所享有的各种与人身相联系或密不可分而无直接财产内容的权利。作者终身享有著作人身权，没有时间限制。作者死后，作者的著作人身权可依法由其继承人、受遗赠人或国家的著作权保护机关予以保护。一般认为，它不能转让、剥夺或继承。著作人身权起源于18世纪末。在资产阶级天赋人权思想的影响下，德国著名哲学家康德等人提出了作品是人格权、人身权的一种延伸，这一观点被大陆法系的国家立法所采用，主张保护作者的人身权。综观各国的立法，著作权的人身权大致包括发表权、署名权、修改权、保护作品完整权、收回已发表的作品权等。

对于人身权的保护，大陆法系与英美法系的国家立法对其采取完全不同的立场。大陆法系的国家都主张承认和保护作者的人身权，例如德国版权法一开始便有保护作者人身权的条款，并规定人身权不得转让。英美法系的国家开始都不承认作者的人身权，后来才将此内容列入版权法。

（2）著作人身权的特点。

1）专属性。著作人身权是作者身份所固有的和后天的。与一般人身权相区别，它产生于创作行为，不是天生就有，因而不属于所有民事主体，只属于著作权人。不是天生权利，也不属于任何人，只属于作者。

2）法定性。法人和非法人团体可视为作者享有著作权。

3）不可转让性。专属性派生特征，一般不得继承、转让和放弃。

4）永久性。《中华人民共和国著作权法》第二十条规定："作者的署名权、修改权、保护作品完整权的保护期不受限制。"在作者死后，其继承人、指定的人或国家行使或保护其著作人身权。

但是，德国著作权法规定著作人身权是有期限的，与财产权的保护期相同。我国著作权法规定著作人身权中的发表权是有期限的，与财产权的保护期相同。

（3）著作人身权的内容。从国外的著作权法看，人身权包括署名权、发表权、修改权、保护作品完整权、表明作者身份权和作品收回权六种。在世界各国著作权法中，全部规定上述六项人身权的并不多见。法国规定了全部的六项权利，大多数国家都只规定了其中的四项或五项。《伯尔尼公约》只是明确规定了作者的身份权和保护作品完整权这两项人身权。

1）发表权。发表权即决定作品是否公之于众的权利。发表权的重要意义在于作者将作品创作完成后，如果不行使发表权，其人身权与财产权将无法实现。其内容为：是否发表、如何发表由作者决定。这里的"公之于众"主要是指在公众场合，向不特定的多数人宣讲或展览，被多数人所知。如果说作品只是在作者的朋友之间传阅，则不算是发表。对于发表权，各国规定不一，许多国家并不承认发表权，因为对于作者死后尚未发表的作品，权利继承人无论发表还是不发表，都可能违背作者的意愿。在《伯尔尼公约》中，也没有保护发表权的条款。

发表权的特点：第一，发表是将作品"公之于众"。"公之于众"指向作者以外的公众公布，不是仅把作品提供给亲属、亲友传阅或向某些专家请教。作品发表的方式多样，既可出版、表演、播放、展览，也可朗诵、讲授等。如果作者许可他人使用未发表的作品，或者作者将未发表的美术作品原件赠与或转让给他人，在我国司法实践中也推定作者已同意发表其作品。第二，发表权只能行使一次。作者不可能对同一件作品反复行使发表权。第三，作品涉及第三人，要受第三人权利制约。以肖像和人体为内容的美术或摄影作品，受肖像权、隐私权保护制约。

2）署名权。署名权是作者对作品及作品复制件上标记作品来源的权利，即在作品上署名的以表明作者身份的权利。署名权隐含一种作者资格权，防止非作者署名；关于署名权行使，法律未作规定，因此可以署名也可以不署名，可以署真名也可以署笔名；署名权不随作者死亡而消失或改变。署名权涉及两种侵权：一是在他人的作品上署上自己的名字，显而易见是侵犯作者署名权、作品完整权；二是在自己作品上署上名人大家的名字，以牟暴利，这不属于侵犯著作权，著作权依附作品而产生。如定为侵权应是侵犯姓名权。

3）修改权。修改权是指作者修改或授权他人修改作品的权利。《中华人民共和国著作权法》第三十三条规定："图书出版者经作者许可，可以对作品进行修改、删节。"该条第二款又规定，"报社、期刊社可以对作品作文字性修改、删节，对内容的修改，应当经作者许可"。这里实际上规定的是作者授权他人修改作品的情况。对于报纸、期刊所刊文章的文字性修改可以不征得原作者的同意，因为报纸、期刊受版面大小的限制，对一些作品作适当的修改和调整是允许的，但不能涉及内容的改动。作者行使修改权时，往往会受到物权的制约。例如，美术作品的作者要修改物权已转让给他人的美术作品，建筑作品的作者要修改竣工的建筑作品，都必须取得物权所有人的许可，否则作者就无法行使修改权。同样，美术作品和建筑作品的所有人，未经作者或著作权人的许可，也不得修改美术作品或者改变建筑作品的造型，否则也是侵犯了作者的修改权。

4）保护作品完整权。保护作品完整权是指保护作品不受歪曲、篡改的权利。此权利作者须依靠司法机关予以保护，可称为间接行使权利。所谓歪曲，按《新华词典》解释，是指故意改变事物的本来面目，或对事物作不正确的反映；篡改则是故意改变原文或者歪曲原意。"歪曲"和"篡改"除了破坏作品的完整性外，还会损害作者的声誉，对作者造成人格性的伤害。

《伯尔尼公约》第六条之一规定，作者享有反对对作品进行任何歪曲、割裂或者其他更改，或者有损于其声誉的其他一切损害的权利。从该条款中可以看出，如果对作品进行任何歪曲、割裂或者更改，必然会破坏作品原有的表现形式，构成对作品完整权的侵犯。

2. 著作财产权

技术进步导致作品的使用方式增多，从而使著作权人的财产权大大增加。财产权在各国著作权法中占有举足轻重的地位。英国、美国等国家甚至以"著作财产权"为中心来进行立法。例如英国的《著作权法》第一条就开宗明义地指出："著作权是一种财产权利。"

我国著作权法为了便于公众理解、适用著作权，对著作权的财产权作了单项列举式的规定。

（1）著作财产权的概念。著作权中的财产权利（Property Rights），又称经济权利（Economic Rights），是指作者为了其经济利益使用、处分其作品的权利。依我国著作权法的规定，著作财产权包括复制权、发行权、出租权、展览权、表演权、放映权、广播权、摄制权、改编权、翻译权、汇编权、注释权和整理权、信息网络传播权等权能。

（2）著作财产权的特征。著作财产权的各项权能互不包容；除法律规定限制情况外，使用权中的使用形式不受任何限制；著作权人可分割自己或授权他人使用其作品的时空范围；著作财产权受期限的限制；著作财产权不随作品载体物权转移而转移。

（3）著作财产权的内容。

1）复制权。是版权所有人实施复制行为或者禁止他人复制其受保护作品的权利，是著作权财产权中最重要、最基本和最普遍的权利。复制是指以印刷、拓印、录音、录像、翻录、翻拍等方式将作品制作一份或多份的行为。临摹不属于复制。

依《伯尔尼公约》，复制包括从平面到立体的复制。不过，我国著作权并没有明确规定从平面到立体或者从立体到平面的复制。因此，这仍是一个有争议的问题。

2）发行权。发行权是指以出售或赠与方式向公众提供作品的原件或者复制件的权利。发行是传播作品和实现著作权人经济权利的重要渠道。只有通过发行，才能使公众接受。复制和发行相结合就是出版。出版权由著作权人享有，可授权他人进行出版。发行权可以是有偿的，也可以是无偿的，但要体现发行的公众性，亦即不是向某一个或几个特定的人提供作品，而是向不特定多数公众提供作品。

3）出租权。出租权是指有偿许可他人临时使用电影作品和以类似摄制电影的方法创作的作品、计算机软件的权利。出租权是著作权法修改后单列出来的，原来《著作权法实施条例》将其规定为发行的方式之一。出租权的客体仅限于电影作品和以类似摄制电影的方法创作的作品、计算机软件。而且，当计算机软件随着其他设备一起出租，而软件不是出租的主要标的时，软件著作权人不能主张出租权。著作权人可以自己行使出租权，也可以授权他人行使出租权，或授权著作权集体管理机构行使。

4）展览权。是指公开陈列美术作品、摄影作品的原件或者复制件的权利。展览的作品一般指视觉作品，即美术作品和摄影作品。

对于人物摄影问题，摄影师对所摄的人物肖像有无展览权呢？这个问题法律未作明文规定，据法律精神理解，肖像权是民法中规定的人身权，是人身的基本权利，不允许以任何方式侵犯肖像权。因此，应当尊重人身权的法律保护，所以展览权应归被摄人物所有。

对于美术作品原件转移后的展览权，法律已作了明文规定，它随作品原件的转移而转移，不再由原著作权人享有，而由作品原件的所有人行使。

5）表演权。即公开表演作品，以及用各种手段公开播送作品的表演的权利。

表演包括"现场表演"和"机械表演"。现场表演是指表演者直接或借助技术设备以声音、表情、动作创造性地表现作品，使观众或听众以声情并茂、生动形象的方式更充分地感受和理解作品，又称"活表演"。将现场表演用转播设备直接进行有线播放或将现场表演录制下来再通过录音机、录像机等技术设备向公众播放，或通过计算机网络，由使用人自由选取和以互动式传输方式再现的表演，称为机械表演，其特点是借助传播媒介。

我国参加的《伯尔尼公约》规定作者享有机械表演权，所以，修改后的著作权法补充了机械表演的条款。机械表演的主要方式是公开播放载有表演的音像载体。如宾馆、饭店、商店、歌舞厅为顾客播放的音乐、歌舞表演等就属于机械表演。我国著作权法规定的"用各种手段公开播送作品的表演的权利"，即机械表演权的适用范围虽然相当广泛，但是不包括广播电台、电视台的无线播放，也不包括电影作品的放映。前者是作品的广播权，后者是作品的放映权。

6）放映权。指通过放映机、幻灯机等技术设备公开再现美术、摄影、电影和以类似摄制电影的方法创作的作品等的权利。这是著作权法修改后新增的一种权利。不过，从理论上讲，它与上述表演权中的机械表演权存在着竞合关系。

放映权是著作权人控制的一项权利。例如在电影院或在其他任何地方的银幕上放映电影作品，必须取得电影作品著作权人的许可，并支付报酬。在放映权的适用范围上，我国著作权法不仅明确规定电影、美术、摄影作品，而且也包括能够放映的其他作品。这一规定与德国著作权法的规定相类似。对于放映权，一些国家是单独作为一项权利规定的，除我国以外还有德国、日本等国。也有一些国家将其纳入表演权之中，如美国、英国、法国、意大利等国。

7）广播权。指以无线方式公开广播或者传播作品，以有线传播或者转播的方式向公众传播广播的作品，以及通过扩音器或者其他传送符号、声音、图像的类似工具向公众传播广播作品的权利。广播权的行使在技术上要通过电台、电视台进行，而且，广播行为受到国家行政法规和部门规章的规范，因此常常存在授权广播的事实。

我国著作权法对于广播权的这个规定来自于《伯尔尼公约》。该公约第十一条之二的第一款规定："文学艺术作品的作者享有下列专有权利：①授权广播其作品或以任何其他无线传送符号、声音或者图像的方法向公众传播其作品；②授权由原广播组织以外的另一机构通过有线传播或转播的方式向公众传播广播的作品；③授权通过扩音器或其他任何传送符号、声音或图像的类似工具向公众传播广播的作品。"该权的内容：一是以无线方式公开广播或者传播作品，一般是指通过电台、电视台广播和其他无线方式传播作品，包括调幅广播、调频广播和电视广播，广播电台、电视台、卫星广播、卫星电视都属于这一类。二是以有线传播或者转播的方式向公众传播广播的作品，指将电台、电视台广播的作品以有线方式传播或者转播。有线广播通常指饭店、体育场馆、公众娱乐场所安装的有线广播系统和有线电视系统。三是通过扩音器等工具传播电台、电视台广播的作品。

广播权适用于文学作品，戏剧、曲艺作品，音乐作品，电影、电视作品等。它主要是针对广播电台、电视台的播放活动而设立的一项权利。电台、电视台在向外传送的节目当中，只要使用了受著作权法保护的作品，如果是未发表的，则应征得著作权人许可并支付报酬；如果是已发表的，可以不经著作权人许可，但应当支付报酬。著作权人声明不许使用的作品不得使用。

8）摄制权。摄制权，指以摄制电影或者以类似摄制电影的方法将作品固定在载体上的权利。摄制权可以自己行使，也可以授权他人行使。不过，授权他人行使摄制权的情况为多。因为著作权人欲将其作品摄制成电影或者类似作品时，迫于电影或者类似作品为一种典型的复合作品因而无法单独完成的事实，往往必须求助于制片人。正因为这样，摄制权又被称为"制片权"。

《伯尔尼公约》第十四条第一款、第二款规定："文学、艺术作品的作者享有下列专有权利：授权将这类作品改编和复制成电影以及发行经过如此改编或复制的作品；授权公开表演、演奏以及向公众有线传播经过如此改编的或复制的作品；根据文学或艺术作品制作的电影以任何其他艺术形式改编，在不妨碍电影作品作者授权的情况下，仍须经原作者授权。"该规定与我国著作权法不同。《伯尔尼公约》对摄制权的规定不仅包括了摄制，也包括了改编、表演，因为要将一部小说摄制成电影，必须经过改编、表演及摄制。《伯尔尼公约》是作为一个整体加以规定的。

《伯尔尼公约》与我国著作权法的规定都只明确了电影类作品，但并不仅仅指将小说拍成电影片、电视剧等。未经许可将音乐作品、美术或摄影作品摄入电影、电视也构成侵犯摄制权。摄制使用的作品，可以是原作，也可以是演绎作品。

9）改编权。改编权是指改变原有作品，创作出具有独创性的新作品的权利。改编后形成的作品构成演绎作品。如果对改编作品进行利用，应当受到原作品和改编作品双重著作权的制约。比如，有人将电影《家》改编为话剧，除了要取得电影作品著作权人的授权之外，还须取得文学作品《家》的作者巴金的授权。改编权可以自己行使，也可以允许他人行使。作品之所以要改编就是为了适应不同传播手段的要求。

10）翻译权。翻译权指将作品从一种语言文字转换成另一种语言文字的权利。翻译权是著作权人的一项重要经济权利。任何人要翻译作品，都必须取得著作权人的许可并支付报酬。对于翻译权，许多国家的著作权法都有规定。《伯尔尼公约》第八条规定："受本公约保护的文学艺术作品的作者，在对原作享有权利的整个保护期内，享有翻译和授权翻译其作品的权利。"为防止著作权人对翻译权的垄断而影响作品的传播，《伯尔尼公约》和《世界版权公约》都规定了翻译权的强制许可制度，无须征得外国著作权人的同意。

由于译者在翻译作品的过程中付出了一定的创造性劳动，因此，译者享有对翻译作品的著作权。但是对翻译作品著作权的行使不得侵犯原作品著作权人的权利。

11）汇编权。汇编权指将作品或者作品的片段通过选择或者编排，汇集成新作品的权利。汇编者对汇编作品应当享有著作权。汇编作品的原作者对自己的作品享有汇编权；有权许可他人汇编并获得报酬，也有权禁止他人汇编自己的作品。

12）注释权和整理权。注释指对已有作品中的词语、内容引文、出处等所作的说明。一般是针对作品的疑难处进行说明，目的是帮助人们准确、完整地理解作品。注释需要注释者去搜集资料、考证、推敲、理解吃透原作品，因此包含注释者大量的创作劳动。对注释部分，注者应当享有著作权。注释他人作品，应当取得著作权人的同意，并且无权限制他人对同一作品进行新的注释。

整理是指对已有作品进行有次序的编排，如将口述作品整理成书面作品。整理人对整理后形成的作品形式享有著作权，但对原作品不享有权利，因此也无权制止他人对同一作品进行整理。

13）信息网络传播权。信息网络传播权指以有线或者无线方式向公众提供作品，使公众可以在其个人选定的时间和地点获得作品的权利。

2006年7月1日生效的《信息网络传播权保护条例》第二条规定，权利人享有的信息网络传播权受著作权法和本条例保护。除法律、行政法规另有规定的外，任何组织或者个人将他人的作品、表演、录音录像制品通过信息网络向公众提供，应当取得权利人许可，并支付报酬。国际互联网络技术迅速发展，作品的网上传播成为法律问题。世界知识产权组织 1996 年 12 月 20 日通过了《世界知识产权组织版权公约》（以下简称 WCT），明确了作者的信息网络传播权。该权利与传统意义上的公开传播是有区别的。如广播是通过有线或无线方式播放作品；出版发行则是将作品加工后经过复制向公众发行，发行的作品必须有载体，即作品复制件；而在互联网上传播作品是脱离载体可以反复使用的。因此，网络传播作品的过程也是不断复制作品的过程。未经著作权人授权，在国际互联网上传播他人的作品是一种侵权行为。

14）其他著作财产权。除了上述列举的权利外，《中华人民共和国著作权法》还规定了"应当由著作权人享有的其他权利"。对这些财产权利，著作权人可以许可他人行使，或者可以全部或部分转让，并依照约定或者本法有关规定获得报酬。

应当注意，并非每种作品著作权人都享有上述所有的财产权利。例如，出租对象仅限于电影作品和以类似摄制电影的方法创作的作品、计算机软件，其他作品的著作权人不能行使出租权。

3. 著作权的保护期限

著作权的保护期限因著作人身权和财产权的性质不同，法律对它们规定了不同的保护期限。《中华人民共和国著作权法》第二十条规定，作者的署名权、修改权、保护作品完整权的保护期不受限制。

《中华人民共和国著作权法》第二十一条规定，公民的作品，其发表权、财产权利保护期为作者终生及其死亡后五十年，截止于作者死亡后第五十年的 12 月 31 日；如果是合作作品，截止于最后死亡的作者死亡后第五十年的 12 月 31 日。法人或者其他组织的作品、著作权（署名权除外）由法人或者其他组织享有的职务作品，其发表权、财产权利保护期为五十年，截止于作品首次发表后第五十年的 12 月 31 日，但作品自创作完成后五十年内未发表的，本法不再保护。

电影作品和以类似摄制电影的方法创作的作品、摄影作品，其发表权、财产权利的保护期为五十年，截止于作品首次发表后第五十年的 12 月 31 日，但作品自创作完成后五十年内未发表的，本法不再保护。

案例分析题

1. 【案情】2017 年 1 月，世界著名奢侈品品牌路易·威登·马利蒂（LV）公司与嘉兴某酒店就侵权行为进行了交锋。原来该酒店曾销售有 LV 注册商标的手提包、鞋、围巾等商品，并被 LV 公司以侵犯注册商标专用权诉至法院。庭审中，原告路易·威登·马利蒂公司称由"LOUIS VUITTON"组成的文字商标已于 1985 年在中国获得注册，依法在中国境内享有专用权。该商标多次被认定为驰名商标，且原告生产的产品只在自营的专卖店和官方网站销售。经调查发现，被告在其酒店内向酒店的旅客和其他消费者大量销售有原告注册商标的手提包、鞋、围巾等商品，严重侵犯了原告的注册商标专用权，因此原告要求判令被告停止销售相关产品，公开登报道歉，并赔偿经济损失 80 万元以及原告的合理开支 11.6 万元。被告代理人辩称，涉案商品均系酒店的商场承租人销售，侵权责任应该由承租人承担，被告并未侵犯原告的注册商标，希望法庭驳回原告的诉讼请求。

【问题】LV 公司的诉求是否合理？

2. 【案情】中国音像作品著作权集体管理协会（以下简称音集协）经授权取得了某音乐公司拥有的音像节目的放映权、复制权等权利。

某练歌房未经音集协授权，以营利为目的，擅自在其经营的场所内以卡拉 OK 方式向公众放映该音乐公司五首 MTV 音乐电视作品。音集协认为练歌房侵犯了其依法享有的放映权，给其造成了经济损失，要求其停止侵权并立即从曲库中删除侵权作品，并赔偿音集协因此造成的经济损失。

【问题】音集协的要求是否合理？

第八章
自由贸易区商务服务发展趋势

自贸区建设是全球经济一体化的重要组成部分，也是国际经济贸易竞争的重要工具。全球主要经济体均高度重视发展自贸区，并将其视为推进投资便利化和贸易自由化的利器，借此参与全球竞争。目前，我国四个自贸试验区建设成绩斐然，与众多国家和地区达成了自贸协议并初步形成了周边自贸平台和全球自贸区网络。作为我国新一轮对外开放的重要内容之一，自贸区建设在2016年取得了长足进步。一方面，我国通过自由贸易试验区建设，探索改革开放路径、实现经济快速发展，构建外向型发展经济体制；另一方面，我国积极参与双边及多边贸易协定安排，主动与国际经贸规划对接，与"一带一路"倡议对接，努力构建高标准的自由贸易区网络。

第一节　商务服务业在新世纪自由贸易发展中的作用

进入21世纪以来，随着全球经济由工业经济向服务经济转型趋势进一步加快，生产性服务业在发达国家经济体系中的地位越来越突出。而伴随着自由贸易区在世界经济发展中所处的地位不断提高，自贸区商务服务业也呈现出越来越强的增长势头，成为拉动自贸区经济增长乃至全球经济增长的支柱力量。

自贸区商务服务业属于跨国境及跨地区知识密集型产业，对于提升我国自贸区服务业内部层次，以及推动我国自贸区经济发展方式向创新驱动型转变，都具有非常重要的意义。但由于我国自贸区发展相比欧洲及美洲而言总体上还处于起步阶段，截至目前也仅有四个自由贸易区，整个自由贸易的产业规模和实力有待进一步提升。如何借鉴国际发展经验，提高自贸区商务服务业整体水平和核心竞争力，促进自贸区的快速、健康发展，是我国自贸区商务服务业发展面临的重要课题。自由贸易区的商务服务随着自由贸易区的不断成熟与完善，发挥着越来越重要的作用。

一、自贸区商务服务促进专业化分工和社会资源配置效率提高

商务服务业通过为企业提供专业化服务，推动企业非核心业务的剥离，使企业专注于核心业务，促进专业化分工进一步深化；同时能够最大限度地发挥出商务服务企业与其他企业间各自的资源优势，促进社会资源配置效率的提高。例如，企业管理服务机构利用企业组织模式的创新，实现了企业间、区域间资源配置效率的最大化。

二、自贸区商务服务推动产业整体竞争力提升

商务服务业为各行业、企业提供专业的服务和解决方案，能够提高企业生产效率、降低企业运营成本、提升产品品牌价值和市场竞争力，进而使产业整体竞争力得到提升。例如，咨询服务业提供的优质市场营销方案能为企业节省销售环节的人力、库存、时间等各种成本，切实提高企业产品竞争力；法律服务机构为企业并购、上市提供专业的法律咨询服务，不仅能为客户节省各种资源成本，还能够帮助企业规避风险。

三、自贸区商务服务完善区域和城市高端服务功能

企业管理、咨询与调查、法律服务等商务服务业属于知识密集型的高端服务业，在全球产业链中处于高端位置。发展商务服务业能够完善区域和城市的高端服务功能，提升其在世界经济竞争格局中的影响力和控制力。例如，企业管理服务行业聚集了大量的企业总部，这些企业总部，尤其是跨国公司总部，对全球经济拥有巨大的支配力，是城市或区域参与国际竞争的主导力量。

第二节 自由贸易区商务服务业发展的特点与趋势

一、制造业向商务服务业转型

商务服务业与制造业相互融合趋势明显。随着大规模生产日渐普遍，单纯制造环节已不能产生更多的附加值，只有将更多的服务融入到生产过程才能获得竞争上的优势，这推动了服务业与制造业之间的相互渗透与融合。在这一融合过程中，许多传统的制造业企业开始向商务服务业领域转型，甚至放弃或外包制造活动，专注于战略管理、研究开发、市场营销等商务活动。例如，原来以生产计算机闻名的 IBM 公司现在已经转型成为包括 IT 咨询等服务在内的 IT 服务企业。随着自由贸易区的快速发展，贸易越来越成为国家竞争的实力之一，而自贸区的制造业也顺应潮流，表现出向商务服务业转型的明显态势。

二、服务业日趋规模化

无论是具有一定历史的西方贸易联盟，还是新建立不久的中国自由贸易区，都有一个共同特点，即商务服务业趋向规模化，以应对日趋激烈的竞争态势。商务服务企业通过并购、重组、联盟等方式来增强实力，表现出规模化经营的趋势。例如，全球四大会计师事务所之一的普华永道，是由英国的普华和永道两家事务所于 1998 年合并组建的；安永咨询于 2000 年被法国凯捷集团并购；WPP 并购了智威汤逊、奥美、扬雅等著名的广告公司，发展成为全球第二大广告公司。而中国自贸区，在服务规模不断形成的基础上呈现出良好发展的态势，如在 2017 年，各口岸管理部门加快实施信息互换、监管互认、执法互动，各区通关效率平均提高 40%，促进了贸易便利化；在金融创新方面，上海自贸试验区自由贸易账户试点由人民币业务拓展至外币，广东、天津、福建自贸区试点推出公募房地产信托投资基金产品、中小微企业贷款风险补偿、"银税互动"诚信小微企业贷款免除担保等，提升了服务实体经济的质量和水平；在鼓励创业创新方面，4 个自贸区的公共服务支撑体系不断完善。

三、自贸区平台和自贸区网络更加完善

自 2001 年中国与东盟启动自贸区谈判以来，经过 16 年的发展，我国自贸区建设已经初步形成了周边自贸平台和全球自贸区网络。目前，我国已与澳大利亚、韩国、瑞士、冰岛、哥斯达黎加、秘鲁、新加坡、新西兰、智利、巴基斯坦、东盟等国家和地区签订了自贸协议，并正在与海合会、挪威、斯里兰卡、马尔代夫、格鲁吉亚开展双边自贸区谈判，与印度、哥伦比亚、摩尔多瓦以及斐济等开展双边自贸区可行性研究。2016 年，我国加快实施自由贸易区战略，共推进 8 个自贸区谈判，启动 5 个自贸区进程，涉及 30 多个国家和地区。全球自贸区网络的初步形成，保障了我国对外贸易的制度性权益，拓展了外部市场空间。我国与自贸区伙伴的贸易往来占外贸总额的比重不断增加，目前中国与 22 个自贸伙伴之间的货物贸易额占对外贸易总额的 38%。完成谈判后，中国的自由贸易伙伴将从现在的 22 个跃升为 35 个，涵盖中国对外贸易的 50%。从 2016 年的整体情况来看，我国自由贸易区服务战略可以用"纵深推进""主动作为""优化升级""深度参与"四大关键词来概括。

四、商务服务业国际转移加快

商务服务业向大城市集聚，区域商务服务业发展水平与其经济发达程度具有密切的关系。大城市作为经济活动的控制、协调和指挥中心，资本和贸易活动频繁，往往成为商务服务企业的集聚中心。例如，纽约是美国商务服务业最发达的城市，聚集了 22 家世界 500 强企业总部，拥有美国 6 家最大会计公司中的 4 家、10 家最大咨询公司中的 6 家。

在全球产业转移的大背景下，自贸区商务服务业不仅在一国或一地区不断发展和完善，而且国际转移呈现加快趋势；商务服务业国际转移主要以跨国投资为主。例如，加拿大德勤集团近年来加快在亚太地区设立分支机构，德勤公司 2010 财务年度在亚太地区的总收入高达 36 亿美元，同比增长 9%，亚太地区连续六年成为增长最快的地区；目前德勤在中国港澳台地区拥有超过 8000 名的员工，在北京市、重庆市、大连市、广州市、杭州市、香港、澳门、南京市、上海市、深

圳市、苏州市、天津市、武汉市和厦门市都设有分支机构；这些转移几乎都涉足自贸区。

第三节　发达国家和地区推动商务服务业发展的主要做法

国际发达国家和城市在促进自由贸易区商务服务等现代服务业发展的过程中，采取了很多积极的措施，对于推动商务服务业快速成长起到了至关重要的作用。在产业发展初期，通过制定产业政策、健全法规形成产业发展战略来促进商务服务业发展，是很多国家和城市政府采用的主要策略之一。美国芝加哥市政府在 1989 年就提出"以服务业为中心的多元化经济"发展目标，到 20 世纪 90 年代中后期，政府又做出了新的战略决策以促进现代服务业发展，建立以服务业为主的多元经济体系。新加坡政府早在 1985 年就提出将现代服务业与制造业作为经济发展的双引擎，并出台了一系列产业促进政策支持商务服务、金融等现代服务业的发展。美国为促进会计服务业规范发展，通过了《管制公共会计师执业法案》，确立了注册会计师的地位，并通过美国注册会计师协会（AICPA）对注册会计师进行管理和监督，起到了很好的效果。

一、扶持中小企业发展

中小企业是商务服务业发展的市场主体，因此发达国家为促进商务服务产业发展，都很重视对中小企业的扶持。美国、英国、日本等都设有专门的中小企业管理机构，制定相关政策和从事对中小企业的专项支持。例如，美国各个州都有中小企业办公室，在融资、人才培育、创造公平的竞争环境及建立政府与企业间通畅的沟通渠道等方面为中小企业提供全方位的支持；德国专门设立中小企业局，负责为中小企业提供信息和宣传资料，协助中小企业引进国际技术，为其提供低息贷款等；新加坡通过建立"瞪羚培育基金"，对具有良好盈利与增长记录和业务发展规划的成长型企业，组织公共和私人资金注入，并帮助其开拓市场。

二、积极改善发展环境

不仅为产业发展创造有利环境，也要为商务服务业创造适宜的发展环境，这是各个国家推动商务服务业快速发展的共同举措。美国政府为打造高效的商务服务业发展环境，一方面通过建立知识产权保护机制，为企业提供知识产权组合分析、估价、交易，大力推动知识产权融资担保等，促进企业不断创新；另一方面通过设立专门的服务管理机构，在政府部门与企业及民间组织、立法机构之间建立有效协调机制，同时发挥中介组织的市场和政策咨询作用，为产业发展建立多层次的管理支持体系。日本则通过建立服务研究中心、完善行业统计制度、培训人力资源等措施，由产业界、学术界和政府相关部门共同推动商务服务部门生产效率的提高。

三、充分利用国际市场

利用国际大市场，鼓励企业开展国际业务，是发达国家促进商务服务业规模扩张的重要途径。英国政府为鼓励咨询企业拓展海外咨询业务，由贸易部、环境部、海外开发署等部门积极协助收集世界咨询业资料，并及时将有关国家和地区对咨询项目的需求情况汇报给国内咨询机构；另外，英国政府还设立专项基金和非官方咨询机构，构建情报信息网络，以此来扶持涉外咨询业务的发展；日本为接轨国际市场，消除行业进入壁垒，相继推出了"会计准则"以及一些相关法律制度的国际化改革。

第四节　国际商务服务业发展对我国自贸区商务服务发展的启示

综合分析发达国家推动商务服务发展的主要措施，可以从中得出以下几点启示，以促进我国商务服务业更好地发展。

一、构建知识产权保护机制，促进企业服务创新

商务服务业是典型的知识密集型产业，对知识、信息的应用和创新是商务服务企业获得市场竞争优势的核心。发达国家非常重视服务创新和知识产权保护，通过多种手段为商务服务企业的服务创新提供支持，使其保持在国际市场中的领先地位。我国商务服务业发展在知识产权保护体系建设方面还较为薄弱，商务企业的服务创新能力和专业化水平跟国际商务服务机构相比也存在较大差距。因此，应由行业协会协助各领域主管部门做好行业诚信和知识产权保护体系建设工作，为企业创新提供制度保障。例如，建立健全行业知识产权信用保证机制，增强商务服务企业的信用风险控制能力和自律能力；加大对商务服务知识产权和智力成果的保护力度，鼓励企业自主创新成果及时申请、注册相关专利；引导企业制定和运用知识产权经营策略，以提高商务服务业整体创新水平和国际竞争力。

二、加强行业标准化体系建设，与国际市场接轨

我国商务服务业整体标准化程度还较低，尤其是咨询与调查、知识产权、会展等重点商务服务业领域，还没有建立统一的标准体系。标准化滞后已经成为我国商务服务企业拓展市场、参与国际竞争的重要障碍，同时也增加了企业的运营成本和政府审批成本，加快了行业标准体系的建立及与国际标准接轨进程，对于我国商务服务业的整体发展十分关键。因此，我国应积极借鉴国外相关经验，建立和完善咨询与调查、知识产权、会展等重点商务服务领域服务标准体系，引导商务服务业规范、科学发展；对已有的行业服务标准进行及时更新，实现与国际标准接轨；在咨询与调查、广告、知识产权等重点领域开展标准化试点工作，加快标准化的推行和实施；大力发展标准检索咨询、质量认证等标准服务，发展第三方标准服务机构；建立商务服务业信息数据库，整合各类信息资源，加强信息资源的开发利用，为商务服务业企业提供所需的数据、信息资源。

三、为中小商务服务企业创造良好的发展环境

发挥中小企业在自主创业、吸纳就业等方面的优势，积极扶持中小企业发

展；鼓励中小企业向"专、精、特、新"方向发展，形成与大企业集团分工协作、专业互补的产业集群。充分运用中小企业发展专项基金，对中小商务服务企业创业、科技成果产业化、技术改造项目等进行贴息扶持；鼓励中小企业信用再担保公司，为中小商务服务企业提供再担保服务。允许和鼓励社会各类投资者，特别是有创新能力、管理才能的人才，以资金、技术、知识产权等方式投资入股；鼓励各类风险投资机构和信用担保机构对发展前景好、吸纳就业多及运用新技术、专注新业态的中小商务服务企业进行投资支持。帮助涉足国际贸易、具有良好盈利与增长记录和业务发展规划的成长型企业联络投资公司，为其注入资金，帮助其开拓国际市场。

四、重视商务服务品牌建设

建立有影响力的服务品牌是发达国家扩大商务服务发展规模、占领国际高端商务服务市场的有效途径。我国商务服务业目前还处于未成熟发展阶段，未形成强大的品牌效应。而自贸区的商务服务，无论是在规模化还是在专业化上都提出了更高的要求。作为商务服务企业，应不断强化品牌意识，通过建设特色商务服务集聚区、培育行业龙头企业、开展重大品牌活动等方式树立服务品牌。可以在企业管理机构、咨询、广告、会展等重点行业领域，培育一批旗舰品牌商务服务企业，促进其规模化、品牌化经营，形成一批拥有自主知识产权和知名品牌、具有较强竞争力的大型服务企业集团。鼓励有一定竞争优势的企业，通过兼并、联合、重组、上市等方式进行资本运作，扩大市场规模，实现品牌化经营。鼓励咨询、会展等商务服务业领域的企业不断进行管理创新、服务创新、产品创新，增强企业自主创新能力和专业服务水平，为促进自贸区的健康、有序发展提供更加良好的条件。

五、特色发展与世界经济形势紧密结合

中国自由贸易试验区在世界瞩目下，犹如一粒粒种子破土发芽，不断成长，历经四年，形成了自己独特的发展优势，不仅顺应了世界经济形势发展的基本规律，而且形成了良好的契合。其具有特色的优势体现在自贸区内企业能够尽享贸易便利化利益于商务服务单一平台的强劲支撑。以上海自贸区为例，这种单一平

台已形成兼具监管和服务特点的 9 大功能板块，与 22 个部门实现了对接，服务 15 万家企业。平台还开发建设了自贸专区，实现了"先入区，后申报"的服务功能。截至 2017 年 1 月，已有超过 1300 家区内企业试点运作，累计申报进境货物 4 万余单，出境货物 3 万余单。此外，上海自贸区创新政府管理经济方式，实现由管制型政府向服务型政府的转型，政策服务体系已经覆盖企业生命周期的各个阶段，改革溢出效应不断显现，服务创新为自贸区注入了持续发展的动力。自贸区商务服务质量的不断提升，不仅可以使贸易便利化，而且可以使贸易转型升级进程加快。对照国际标杆，上海自贸区正逐步实现贸易业态模式创新和离岸型服务功能创新升级。

国际贸易近年来呈现出一个重要特征：服务贸易和离岸贸易加快发展，并且出现总部高度集聚。数据显示，20 世纪 90 年代，全球服务贸易额年均增长率只有 6.5%，2005～2011 年上升为 8.8%，2016 年已超过 10%。而自由贸易园区正是国际服务贸易的重要载体，只有商务服务的质量全面提升，才能推动服务贸易的长足发展，这将成为未来自贸区良好发展的基本要求。

思考题

1. 商务服务在自由贸易的发展中有何作用？
2. 自由贸易区商务服务业的发展趋势是什么？

参考文献

［1］彼得·德鲁克．大变革时代的管理［M］．上海：上海译文出版社，1999.

［2］刘翼生．企业战略管理（第二版）［M］．北京：清华大学出版社，2003.

［3］杨锡怀，冷克平，王江．企业战略管理：理论与案例（第二版）［M］．北京：高等教育出版社，2004.

［4］国家发展和改革委员会发展规划司．国家及各地区国民经济和社会发展"十一五"规划纲要［M］．北京：中国市场出版社，2006.

［5］钟韵．区域中心城市与生产性服务业发展［M］．北京：商务印书馆，2007.

［6］梁春晓．电子商务服务［M］．北京：清华大学出版社，2010.

［7］马勇，陈小连，马世骏．现代服务业管理原理、方法与案例［M］．北京：北京大学出版社，2010.

［8］王公达．现代商贸服务企业管理［M］．上海：上海财经大学出版社，2010.

［9］上海财经大学自由贸易区研究院．中国（上海）自由贸易试验区与国际经济合作［M］．上海：上海财经大学出版社，2013.

［10］迈克尔·波特．竞争战略［M］．陈丽芳译．北京：中信出版社，2014.

［11］中国注册会计师协会．会计（2014年度注册会计师全国统一考试辅导教材）［M］．北京：中国财政经济出版社，2014.

［12］贺伟跃．中国（上海）自由贸易试验区制度解读与展望［M］．北京：经济日报出版社，2016.

［13］林崇建，杜铁奇，阎勤，钱京根．构建中小企业管理服务体系的探讨

［J］．宏观经济研究，2000（9）：24－27.

［14］苟海平，季茂力，信墨庆．行业分析方法初步研究［J］．粮食科技与经济，2001，26（6）：20－21.

［15］尹开国．现代咨询业的概念和分类探讨［J］．图书情报工作，2002（9）：84－87.

［16］韩建军，蓝敏，毛刚．企业业务外包的成因分析和应注意的关键问题［J］．经济师，2003（8）：21－23.

［17］尚珊．我国咨询企业质量管理标准探讨［J］．图书情报工作，2005，49（5）：124－126.

［18］熊吉陵，张孝锋．中小企业的经营特点与战略选择［J］．企业经济，2006（11）：69－71.

［19］汪永太．商务服务业：社会发展的新动力［J］．安徽商贸职业技术学院报，2007（1）：31－33.

［20］徐俊．中小企业营销的优劣势分析及其营销战略的选择［J］．生产力研究，2007（8）：131－132.

［21］吴国新，高长春．服务外包演进研究综述［J］．国际商务研究，2008（2）：31－37.

［22］薛玉立．京津两地商务服务业集聚成因与推进战略初探——基于波特钻石体系模型的分析［J］．经济研究导刊，2008（10）：18－22.

［23］张婷婷．咨询业服务模式研究［J］．现代情报，2009，29（6）：200－204.

［24］刘志龙，陈鹏，籍莉．我国中小企业现状与分析［J］．市场论坛，2010（3）：17－18.

［25］饶小琦，钟韵．广州商务服务业发展水平分析［J］．国际经贸探索，2010（6）：53－60.

［26］郭怀英．商务服务业的产业特性与驱动机制分析［J］．中国经贸导刊，2010（7）：24－26.

［27］北京市人大常委会加快商务服务建设专题调研组．关于"加快商务服务建设"的专题调研报告［J］．北京人大，2011（3）：31－33.

［28］李俊．经管类本科应用型人才培养探究［J］．中国大学教学，2011（8）：40－41.

［29］叶莎莎．我国咨询业的现状分析与发展对策研究［J］．现代情报，2011，31（10）：85－90.

［30］徐子炎．我国中小企业发展面临的机遇与挑战［J］．中国商贸，2011（11）：252－253.

［31］王建亚，张秀梅，王新．我国咨询业发展的影响因素分析及对策研究［J］．图书情报工作，2013（23）：69－77.

［32］赵芳．略论租赁服务业发展的瓶颈及对策［J］．社会民生，2013（26）：154－155.

［33］刘莹莹．天津市租赁和商务服务业的发展现状和政策建议［J］．对策研究，2014（2）：21－23.

［34］周志明．江苏省租赁和商务服务业的发展预测——基于灰色理论［J］．产业经济，2014（8）：192－193.

［35］刘洪伯．我国中小企业融资问题研究［J］．中国商贸，2014（10）：117－118.

［36］赵惠芳．租赁和商务服务业上市公司投资价值分析研究［J］．资本运营，2015（2）：254－258.

［37］陈昱子．浅谈我国中小企业发展的现状、问题与对策［J］．现代经济信息，2015（9）：37－38.

［38］马青．上市公司租赁和商品服务业板块风险性分析——以上交所2012年租赁和商品服务业板块为例［J］．中国高新技术企业，2015（19）：1－3.

［39］苏夏怡．我国现代商务服务业发展研究［D］．北京邮电大学硕士学位论文，2012.

［40］World Trade Organization（WTO）．Services Sectoral Classification List（1991）［EB/OL］．http：//www.wto.org/english/tratop_ e/serv_ e/mtn_ gns_ w_ 120_ e.doc.

［41］中华人民共和国国家统计局．国民经济行业分类标准：租赁和商务服务业［EB/OL］．http：//www.stats.gov.cn/tjsj/tjbz/hyflbz/201310/P020131023307350246672.pdf.

［42］中华人民共和国海关总署．进出口商品主要国别（地区）总值表［EB/OL］．http：//www.customs.gov.cn/publish/portal0/tab49666/.

［43］中为智研．世界范围内中国咨询业发展水平地位情况［EB/OL］．http：//mt.sohu.com/20160128/n436211884.shtml，2016－01－28.